ULLSTEIN

Das Buch

Der spektakuläre Rücktritt Willy Brandts im Mai 1974 wirft bis heute viele Fragen auf. Wer hatte Interesse daran, den Bundeskanzler und Friedensnobelpreisträger aus dem Amt zu entfernen? Warum konnte Brandts Parteireferent Guillaume über ein Jahr lang im Kanzleramt unbehelligt tätig sein, obwohl die Geheimdienste ihn längst als Agenten entlarvt hatten? Warum interessierten sich die Ermittler, als der Spion endlich verhaftet war, plötzlich für die Intimsphäre des Kanzlers? Wurde Brandt das Opfer eines Komplotts irregeleiteter Staatsschützer, einer Intrige so genannter Parteifreunde oder einfach seiner eigenen Schwäche? Hermann Schreiber ist den widersprüchlichen Erinnerungen der beteiligten Politiker nachgegangen, hat vermeintlich verschwundene Aufzeichnungen wiederentdeckt, heute zugängliche Dokumente ausgewertet und in Gesprächen mit den noch lebenden Akteuren manch Vergessenes zutage gefördert – und hat dabei eine Erkenntnis gewonnen, die auch Willy Brandt selbst lernen musste: »Es gibt nicht nur eine Wahrheit.«

Der Autor

Hermann Schreiber, Jahrgang 1929, Journalist, Sachbuchautor und Fernsehmoderator, war von 1964 bis 1979 als Spiegel-Reporter und Kolumnist Augenzeuge der Bonner Ereignisse und journalistischer Gesprächspartner Willy Brandts. Für den TV-Spielfilm »Im Schatten der Macht« stand er dem Drehbuchautor und Regisseur Oliver Storz als historischer Fachberater zur Seite.

Hermann Schreiber

Kanzlersturz

Warum Willy Brandt zurücktrat

Ullstein

Besuchen Sie uns im Internet:
www.ullstein-taschenbuch.de

Bildnachweis: Bild 1 © dpa – Fotoreport; Bild 2, 4 © Privatarchiv Pierre Boom, Bild 3 © Fotoagentur Sven Simon; Bild 5, 7, 8, 12, 13, 14, 15, 17 © J. H. Darchinger IFJ; Bild 6 © AP-Photo/stf/Kurt Strumpf; Bild 9, 10 © Robert Lebeck; Bild 11 © dpa – Bildarchiv; Bild 16 © Bundesbildstelle, Ulrich Wienke; Bild 18 © ullstein bild – dpa

Umwelthinweis:
Dieses Buch wurde auf chlor- und säurefreiem Papier gedruckt.

Ungekürzte Ausgabe im Ullstein Taschenbuch
1. Auflage April 2005

Dokumentation: Jutta Temme
Umschlaggestaltung: Nele Schütz Design, München
Titelabbildung: Süddeutscher Verlag Bilderdienst, München
Satz: Franzis print & media GmbH, München
Druck und Bindearbeiten: Ebner & Spiegel, Ulm
Printed in Germany
ISBN 3-548-36726-7

Er war ein Mann, nehmt alles nur in allem,
Ich werde nimmer seinesgleichen sehn.

William Shakespeare, Hamlet

Inhalt

Eine Empfehlung

Es gibt kaum ein Ereignis in der jüngeren deutschen Geschichte, das mehr Elemente eines großen Dramas in sich vereint als der Rücktritt von Bundeskanzler Willy Brandt im Mai 1974. Was immer das Drama braucht, hier kam es zusammen: der Held und sein Sturz, das Gute und das Böse, die Schurken und ihre Winkelzüge, die gutwilligen Helfer und Freunde, die letztlich ohnmächtig mit ansehen müssen, wie das Schicksal seinen Lauf nimmt und den großen Mann mit sich reißt.

Der große Mann der deutschen Sozialdemokratie, der Friedensnobelpreisträger, der charismatische Protagonist der deutschen Ost- und Friedenspolitik, der erst anderthalb Jahre zuvor die SPD zu dem bis heute größten Wahlsieg in ihrer Geschichte geführt hatte – er stürzt über eine kleine, nahezu unbedeutende Figur, den DDR-Agenten Guillaume. Brandt fällt schließlich einer Dynamik zum Opfer, die andere aus der Affäre entwickeln, allerdings auch der Arglosigkeit und der Realitätsferne, die einen Teil seiner Anziehungskraft ausmachten.

Was für ein Stoff, was für eine Geschichte – ganz unvergesslich und einzigartig besonders für jene, die sie als Journalisten in der Bundeshauptstadt Bonn wie Hermann Schreiber und ich aus relativer Nähe miterlebten. So war die Idee, entstanden im Gespräch zwischen dem NDR und der Filmproduzentin Regina Ziegler, daraus nach fast dreißig Jahren einen Fernsehfilm zu machen, eigentlich ziemlich nahe liegend. Und doch: Wäre die Form der Dokumentation nicht angemessener als die fiktionale? Immerhin geht es hier um politische und geschichtliche Realität. An dokumentarischen Darstellungen und Analysen ist kein Mangel. Sie alle können allerdings nicht verbergen, dass es während der letzten Wochen der Ära Brandt Situationen gab, die sich nicht eindeutig dokumentieren lassen, sondern im Bereich des Spekulativen liegen. Dazu gehören die Gespräche Brandts mit seiner Frau Rut am Tag des Rücktritts und die Rolle Herbert Wehners in jenen Wochen. Dazu gehört vor allem die geheimnisvolle Unterredung zwischen Brandt und Wehner in Münstereifel, an der kein anderer teilnahm und von der eigentlich nicht viel mehr gesichert bekannt ist als der Umstand, dass sie stattgefunden hat und dass sie offenkundig für Brandts Entscheidung von Bedeutung war.

Wo aber die Möglichkeiten der Dokumentation enden, beginnen die Chancen des Fiktionalen: Annäherung an das zu finden, was der Wahrheit wahrscheinlich entsprechen könnte. Das bedeutet nicht, dass der Autor des Drehbuchs hier beliebig erfinden dürfte. Seine Freiheit ist eingeschränkt durch die Grundlinien des »Wahr-Scheinlichen«, die sich aus den Informationen und Erkenntnissen entwickeln, die recherchiert werden können.

In diesem spannungsvollen Wechselspiel zwischen recherchierter Information und gestalterischer Kreativität des Drehbuchautors und Regisseurs Oliver Storz entstand im Auftrag von NDR und MDR der zweiteilige Fernsehfilm *Im Schatten der Macht* über den Sturz Willy Brandts. Mit seiner kenntnisreichen Beratung hat Hermann Schreiber einen wichtigen Anteil daran, dass ein Film entstehen konnte, der große Geschichte bewegend erzählt und mit dem Erzählen nicht aufhört, wo die Dokumentation verstummen muss. Hier wird mit den Mitteln des Spielfilms ein Drama ins Bild gesetzt, das den Kameras der Reporter weitgehend verborgen blieb und das sich dennoch so und wahrscheinlich nicht anders in der Wirklichkeit ereignet hat. Den Tatsachen der Dokumentation wird die Wahrheit des Dramas hinzugefügt.

Was sich hier vollzog, war ein Zusammenwirken, von dem im Ergebnis wohl beide profitiert haben, der Film des Filmemachers und das Buch des Reporters. Deswegen sei beides dem Leser und dem Zuschauer gleichermaßen empfohlen: Den Gesamtgewinn hat, wer beides nutzt, das Buch liest und den Film sieht, in welcher Reihenfolge auch immer.

Hamburg, im Sommer 2003

Dr. Jürgen Kellermeier
NDR-Fernsehprogrammdirektor 1990–2004

Mehrere Wahrheiten

Statt eines Vorworts

Aufzuschreiben, wie es wirklich war, als Willy Brandt im Mai 1974 vom Amt des Bundeskanzlers zurücktrat, ist schon frühzeitig mein Wunsch gewesen. Daran hat mich ein Brief vom 22. Oktober 1975 erinnert, den ich nun, bei Durchsicht meiner persönlichen Papiere zum Thema Brandt, wieder gefunden habe. Ich danke dem »verehrten Herrn Vorsitzenden« darin »für den angenehmen Abend, den Wibke Bruhns und ich neulich bei Ihnen verbringen durften«. Thema dieses Abends war der Vorschlag, »die Historie Ihres Rücktritts vom Kanzleramt mit journalistischen Mitteln aufzuarbeiten«. Brandt war offenbar nicht amüsiert. »Ich begreife Ihre Zurückhaltung«, schrieb ich, »aber ich habe Sie so verstanden, dass Sie – wenn ich den Mut zu einem solchen Unterfangen fände – nicht gänzlich abgeneigt wären, Fragen zu beantworten, wennschon nicht alle.«

Die »Historie« des Brandt-Rücktritts, wie wir sie damals kannten, ließ viele Fragen offen, war voller Widersprüche und Unterstellungen. Wibke Bruhns, die damalige *stern*-Reporterin, und ich als *Spiegel*-Reporter hatten das Drama aus der Nähe beobachtet, aus der Nähe zu Brandt, gerade in kritischen Situationen – während des Kanzlers Sommerurlaub 1973 in Norwegen zum Beispiel, als der noch nicht enttarnte Spion Guillaume Staatspapiere der höchsten Geheimhaltungsstufe einsehen konnte, oder am 1. Mai 1974 auf Helgoland, als den tief deprimierten Brandt nächtens die Versuchung anwandelte, Schluss zu machen. Solche Nähe ist nicht ungefährlich, sie kann den Chronisten, erst recht die Chronistin in Verlegenheit bringen. Oder warum sonst ist Wibke Bruhns damals ein Collier angehängt worden, das sie nie besessen hat und das zu einer Zeit im Hotelbett des Kanzlers gefunden wurde, als sie Brandt noch gar nicht begegnet war?

Man hätte also aus eigener Kenntnis manches korrigieren können an der »Historie« vom Kanzlerrücktritt. »Aufarbeiten« konnte ich sie nicht ohne Antworten der Beteiligten auf viele offene Fragen. Aber Brandt wollte damals nicht antworten. Es blieb bei dem »angenehmen Abend« in dem Haus Am Paulshof 15–17 in Bonn, das die Partei nach dem Abschied vom Kanzleramt für ihren Vorsitzenden besorgt hatte und in dem Brandt mit Frau Rut lebte, bis zur Trennung. Sechs Jahre später hat er dem Historiker Arnulf Baring dann Auskunft gegeben, hat ihn zum Beispiel an den Tagebuchaufzeichnungen partizipieren lassen, die unter dem Rubrum »Notizen zum Fall G.« 1994, nach Brandts Tod, von seiner Witwe Brigitte Seebacher-Brandt in der *Frankfurter Allgemeinen Zeitung (FAZ)* veröffentlicht worden sind. Als 1982 Arnulf Barings Buch *Machtwechsel* erschien – bis heute die beste Darstellung der Ära Brandt-Scheel und ihres Endes, die ich kenne –, hielt ich mein »Unterfangen« für überholt.

Zuvor allerdings war kurz die Idee aufgetaucht, man könnte, man sollte den Stoff dramatisieren, und zwar fürs Fernsehen. Hatte die »Affäre Guillaume«, die den Sturz des Kanzlers Brandt auslöste, nicht das Zeug zu einem veritablen Agenten-Thriller? Vielleicht – aber das war es nicht, was mich daran reizte. Ich habe diesen Günter Guillaume schon damals als einen Mann mit zwei Loyalitäten gesehen und beschrieben, dessen Bindung an sein »Opfer« Brandt längst enger – um nicht zu sagen herzlicher – war als die an seine Auftraggeber in der DDR. Nicht der kumpelhaft und ein bisschen beschränkt erscheinende Durchschnittstyp Guillaume interessierte mich, auch nicht der vermeintliche Meisterspion, sondern der Rollenkonflikt, in den er geraten war – und dessen Opfer er schließlich auch selbst wurde. Das Projekt Fernsehspiel wurde aufgegeben. Es vergingen 21 Jahre, bis ich einem solchen Projekt wieder begegnete.

Es war auch ein Wiedersehen mit einem alten Freund: Oliver Storz. Wir, beide Jahrgang 1929, hatten in den fünfziger Jahren unsere journalistische Sturm-und-Drang-Zeit gemeinsam in der Redaktion der *Stuttgarter Zeitung* erlebt, Storz im Feuilleton, ich als politischer Reporter. Dann ging Storz zur Bavaria nach München und begann seine Fernsehkarriere als Autor und Produzent, ich ging später zum *Spiegel* nach Hamburg. Viele Jahre hörten wir nur wenig voneinander; aber natürlich sah ich alle seine Fernsehspiele und fand sie fabelhaft. Als sein Film *Gegen Ende der Nacht* 1997 in Hamburg vorgestellt wurde, sprachen wir anlässlich eines Pressetermins beiläufig und mit altersbedingten Vorbehalten auch über Zukunftspläne. Und dann erschien Oliver im Herbst 1998 wieder in Hamburg, diesmal in Begleitung einer resoluten jungen Frau aus dem Hause der Regina Ziegler Filmproduktion, die ihn engagieren wollte, für die ARD einen Oliver-Storz-Film über Willy Brandt zu machen – einen Zweiteiler im Auftrag des NDR, einen Spielfilm. Und ich sollte sein Berater sein.

Wie also war es nun wirklich? »Es gibt nicht nur *eine* Wahrheit. Diese Einsicht, die ich selbst mit einiger Mühe habe lernen müssen …« Das hat Willy Brandt gesagt, als er ein Jahr nach seinem Rücktritt die Sowjetunion besuchte. Die Regierungszeitung *Iswestija* druckte seine Rede ab; diesen Satz unter anderen ließ sie weg. Aber Brandt hat ihn gelegentlich wiederholt: »Also sage ich meinen jungen Freunden und anderen, die es hören wollen, es gibt mehrere Wahrheiten, nicht nur die eine, alles andere ausschließende Wahrheit. Deshalb glaube ich an die Vielfalt und also an den Zweifel.«

Wenn dies nicht längst auch meine Überzeugung gewesen wäre, dann hätte ich sie mir gewiss in den zwei Jahren erworben, in denen ich als Zuarbeiter des Drehbuchautors Oliver Storz versucht habe, so minutiös wie möglich zu rekonstruieren, wie es wirklich war, als Willy Brandt zurücktrat. Zweifelsfrei allein steht fest: Brandt ist als Kanzler zurückgetreten, und Guillaume war ein Spion. Aber schon die Frage, warum Brandt zurückgetreten sei und was Guillaume verraten habe, ist nicht eindeutig zu beantworten, fördert unterschiedliche Versionen zutage – Meinungen und auch Widersprüche. Man muss nur die Memoiren der Beteiligten lesen: Alle schildern das nämliche Ereignis, aber jeder erzählt eine andere Geschichte.

Vermutlich funktioniert das Erinnerungsvermögen der meisten Menschen selektiv, und vermutlich wird diese Selektion gesteuert vom Selbstverständnis, genauer: vom Wunschbild der eigenen Rolle im Leben – oder in der Geschichte. Ich habe mit allen unmittelbar an Brandts Rücktritt Beteiligten gesprochen, die noch am Leben sind, für mich erreichbar waren und mit mir reden wollten. Sie alle erinnern die damaligen Ereignisse und die Rollen, die sie darin gespielt haben, auf ihre eigene Weise – also jeweils anders. Das gilt für das ehemalige Staatsoberhaupt oder den ehemaligen Regierungschef genauso wie für den langjährigen Fahrer von Willy Brandt oder auch für einige meiner Berufskollegen, die damals wie ich selbst vor Ort beobachtet und berichtet haben. Sie alle erzählen ihre Geschichte, und sie sind subjektiv sicher, dass es so gewesen sei, wie sie erzählen. Jedenfalls sind sie ehrlich überrascht, wenn man ihnen Dokumente zeigt, die beweisen, dass es doch anders war; zuweilen ist das Korrektiv der endlich aufgefundene eigene Terminkalender.

»Das Schwierige an der Wahrheit ist«, hat der Schriftsteller Günter de Bruyn einmal gesagt, »dass es viele gibt, weil jeder die seine hat.« Jeder Streifenpolizist, der den Hergang eines erst wenige Minuten zurückliegenden Verkehrsunfalls aufzuklären hat, weiß, dass der Spruch, durch zweier Zeugen Mund werde stets die Wahrheit kund, blanker Unsinn ist. Die Addition oder die Konfrontation subjektiver Wahrheiten ergibt niemals »die Wahrheit«. Das ist eine Erfahrung, die auch der Parlamentarische Untersuchungsausschuss zum Fall G. hat machen müssen; nach einer Woche der Gegenüberstellungen war die »eine Wahrheit«, die der Ausschussvorsitzende hochgemut herbeizitiert hatte, weiter weg denn je.

Dazu kann ich – aus meiner Kompetenz als Jäger und Sammler im Bereich des Faktischen – eine Erkenntnis beisteuern, die ich damals als Augen- und Ohrenzeuge des Geschehens noch nicht hätte gelten lassen: dass man nämlich dieses Geschehen aus dem Abstand von fast drei Jahrzehnten nicht nur besser beurteilen, sondern auch besser erzählen kann als aus der Nähe des Miterlebens. Natürlich muss die Geschichte des Rücktritts von Willy Brandt nicht umgeschrieben werden. Aber man kann sie neu erzählen – genauer, vollständiger als bisher. Das versuche ich in diesem Buch.

Aufzuschreiben, wie es wirklich war, ist ein investigativer, ein journalistischer Impuls. Ich habe Aufzeichnungen und Dokumente zusammengetragen, die veröffentlicht oder in den Archiven zugänglich sind. Und ich habe getan, was Reporter – nichts anderes bin ich – in solchen Fällen tun: Ich bin zu den Menschen gegangen, die mehr wissen als ich, und habe sie befragt. Denen, die mir geantwortet oder ihre Aufzeichnungen zur Verfügung gestellt haben, bin ich sehr dankbar. Der Dramatiker kann die Wahrheit erfinden. Ich kann das nicht. Ich kann nur die handelnden oder beobachtenden Personen mit ihren oft sehr unterschiedlichen Erinnerungen nebeneinander zu Wort kommen lassen und dann dem Leser anheim geben, sich seine eigene Meinung zu bilden. Dabei kann ich ihm helfen, kann nach genauer Prüfung manche Erinnerungen zurechtrücken oder widerlegen, kann eine Dokumentation des Meinungsstandes vorlegen – eine Annäherung an die Wahrheit.

Willy Brandt war ein großer deutscher Politiker, ein überragender europäischer Sozialdemokrat, und wer ihn so in Erinnerung hat, muss sich durch die Geschichte seines Rücktritts nicht widerlegt fühlen. Brandts Zeit als Bundeskanzler war trotz Friedensnobelpreis, trotz Kniefall in Warschau nicht seine beste Zeit; die kam erst danach. Und der moralische Anspruch des Kanzlers Brandt und seiner sozialliberalen Regierung – oder besser: der moralische Anspruch der Sympathisanten an diese Regierung – war wohl immer zu hoch. Als Regierungschef hat Brandt, um den Zeitgeschichtler Hans-Peter Schwarz zu zitieren, »doch eher als eine Art faszinierender Zirkusdirektor fungiert, unter und neben dem die verschiedensten Kabinettskünstler ihre Nummern aufführten oder in den Sand setzten. Und 1974 war der Zirkus ziemlich pleite.«

Ist das nun »die Wahrheit«? Sicherlich nicht. Es gibt ganz andere Wahrnehmungen der Kanzlerschaft Brandts, auch und gerade im Kreise seiner damaligen Mitarbeiter. Ich zitiere zum Exempel, was einer von ihnen, Albrecht Müller (1972 Wahlkampfleiter Brandts und ab 1973 Leiter des Planungsstabes im Kanzleramt), im Oktober 2003 in der *Süddeutschen Zeitung* dazu geschrieben hat:

»Weil die Behauptung von Brandts ökonomischem Versagen so zentral ist und weil die meisten Autoren insinuieren, dass die ökonomische Pleite der eigentliche Grund für den Rücktritt war, hierzu noch ein paar Anmerkungen: Die Daten liegen auf dem Tisch. Wichtige Wirtschaftsindikatoren zeigen, dass Brandts Kanzlerschaft einschließlich der davon geprägten und vom Ölpreisschock gebeutelten Jahre 1974 und 1975 die ökonomisch erfolgreichste Periode vom Ende der Kanzlerschaft Adenauers bis heute ist.«

Zum Beweis dessen führt Müller ein »amtlich geheim gehaltenes« (mir also nicht zugängliches) 74-Seiten-Papier Helmut Schmidts vom 15. April 1974 an, das drei Wochen vor Brandts Rücktritt an den Bundeskanzler geschickt wurde. Darin kann man lesen, die Regierung Brandt sei mit der Weltinflation und den Folgen der Erdölverknappung besser fertig geworden als alle vergleichbaren Länder.

»Der bisherige öknomische Gesamterfolg unserer Politik«, so Schmidt in diesem Papier, »ist sehr viel größer, als er im eigenen Land gesehen und gemacht wird.« Die gleichwohl verbreitete Schwarzmalerei liege »wohl auch an einem Mangel an Information und Überblick«. Und so, meint Müller, sei das noch immer.

Helmut Schmidt, an dessen Unzufriedenheit mit der Amtsführung des Kanzlers Brandt nicht zu zweifeln ist, war damals Finanzminister. Soll man ihm verdenken, dass er *pro domo* argumentiert?

Willy Brandts Demission war ein Malheur, keine Tragödie. Sie wurde verursacht von »Pannen und Betriebsstörungen mittleren Ranges«, so der Staatsrechtler Theodor Eschenburg, der den Fall G. in einer unabhängigen Expertenkommission untersucht hat, und sie »lag weit außerhalb des Erwartungshorizonts der öffentlichen Meinung und der Bevölkerung«. Das jedenfalls ist die Wahrheit.

Hermann Schreiber
Hamburg, im Frühjahr 2005

Auftritt »Hansen«

Ein Spion macht SPD-Karriere

Wenn Egon Franke ein besseres Gedächtnis gehabt hätte, dann wäre das alles nicht passiert. Eines schönen Tages im Jahr 1955 wollte ihn ein junger Mann aus jenem Teil Deutschlands sprechen, der im Westen noch vorwiegend Sowjetzone und nur ausnahmsweise DDR genannt wurde – ein Durchschnittstyp mit einem ausgefallenen Namen, Günter Guillaume. Aber den merkte Franke sich nicht. Er war damals schon ein wichtiger Mann in der Sozialdemokratie, Mitbegründer der neuen SPD und unter Kurt Schumacher auch im Parteivorstand, jetzt Bezirksvorsitzender von Hannover und Bundestagsabgeordneter, ein Politiker mit Zukunft.

Der junge Mann aus der DDR wiederum war auf »West-Arbeit«, wie seine Leute das damals nannten, »in nachrichtendienstlicher Anbindung für die DDR«. Man hatte ihn schon ein paar Mal losgeschickt, als Gewerkschafter in einer Delegation des kommunistischen FDGB zur Beobachtung eines Metallarbeiterstreiks in München zum Beispiel, dann als SED-Mitglied zu einem SPD-Bundesparteitag oder zur Buchmesse nach Frankfurt. Diesmal hatte er »einen konkreten nachrichtendienstlichen Auftrag«. Er sollte sondieren, ob Egon Franke »für eine Werbung in Betracht kam«, sprich: der DDR Informationen liefern würde. »Aber Herr Franke hat mich rausgeschmissen. Ich weiß nicht, ob ich ihm zu jung war oder ob er mit Kommunisten nicht reden wollte.«

Wohl eher Letzteres. 36 Jahre später, 1991 – als es die DDR nicht mehr gab – hat Günter Guillaume als Zeuge im Ermittlungsverfahren wegen Verdachts des Landesverrats gegen seinen ehemaligen Auftraggeber, den Geheimdienstchef der DDR, Markus Wolf, die Geschichte nicht ohne Sinn für deren Ironie erzählt: »Später, als ich in Bonn tätig war, hat sich Herr Franke an den Vorfall offensichtlich nicht erinnert. Sonst wäre meine geheimdienstliche Tätigkeit ja gleich zu Ende gewesen.«

Sie müssen sich ziemlich häufig begegnet sein zu Beginn der siebziger Jahre in Bonn: Guillaume, ständiger Begleiter Willy Brandts bei allen parteibezogenen Anlässen, die der Kanzler in seiner Eigenschaft als SPD-Vorsitzender wahrzunehmen hatte – und Egon Franke, Boss der so genannten »Kanalarbeiter-Gewerkschaft«, einer Hinterbänkler-Gruppierung vom rechten Flügel der SPD-Bundestagsfraktion, die sich im Bewusstsein ihrer parlamentarischen Bedeutung gern auch »Freunde sauberer Verhältnisse« nannte und damals in der Rheinlust, einer engen Bonner Eckkneipe, die längst dem Haus der Geschichte der Bundesrepublik gewichen ist, ihr Hauptquartier hatte. Sogar der Kanzler ließ sich dort (wennschon selten) sehen, setzte sich dann freilich nicht auf den immer für Franke reservierten Eckplatz. Brandt holte den »Kanalarbeiterchef« in sein Kabinett, veralberte ihn aber auch gern: »Canal Grande«.

Als der Minister für innerdeutsche Beziehungen Egon Franke nach der Enttarnung des Spions im Kanzleramt gefragt wurde, was er bei seinen Begegnungen mit diesem Guillaume denn für einen Eindruck gehabt habe, sagte er wahrheitsgemäß: »Keinen.«

Das war Günter Guillaumes womöglich wichtigste Eigenschaft: Er fiel nicht auf. Er war anwesend, hinterließ aber keinen Eindruck, an den man sich hätte erinnern mögen. Auffällig war eher, wenn er fehlte: weil dann manches nicht klappte, was er vorher in Ordnung gebracht hätte. Er funktionierte ebenso effektiv wie unbemerkt. Selbst Brandt, der sich seiner bediente, vergaß zuweilen, dass er da war – oder verdrängte es zumindest. Schwer war das nicht.

Günter Karl Heinz Guillaume: geboren am 1. Februar 1927 in Berlin, wo die Hugenottenfamilie dieses Namens seit langem ansässig war, Vater Musiker, Mutter Friseuse, Einzelkind. »Geruch der Armut, der Sorge und der Enge« – so seine Erinnerung an die Kindertage im Arme-Leute-Viertel Prenzlauer Berg. Was Hunger ist, wusste er beizeiten.

Der Vater Karl Ernst Guillaume war Pianist in einem großen Filmorchester der Ufa, das zur musikalischen Untermalung von Stummfilmen aufspielte. Der Tonfilm machte ihn arbeitslos. Vater Guillaume ging zum Stempeln aufs Arbeitsamt, wohin er den Sohn manchmal mitnahm, bekam Aushilfsarbeit auf dem Steueramt. 1934 trat er der NSDAP bei, und die besorgte ihm 1937 einen festen Job – in der Ordensregistratur des Gaupersonalamts Berlin. Bei Kriegsausbruch wurde er Soldat. Es gibt ein Urlaubsfoto aus dem Sommer 1940, mit Sohn, und ein Passfoto, das ihn als Fliegersoldaten zeigt. »Als er spät, 1948, aus britischer Kriegsgefangenschaft nach Hause kam und in der Wohnung einen anderen Mann vorfand, überwand er das nicht. Mit einem Sprung aus dem Fenster nahm er sich das Leben.« Vater Guillaume sprang aus der Wohnung im dritten Stock links in den Innenhof des Hauses Choriner Straße 81, Bezirk Prenzlauer Berg, sowjetischer Sektor.

Das ist Günter Guillaumes Schilderung in dem autobiographischen Buch *Die Aussage,* das er Mitte der achtziger Jahre in der DDR dem Journalisten Günter Karau zu Protokoll gegeben hat. Es gibt noch eine andere Version. Der zufolge hieß Vater Guillaume Otto mit Vornamen, war Mitarbeiter eines SS-Sturmbannführers und befreundet mit Hitlers Leibfotograf Heinrich Hoffmann. Den soll er 1942, als er im Berliner Gestapo-Hauptquartier in der Prinz-Albrecht-Straße zu tun hatte, gebeten haben, seinen damals fünfzehnjährigen Sohn Günter als Lehrling einzustellen.

Folgt man dieser Version, so hat Günter Guillaume bei Heinrich Hoffmann nicht nur fotografieren gelernt, sondern ist von ihm auch zu Auftritten Hitlers mitgenommen und schließlich zum Eintritt in die NSDAP veranlasst worden – an Führers 55. Geburtstag, dem 20. April 1944. Außerdem hat der clevere Lehrbub, wenn er im Labor arbeitete, gern mal einen Abzug mehr von Fotos gemacht, auf denen Nazi-Größen in idyllischen Situationen zu sehen waren. Als der Krieg zu Ende war, hat er diese Fotos dann der *Täglichen Rundschau,* dem Sprachrohr der sowjetischen Militäradministration, oder dem *Nacht-Express* angeboten – was ihn aber in Schwierigkeiten brachte, weil er zunächst nicht erklären konnte oder wollte, wie er an die Hoffmann-Fotos gekommen war.

Diese abenteuerliche Geschichte stammt aus dem Haus – und wahrscheinlich auch aus der Feder – eines Mannes, der nach dem Ende der DDR als so genannter Einflussagent enttarnt worden ist: Hans Frederik, Österreicher, Journalist, Verleger, Deckname »Fredy«. In Frederiks verlag politisches archiv gmbh sind zum Beispiel diskreditierende Pamphlete über Herbert Wehner, Franz Josef Strauß und Karl Schiller erschienen, und dort wurde 1974 auch diese Guillaume-Story veröffentlicht, wenige Monate nach dessen Verhaftung. »Fredy« ist für seine Geschichte jeden nachprüfbaren Beweis schuldig geblieben, und auch im Umfeld Heinrich Hoffmanns haben sich keine Belege dafür gefunden. Die Hitler-Hoffmann-Guillaume-Connection ist offenbar ein Fall von Desinformation.

In den neunziger Jahren haben die ehemaligen Stasi-Offiziere Günter Bohnsack und Herbert Brehmer mitgeteilt, dass Frederik für solche Bücher regelmäßig mit Manuskripten, Dokumenten und »enormen Summen« Geldes versorgt worden sei – vom Geheimdienst der DDR und angeblich vom sowjetischen KGB. Bohnsack und Brehmer galten als besonders begabte Offiziere der Hauptverwaltung Aufklärung (HVA) des Generalobersten Markus (»Mischa«) Wolf, der sich ganz gern in die Arbeit seiner – für Desinformation zuständigen – Abteilung X einmischte. Im Fall der *Aussage* seines weiland Top-Spions Guillaume ging er dabei sogar noch kurz vor der Pensionierung im Mai 1986 bis ins Detail; erhalten gebliebene Manuskripte beweisen das. Warum man den verhafteten Kundschafter bereits 1974 durch den Einflussagenten Frederik ins Nazi-Zwielicht rücken ließ, mag das Geheimnis der Stasi-Leute bleiben. Heinrich Hoffmann jedenfalls hatte seinen Standort in München, nicht in Berlin.

Dort aber wurde Günter Guillaume nach der Volksschule (Abgang aus der achten Klasse) Lehrling beim Atlantik Presseverlag, Lindenstraße 38, und besuchte jeden Donnerstag die Berufsschule für das grafische Gewerbe als Fotolaborant. Selber fotografieren durfte er nur aushilfsweise, mit einer geliehenen Kamera. Zusammen mit seinem Berufsschulfreund Hans-Dieter Sallein diente er sich bei Filmpremieren den dort anwesenden Schauspielern als »Agentur Künstlerfoto« an. Während eines Fototermins bei dem Schauspieler Walter Lieck im Jahr 1943 sahen die beiden, wie Liecks jüdische Frau von zwei Männern in Ledermänteln abgeholt wurde. Sie seien darüber empört gewesen, erinnert sich Sallein. Dennoch trat Günter Guillaume ein Jahr später der NSDAP bei. In seiner Autobiographie wird das nicht erwähnt, geschweige denn begründet. Nach der Wiedervereinigung hat er erzählt, dass er ungefragt von der Hitlerjugend zur NSDAP »überschrieben« worden sei – was in den letzten Kriegsjahren, besonders zu »Führers Geburtstag«, durchaus vorkam.

Der Fotograf Sallein wurde dann Kriegsberichterstatter. Der Laborant Guillaume kam in ein Wehrertüchtigungslager, wurde als Flakhelfer eingesetzt, machte drei Monate Arbeitsdienst und wurde am 6. Januar 1945 zur Wehrmacht (Heer) eingezogen. Kurz vor Kriegsende im Mai geriet er in britische Kriegsgefangenschaft, entkam ihr nach ein paar Wochen und malochte bei einem Bauern im Kreis Lauenburg. Aber schon bald war er wieder bei seiner Mutter im Sowjetsektor von Berlin und bekam dort gleich einen Job in dem Werbe- und Bilderdienst, den sein Freund Sallein inzwischen aufgemacht hatte und mit dem er 1947 erst nach Wittenau in den französischen Sektor umzog und im Herbst dann nach Schöneberg in den amerikanischen Sektor.

Die Freunde versuchten sich in Unterwasserfotografie, erregten damit auch ein gewisses Aufsehen, zum Beispiel bei einem für Lizenzierung zuständigen amerikanischen Offizier namens Peter van Eyck, und machten große Pläne – die Guillaume, wenn einmal Interviewer kamen, noch größer machte: Man werde »in der Nordsee einen Spielfilm drehen«, vielleicht auch im Atlantik oder in der Südsee, renommierte er im Sender RIAS. Dazu kam es natürlich nie. Aber die Foto-Freunde taten sich zwei Jahre später abermals zusammen: in der so genannten Berliner Weltbürgerbewegung, die dem »Internationalen Weltbürger Nr. 1« Garry Davis nacheiferte. Sallein hatte sich dem deutschen Weltbürger Nr. 1, einem gewissen Rudi Herzberger, als Nr. 2 angeschlossen. Und Günter Guillaume wurde die Nr. 3.

»Alles liegt ihm«, so der Journalist Manfred Geist über Günter Guillaume 1975 in der *Welt,* »was mit Menschenverführung zu tun hat, mit einem Schuss Show, mit einem Schuss Wichtigtuerei. Und immer braucht er einen Anführer, immer steht er im zweiten Glied.« Als Weltbürger Nr. 3 wird er im Januar 1949 zum ersten Mal im *Spiegel* zitiert: »Was glauben Sie, was Weltbürger für ein schwerer Beruf ist.«

Und immer wieder fotografierte Günter Guillaume: 1946 zum Beispiel 43 Sängerinnen und Sänger für den Jahreskalender der Deutschen Staatsoper 1947. Während dieser Kalender produziert wurde, fing er ein Verhältnis mit dem Mädchen an, das die Szenenbilder zeichnete, später dann auch mit ihrer Freundin. Er habe, behauptete er um diese Zeit, bereits 53 Freundinnen gehabt. Jedenfalls hatte er »Schlag bei Frauen«, so Sallein, und eine deutliche »Vorliebe für weiche Typen«.

Gern jobbte er als Bildreporter, unter anderem für die Fotofirma hai in Klein-Machnow, später dann für den Ostberliner Lehr- und Fachbuchverlag Volk und Wissen. Bei einer Reportage über den »Sonderbaustab Berlin« Ende 1950 soll er die dort als Stenotypistin beschäftigte Christel Boom kennen gelernt haben, so Manfred Geist. Er selbst behauptet, das sei Anfang der fünfziger Jahre »bei Zusammenkünften des Berliner Friedenskomitees« passiert, und Christel bestätigt das. Wie auch immer: Im Mai 1951 heirateten die beiden und bezogen im November eine Wohnung in Lehnitz bei Berlin.

Ein seltsames Paar. Die beiden hatten wenig gemeinsam, außer dass Christel auch Jahrgang 1927 und ein Einzelkind war. Sie stammte aus Allenstein in Ostpreußen, hatte aber einen holländischen Stiefvater, den erfolgreichen, auch nicht unvermögenden Kaufmann Tobias Boom. Christel besuchte fünf Jahre lang eine Oberschule für Jungen im sächsischen Leisnig und pflegte das Erscheinungsbild einer »höheren Tochter«. Günter Guillaumes Typ war sie wohl kaum. Am Abend seines 25. Geburtstags soll er, bereits verheiratet, eine Ex-Freundin an die S-Bahn gebracht und zu ihr gesagt haben: »Nu haste gesehen, was ich geheiratet habe. Hättst man lieber du mich genommen.«

Warum dann diese Ehe? Es gibt die – auch im Frederik-Buch erwähnte – Version, Christel sei schon vor Günter Guillaume in die Dienste der Stasi getreten, sei überhaupt die treibende Kraft hinter dessen Kundschafterkarriere gewesen. Sie selbst weist das zurück: »Mir lagen solche Dinge fern.« Es war wohl so, dass Günter Guillaume seine Frau, die seit 1954 als Hilfsredakteurin im Ostberliner Verlag Neues Leben arbeitete, Mitte der fünfziger Jahre für den Staatssicherheitsdienst der DDR angeworben und dann auch als Kundschafterin verpflichtet hat.

Womöglich ist die These von Christels Vorantritt eine Fehlinterpretation ihrer nicht zu bestreitenden Dominanz in dieser Ehe. Die ist dann jedenfalls vielen Frankfurter Sozialdemokraten aufgefallen – zum Beispiel Willi Wiedemann, damals Bezirksgeschäftsführer der SPD Hessen-Süd, der rückblickend meint, man könne den ganzen Fall G. »überhaupt nicht begreifen, wenn man nicht immer die entscheidende Rolle sieht, die seine Frau gespielt hat. Bei denen hatte die Frau die Hosen an.« Günter Guillaume bestreitet das auch gar nicht. »Bei Christel verlief alles dynamischer«, heißt es in seiner Autobiographie über die Frankfurter Jahre. »Ohne dafür einen bis ins Detail ausgearbeiteten Plan zu haben, übernahm sie bei unserer Karriere in der Partei die Pilotrolle.«

Gehabt hat sie nichts davon. Christel Guillaume ist in Wahrheit ein Opfer ihres Einsatzes an der »unsichtbaren Front« geworden, weil »ich von meinem Leben, das ich geführt habe, besiegt worden« bin, wie sie 1990 in einer Sendung des Deutschlandfunks eingestanden hat. »Es ist eine Tatsache, dass ich mich besiegt fühle, weil mir mein ganzes Leben irgendwo zwischen den Fingern zerronnen ist.« Die Orden, die in der DDR auf sie warteten, hat sie in den Schrank getan. Die Stasi-Dienstuniform – letzter Dienstrang: Oberstleutnant – hat sie nie getragen.

Und ihre Ehe war ein Desaster. »Die einzige Person, die mich selbstlos geliebt hat in meinem Leben, war meine Mutter, das weiß ich«, hat sie in jener Radiosendung gesagt. Dass ihr Mann nicht nur als Spion ein Romeo war, muss sie gewusst haben. Und ihr Sohn? Ein Vierteljahr nachdem die Guillaumes im Mai 1956 in den Westen eingeschleust worden waren, wurde Christel schwanger. Das war nicht geplant. »Weder stand es im Familien- noch im Einsatzplan«, gestand Günter Guillaume, aber er überließ Christel die Entscheidung. Und die wollte das Kind. Später hat sie dies mit ihrem Auftrag begründet. »Es klingt natürlich übel«, hat sie 1990 gesagt, »aber so ein Kind ... ist auch ein Legalisierungsmittel. Eine vollständige intakte Familie mit Kind ist noch unauffälliger als ein kinderloses Ehepaar.«

Pierre Guillaume, geboren am 8. April 1957 in Frankfurt/Main, hat erst dem Landesverratsprozess gegen seine Eltern vor dem Düsseldorfer Oberlandesgericht 1975 entnehmen können, dass er seine Existenz einer Art Geheimdienstkalkül verdankte. Mutter Christel ist sich »spätestens im Gefängnis« über ihre »Schuldgefühle meinem Sohn gegenüber« klar geworden, weil »ich ihm nicht die Mutter gewesen bin, auf die er eigentlich Anspruch gehabt hätte«. Das ist, gelinde gesagt, ein Understatement. Pierre Guillaume hat mit den Risiken und Nebenwirkungen seiner Herkunft viele Jahre schwer zu kämpfen gehabt. Den Namen Guillaume hat er abgelegt.

Auch Erna Boom, geborene Meerrettig, Christels liebevolle, eher unpolitische Mutter, war in die Strategie des Kundschafter-Einsatzes eingebaut – ob ihr das nun klar war oder nicht. Sie besaß durch die Ehe mit Mijnheer Boom einen holländischen Pass – und das hieß: Wenn sie in den Westen ging, dann galt das als Umsiedlung, nicht als Flucht. Sie musste nicht in ein Notaufnahmelager. Deshalb sollte sie ihren Kindern in die Bundesrepublik vorausreisen und dort Wohnung nehmen. »Sie war gewissermaßen der Spurengänger, dem wir folgten«, so Günter Guillaume. »Bei unserem Auftauchen im *goldenen Westen* sollten die Behörden an eine Familienzusammenführung glauben und an nichts weiter.« Auch die »Republikflüchtlinge« Günter und Christel Guillaume umgingen auf diese Weise das Notaufnahmelager und die dort unvermeidlichen Befragungen.

Der Plan funktionierte. Erna Boom beantragte und erhielt im März 1956, während einer vorbereitenden Reise nach Frankfurt mit ihrem Schwiegersohn, Aufenthaltserlaubnis in der Bundesrepublik. Mitte Mai 1956 kam sie samt Möbelwagen über die Zonengrenze und bezog eine bereits gemietete Dreizimmerwohnung in Frankfurt/Main, Finkenhofstraße 29. Günter und Christel Guillaume gingen am 13. Mai bei Hohenneuendorf nach Westberlin, bekamen wider Erwarten am selben Tag einen Flug nach

Frankfurt/Main und waren noch vor Erna Boom dort. Aber das fiel nicht auf.

Finanziert wurde diese »Familienzusammenführung« vom Ministerium für Staatssicherheit (MfS) mit 10 000 Mark (West), von welchem Betrag Guillaume 7200 Mark auf einem Westberliner Sperrkonto für Erna Boom »geparkt« hatte. Diese bekam das Geld, nachdem sie sich am 24. Mai in Frankfurt/Main polizeilich angemeldet und die erforderliche Devisen-Inländer-Bescheinigung erhalten hatte, und eröffnete damit unter ihrem Namen ein kleines Einzelhandelsgeschäft im Äppelwoi-Viertel Sachsenhausen, Dreieichstraße 16, Boom am Dom – eigentlich ein Zigarrenladen, den Guillaume aber gern »Kaffeeklappe« nannte, weil dort auch eine Probiertasse Kaffee verkauft werden durfte.

Nun fehlte noch die Aufenthaltserlaubnis für die Guillaumes. Mit der polizeilichen Anmeldung ließen sie sich Zeit bis zum 1. Juli. Zwei Tage später schrieb Erna Boom an das Notaufnahmelager Gießen, es sei ihr »sehnlichster Wunsch«, dass der beiliegende Antrag ihrer Kinder genehmigt werde. Es lag aber gar kein Antrag bei. Den schickte Günter Guillaume für sich und seine Frau erst zwei Monate später, am 13. September 1956, einen Formularantrag mit handschriftlichem Lebenslauf. Die beiden Papiere enthielten ein paar widersprüchliche oder unvollständige Zeitangaben und verschwiegen zum Beispiel die SED-Mitgliedschaft. Als Fluchtgrund wurde die Befürchtung angegeben, »der drüben nur noch scheinbaren bürgerlichen Existenz wegen Zugeständnisse dem so genannten gesellschaftlichen Leben dieses nationalbolschewistischen Staates gegenüber machen zu müssen«. Flucht als Prophylaxe? Die Aufenthaltserlaubnis wurde jedenfalls erteilt: am 3. Dezember 1956.

Zur Begründung für die verspätete Vorlage des Antrags schrieb Guillaume, seine Frau und er hätten sich ihrer »sowjetzonalen Identität« nicht »entblößen« können, bevor sie nicht im Besitz bundesrepublikanischer Personalausweise gewesen seien. Das war so verlogen wie es klang. Der Boom-Brief und die verzögerte Anmeldung waren eine Vorsichtsmaßnahme. Guillaume wollte offensichtlich testen, ob die westdeutsche Polizei und die Abwehr schon etwas über ihn wussten. Als sich zwei Monate lang niemand rührte, hielt er die Luft für rein.

Das war sie aber nicht. Guillaume war in der Bundesrepublik aktenkundig, lange bevor er eingeschleust wurde. Bei der »Organisation Gehlen«, dem von der amerikanischen Regierung gestützten Geheimdienst des ehemaligen Wehrmachtsgenerals Reinhard Gehlen – ab 1956 dann Bundesnachrichtendienst –, lagen seit März 1951 mehrere Karteinotierungen über Guillaume vor, die ihn in Verbindung mit der Gesellschaft für deutsch-sowjetische Freundschaft in Berlin brachten. In einer davon heißt es: »Guilome, Berlin, Schreibweise ungeklärt, vermittelt Sekretärinnen für das Sekretariat der Gesellschaft für deutsch-sowjetische Freundschaft.« Zumindest die Schreibweise konnte später geklärt werden. Unter dem 7. April 1954 wurde notiert: »Guillaume, Günter, Lehnitz, Florastraße 6: angestellt im Verlag Volk und Wissen, angeblich Journalist. Er wird nach Westdeutschland geschickt werden, um die verschiedenen Verlage und Druckereien zu besuchen« und diese »später kommunistisch und in östlichem Sinne zu beeinflussen«. Guillaumes »Westarbeit« war also bemerkt worden, freilich folgenlos – vielleicht weil Geheimdienste das, was sie wissen, gern geheim halten.

Für den Untersuchungsausschuss freiheitlicher Juristen (UfJ), in den fünfziger Jahren ein westlicher Aufklärungsvorposten des Kalten Krieges, gilt das allerdings nicht. Der UfJ gab seine Erkenntnisse bereitwillig bekannt – auch die folgenden drei Feststellungen, die im Fall G. später noch eine Rolle spielen sollten.

14. November 1955: »Mitarbeiter lenkt unsere Aufmerksamkeit auf einen Fotografen und Grafiker namens Günter Guillaume (SED). Dieser ist seit Jahren im Verlag Volk und Wissen beschäftigt.« Der häufig nicht zum Dienst erscheinende Mann genieße offenkundig den besonderen Schutz der SED-Parteileitung. Schließlich sei er auf einen Lehrgang geschickt worden, ohne dass etwas über die Art der Schulung habe bekannt werden dürfen. »Jeder Mitarbeiter weiß, dass Guillaume schon vom Verlag häufig nach Westberlin geschickt wurde, um dort Aufnahmen von Exmittierungen, Verhaftungen von Demonstranten, Anbringen von kommunistischen Losungen und so weiter zu machen.«

22. November 1955: »Unser Berichter vermutet, dass Guillaume nun ganz für ›Westarbeit‹ freigemacht worden ist. ... Vor vier Wochen sei er völlig aus seinem Beschäftigungsbetrieb ausgeschieden.« Und am 27. Juli 1956 legt der UfJ noch einmal nach: »Der Verlagsfotograf Günter Guillaume (auf dessen Tätigkeit bereits im vorigen Jahr hingewiesen worden sei) soll angeblich vor drei bis vier Wochen geflüchtet sein.«

Diese Meldungen gaben die freiheitlichen Juristen am 3. August 1956 der Abteilung I des Berliner Polizeipräsidiums weiter. Dort zeitigten sie mehrere Aktenvermerke unterschiedlicher Bearbeiter, die »weitere kriminalpolizeiliche Maßnahmen«, ja sogar die Einschaltung des Bundeskriminalamts empfahlen. Aber nichts dergleichen geschah, denn das Polizeipräsidium wollte vom UfJ erst mal Guillaumes genaue Adresse wissen. Die hatte man dort aber nicht. Und so wanderte der Vorgang mit Vermerk vom 13. Dezember in die Ablage des Berliner Polizeipräsidiums: Weitere Maßnahmen seien unter den gegebenen Umständen nicht möglich. Der Verfassungsschutz wurde nicht unterrichtet, offenbar auch nicht der Bundesnachrichtendienst. Ebenso wenig wurden die drei Notaufnahmelager Marienfelde, Gießen und Uelzen gebeten, beim Auftauchen eines gewissen Guillaume Meldung zu machen.

Dieser Bilderbuchfall bürokratischer Ignoranz sollte Schule machen im ferneren Verlauf des Falles G. Er war gewissermaßen der Beginn einer Agentenposse mit tragischem Ausgang.

Dass im Verlag Volk und Wissen, der Startrampe des Agenten Guillaume, eine so genannte Residentur des DDR-Geheimdiensts installiert war, das erfuhr die westdeutsche Abwehr erst 1961. Man muss davon ausgehen, dass Guillaume während seiner Zeit bei Volk und Wissen angeworben, trainiert und schließlich unter konspirativen Umständen zum »Kundschafter des Sozialismus« ausgebildet worden ist – ein Umstand, den er später stets zu verschleiern versucht hat. Im Frederik-Buch wird behauptet, Guillaume sei Anfang 1955 von Bruno Beater, dem späteren Stellvertreter des Stasi-Ministers Erich Mielke, und von Hans Fruck, dem späteren Stellvertreter von Markus Wolf, für den Geheimdienst verpflichtet und auf die Hochschule des Ministeriums für Staatssicherheit in Potsdam-Eiche geschickt worden, während er offiziell weiter für Volk und Wissen beziehungsweise »freiberuflich« tätig war. Guillaume selbst hat 1991 ausgesagt, er sei Anfang September 1955 »mit festen Gehaltsansprüchen« in den Dienst der HVA, die damals noch anders hieß, übernommen worden. Drei bis sechs Monate lang büffelte er Theorie und Praxis der konspirativen Arbeit, das volle Programm, vom Bedienen toter Briefkästen bis zum richtigen Verhalten bei eventueller Enttarnung.

Mit der Einschleusung in die Bundesrepublik im Mai 1956 wurde Günter Guillaume zum »Offizier im besonderen Einsatz« (OibE) der HVA des Ministeriums für Staatssicherheit (MfS). Auftrag: »Integration und Aufklärung der SPD«. Dienstrang: Hauptmann. Das war Routine. Jeder Kundschafter von einiger Bedeutung bekam einen Offiziersrang; der Sold ging zu Hause auf ein Sonderkonto. Die HVA war innerhalb der Stasi zuständig für Auslandsaufklärung und interessierte sich in der Bundesrepublik vor allem für Streitkräfte, Behörden und Parteien. Guillaumes erste Funktion war die eines Residenten; das heißt, er hatte eine »Quelle« zu führen – eine Auskunftsperson, die der SPD angehörte. Ihr Deckname war »Fritz«.

»Max« und »Moritz« gab's auch. Im internen Funkverkehr war »Max« der Bezirksvorsitzende der SPD Hessen-Süd, den Guillaume »abzuschöpfen« hatte, der Genosse Willi Birkelbach. Dessen Nachfolger Heinrich Hemsath wurde dann »Moritz«.

Es gab auch noch einen anderen »Max«. Dessen Identität und die von »Fritz« hat Guillaume auch als Zeuge im Prozess gegen Markus Wolf 1991 nicht enttarnen wollen: Sie seien beide tot; er wolle aber, um Missverständnissen vorzubeugen, ausdrücklich darauf hinweisen, dass es sich bei »Fritz« nicht um Fritz Erler handle – also um den Spitzenmann der SPD, der 1964 stellvertretender Parteivorsitzender und Fraktionsvorsitzender wurde.

Das ist insofern bemerkenswert, als Guillaume den Lesern seines autobiographischen Buches die Vermutung geradezu aufdrängt, dieser »Fritz« sei kein Geringerer als Fritz Erler: gebürtiger Berliner, könnte sein Vater sein, ein

»großes Tier in der SPD«, ein Programmatiker, der »auf hoher Ebene« wirkt, dann an einer »heimtückischen Krankheit« stirbt – Erler ist 1967 an Leukämie gestorben. Guillaume nennt diesen Mann einen Freund, verbirgt auch nicht seine Verehrung für ihn. »Max« wird so ähnlich beschrieben, jedenfalls was die Bedeutung in der SPD angeht, ist aber nicht so leicht zu identifizieren.

Vom *Spiegel* 1989 um einen Kommentar zu dieser Darstellung gebeten, hat der damalige Verfassungsschutzpräsident Gerhard Boeden die unübersehbaren Anspielungen Guillaumes auf Erler »perfide« genannt. Der Spion könne »nicht wirklich glauben, dass ihm ein ernst zu nehmender Zeitgenosse die Mär über die Agenten ›Fritz‹ und ›Max‹, die er angeleitet haben will, abnimmt«.

Eine Mär war es jedenfalls. Für »Max« hatten sich Wolf und seine Desinformanten nach einigem Hin und Her den Darmstädter SPD-Politiker Ludwig Metzger ausgeguckt. Der Rechtsanwalt Metzger, Jahrgang 1902, Genosse seit 1930, Bundestagsabgeordneter von 1953 bis 1969, Mitglied des Fraktions- und des Parteivorstands, zeitweilig auch hessischer Landesminister, war ein braver, aufrechter Mann, Synodaler der Evangelischen Kirche, dem niemand irgendwelche Geheimdienstkontakte zutraute. Eben drum wohl wurde er für das Guillaume-Buch als »Max« verschlüsselt. Die SPD sollte verunsichert werden.

Und »Fritz«? Guillaumes Boss Markus Wolf behauptet in seinen 1998 veröffentlichten Erinnerungen, es habe durchaus »Beziehungen« zu Fritz Erler gegeben, aber die »beschränkten sich auf die Ebene politischer Kontakte«, spielten sich also nicht auf der niedrigen Ebene nachrichtendienstlicher Ausspähung ab. Erlers »Analysen der Vorgänge innerhalb der Nato oder seine Hinweise auf die Pläne der ›Falken‹ in Washington brachten uns wichtige

Erkenntnisse«, behauptet Wolf – immer unterstellt, dass Erler wirklich bereit war, solche Analysen auch der DDR bekannt zu machen. Die Kontaktperson war jedenfalls nicht Guillaume, sondern laut Wolf ein in der DDR lebender »alter Freund« Erlers aus den Tagen des gemeinsamen Widerstands gegen das Nazi-Regime.

Die Frage nach der Identität von »Fritz« ist in den frühen sechziger Jahren auch in der SPD dringlich gestellt, aber nicht beantwortet worden – denn der Deckname kam (wie auch »Max«) häufig in den Funksprüchen vor, die zwischen den Kundschaftern und ihrer Zentrale in Ostberlin im so genannten A3-Verkehr gewechselt wurden. Die für Guillaume – Deckname im Funkverkehr: »Georg« – bestimmten Aufträge oder Anfragen wurden von der Funkzentrale des MfS zu festen Zeiten und unter bestimmten Kurzwellenfrequenzen in deutscher Sprache abgestrahlt und zwar in Fünferzahlengruppen, denen eine vierstellige Zahl als »Spruchkopf« vorangestellt war; wenn darin die Zahl 37 vorkam, war »Georg« gemeint. Zwischen 1956 und 1959 kamen bei Guillaume knapp hundert solcher Funksprüche an.

Natürlich wurden sie abgehört, allerdings nicht von der deutschen Abwehr, sondern von Fachleuten der Briten, was offiziell aber lieber niemand wissen sollte. Etwa 1960 gelang es der Abwehr dann, den relativ simplen Code, mit dem die Funksprüche damals verschlüsselt waren, zu knacken.

Das hatte Folgen, von denen noch die Rede sein wird. Für den Augenblick bedeutete die Entschlüsselung nicht viel. Man wusste jetzt nur: Da sitzt irgendwo ein Agent »Georg« und spioniert die SPD aus. Aber auch damit war Anfang 1959 Schluss. Denn erstens modernisierte die Stasi ihren gesamten Funkverkehr und zweitens wechselte

Günter Guillaume die Funktion. Das hatte mit seiner allmählich beginnenden SPD-Karriere zu tun. Spätestens als er hauptamtlicher Parteifunktionär wurde, konnte er nicht mehr Resident sein, also fremde Quellen führen. Er wurde selbst zur Quelle.

Es ist charakteristisch für Günter Guillaume, dass er diese Parteikarriere aus eigenem Antrieb und ohne Auftrag gemacht haben will. Gewiss, Christel und er hatten den Befehl, der SPD beizutreten, und führten ihn im September 1957 aus, Ortsverein Frankfurt-Nordend. Aber: »Dass ich in der Folgezeit innerhalb der SPD Karriere gemacht habe, beruhte ausschließlich auf meiner eigenen Initiative«, so der Zeuge Guillaume 1991. Dies lag sogar »außerhalb meines nachrichtendienstlichen Auftrags. Es machte mir Spaß, in leitende Parteifunktionen zu gelangen.« Und dass er es am Ende gar ins Kanzleramt geschafft hat, in eine Position, von der »ich vorher nie zu träumen gewagt« hatte – das war sein Triumph, seiner ganz allein. In *Die Aussage* bekräftigt er ausdrücklich die Meinung der *FAZ*, »dass der Aufstieg des Günter Guillaume auf der Karriereleiter vom MfS unmöglich geplant gewesen sein konnte«. Mit anderen Worten: Seine Karriere in der SPD ging die Auftraggeber in der DDR im Grunde gar nichts an.

In der Tat: Markus Wolf, Chef der für die Bundesrepublik zuständigen HVA, wo Günter unter dem Decknamen »Hansen« und Christel unter »Heinze« geführt wurden, hatte seine Kundschafter falsch eingeschätzt. Die Guillaumes waren »von uns beauftragt, Quellen innerhalb der SPD zu erschließen und zu ›führen‹«, aber Parteikarriere sollten sie nicht machen. Wolf hatte offenbar nicht damit gerechnet, dass die beiden sich »in der Parteihierarchie hochdienten, höher als uns recht sein konnte, denn im Rampenlicht wollten wir unsere Agenten, die wir für Führungsaufgaben vorgesehen hatten, nicht wissen«. Dass Guillaume schließlich sogar »den Weg ins Kanzleramt finden würde, damit hätten wir nie gerechnet«.

Günter Guillaume machte Karriere auf der Ochsentour. »Es war ein langer und beschwerlicher Marsch durch die Parteihierarchie«, erinnert er sich; denn die Rangeleien der Genossen »um politischen Einfluss waren, jedenfalls zu meiner Zeit, häufig Ausdruck erbitterter Existenzkämpfe«. Aber damit konnte er umgehen. Er war »der typische Aktentaschenträger«, so der damalige Bezirksgeschäftsführer Hessen-Süd, Willi Wiedemann: einsatzbereit, arbeitswillig, gut gelaunt, eine scheinbar problemfrei strukturierte Frohnatur, immer für einen Witz gut. Sein späterer Chef im Kanzleramt, Horst Ehmke, hat ihn unter Berufung auf »böse Zungen« einmal einen »echten Sozialdemokraten« genannt – »kleinkariert und beflissen«.

Bei Christel lief wirklich »alles dynamischer«. Dem gemeinsam in der Finkenhofstraße eröffneten Schreibbüro für Vervielfältigungen und Fotokopien, das die bürgerliche Existenz der Agenten im Westen begründete, stand sie nur so lange zur Verfügung, wie die Geburt ihres Sohnes und die Säuglingspflege sie an den eigenen Haushalt banden. Schon 1958 hatte sie Gesprächspartner und dann auch einen Job im Parteibüro des SPD-Bezirks Hessen-Süd. Zur Schlüsselfigur ihrer Karriere wurde Willi Birkelbach, Bundestagsabgeordneter, Mitglied des SPD-Vorstands und Vorsitzender der sozialistischen Fraktion des Europäischen Parlaments. Sie wurde seine Sekretärin, dann Büroleiterin, und Birkelbach nahm sie mit in seine neuen Jobs: 1964, als er Staatssekretär in der Hessischen Staatskanzlei wurde, und 1969, als man ihn zum Direktor des Landespersonalamts Hessen berief. Was auf Birkelbachs Schreibtisch kam, das sah auch Christel. Sie wurde zur »Quelle«.

Christel Guillaume war schon Birkelbachs Sekretärin, als Günter noch in einem Baubüro und in einem Verlag jobbte und dann, zunehmend frustriert, bei Boom am Dom hinterm Ladentisch stand, während sich Oma Erna des Haushalts und des Kleinkinds Pierre annahm. Die »Kaffeeklappe« hatte aber auch Vorteile; als Kunden getarnte Kuriere der HVA konnten dort Mikrofilme in leeren Streichholzschachteln oder Zigarrenhülsen ganz entspannt in Empfang nehmen.

Günter Guillaume war nett zu allen, und die meisten Genossen mochten ihn, besonders die vom rechten Flügel der SPD, als deren Sympathisant er sich zu erkennen gab. Das war Teil seines Auftrags, aber er erfüllte ihn mit so viel Verve, dass er im überwiegend linken Frankfurt bald als überzeugter Rechter eingestuft wurde. Für Christel galt dasselbe. Nachdem es ihr gelungen war, einen Sitz im Frankfurter Unterbezirksvorstand zu gewinnen, »saß sie uns dort oft als einzige Rechte gegenüber«, so der damalige Oberbürgermeister Rudi Arndt, ein Linker – »einzige Frau gegen 14 Linke«. Immerhin brachte Christel ihren Mann als freiberuflichen Fotoreporter bei der südhessischen Parteizeitung *Der Sozialdemokrat* unter. Und als solcher begegnete er im Wahlkampf 1961 zum ersten Mal dem Kanzlerkandidaten Willy Brandt.

Von 1961 an kam richtig Schwung in Günter Guillaumes selbst gemachten Aufstieg zum hauptamtlichen SPD-Funktionär. Das begann damit, dass er, der immer die »verzwickte Kleinarbeit auf der Ortsebene der SPD« machte, stellvertretender Ortsvereinsvorsitzender im Frankfurter Nordend wurde. Mitte 1963 war er in der Partei so etabliert, dass Erna Booms »Kaffeeklappe« als Grundlage seiner bürgerlichen Existenz ausgedient hatte. An der Frankfurter Basis wurde Guillaume unter der Bezeichnung »Julio« populär – eine Bezeichnung, die der südhessische Bezirksvorsitzende Heinrich Hemsath für ihn erfunden hatte, weil der den hugenottischen Namen nicht aussprechen konnte. Am 1. April 1964 wurde der rechte Guillaume vom linken SPD-Bezirk Hessen-Süd als Geschäftsführer für den Unterbezirk Frankfurt fest angestellt.

Das war gewissermaßen die Wende im weiteren Weg des Spions. Bei einem so genannten Führungstreffen Ende 1964 im Berliner Karolinenhof gab der Geheimdienstchef Markus Wolf eine neue Marschrichtung vor: Es sei damit zu rechnen, dass die SPD in Bonn bald Regierungsverantwortung übernehmen werde, also erscheine es geboten, beizeiten Kontakt zu ministrablen Sozialdemokraten zu suchen. Wolf sagt heute, das sei eine generelle, nicht speziell auf Guillaume gemünzte Direktive gewesen. Aber der agierte so, als habe der »Genosse General« ihm persönlich diesen Befehl gegeben – zumal sein Führungsoffizier ihn zugleich von den Aufgaben des Residenten befreite. Der Spion sah sich unter den Frankfurter Bundestagsabgeordneten nach einem geeigneten Kandidaten für die Förderung seiner Parteikarriere um. »Es kamen nur drei SPD-Abgeordnete in Betracht, und ich habe auf Herrn Leber gesetzt. Das war meine eigene Entscheidung, die mir von der Führungsstelle nicht vorgegeben war«, so der Zeuge Guillaume 1991.

Mischa Wolf sollte Recht behalten. Als die SPD in Bonn 1966 eine Große Koalition mit der CDU/CSU einging, zogen die Guillaumes um. Das Frankfurter Nordend, wo sie bislang wohnten, war der Wahlkreis eines Spitzenfunktionärs der Industriegewerkschaft Metall namens Hans Matthöfer und der war zwar ministrabel, konnte den rechten »Julio«

aber nicht ausstehen. Die Abneigung beruhte auf Gegenseitigkeit; Guillaume hielt Matthöfer nicht nur für einen Linken, er hatte ihn auch im Verdacht, während eines Studienaufenthalts in den USA vom amerikanischen Geheimdienst angeheuert worden zu sein. Also zog er in den Wahlkreis von Georg Leber, der gerade Verkehrsminister in Bonn geworden war, dem rechten Parteiflügel zugeordnet wurde und wohl wusste, »dass er auf einflussreiche Zutreiber aus der Frankfurter Parteiorganisation angewiesen war« (Guillaume). Als so einer durfte »Julio« gelten, und Leber war durchaus geneigt, ihn zu seinem Wahlkreissprecher zu machen. Das neue Domizil dort vermittelte natürlich die Partei: ein graues Vorkriegsreihenhaus, Ferdinand-Hofmann-Straße 16, Stadtteil Sindlingen.

Die beiden waren einander sympathisch, der Arbeitersohn aus dem Oberlahnkreis und der helle Junge vom Berliner Kiez. Der »eiserne Schorsch« Leber, ehemaliger Maurer und Landser, zehn Jahre lang mächtiger Boss der IG Bau, Steine, Erden, förderte die Vermögensbildung in Arbeitnehmerhand und vertrieb die Kommunisten aus seiner Gewerkschaft – ein knorriger Konservativer, der zeitweilig als möglicher SPD-Kandidat für das Amt des Bundespräsidenten galt, bevor er 1972 Willy Brandts Verteidigungsminister wurde. Günter Guillaume hegte »freundliches Verständnis« für diesen Mann und organisierte dessen Kampagne im Bundestagswahlkreis 140 – zunächst einmal gegen den Mitbewerber um das Direktmandat, den Jungsozialisten und Parade-Linken Karsten Voigt.

Die Wahl selbst wurde ein Bombenerfolg: Leber errang am 28. September 1969 im Wahlkreis 6263 Erststimmen mehr (68 393) als die Frankfurter SPD Zweitstimmen auf der hessischen Landesliste (62 130). Keine Frage, dass er seinem Manager einen Gefallen schuldete.

Privat war er ihm bereits gefällig gewesen. Er hatte den Guillaumes angeboten, Ferien an der Côte d'Azur zu machen, in Ste. Maxime, wo die IG Bau, Steine, Erden Ferienhäuser für verdiente Mitglieder erworben hatte – eines davon zu Lebers Verfügung. Guillaume verliebte sich heftig in die »zauberische Welt an der Mittelmeerküste«. St. Maxime sollte in seiner Vita noch häufiger vorkommen.

Wäre Leber Bundespräsident geworden, hätte er »Julio« sogar seinen Wahlkreis vermachen wollen, so hat er es ihm jedenfalls gesagt, und der Spion hätte Volksvertreter werden können. Das sei immer sein Traum gewesen, vertraute Guillaume 1977 in der Strafvollzugsanstalt Rheinbach/Voreifel seinen Mithäftlingen an: als Abgeordneter in den Bundestag gewählt und dann in den Haushaltsausschuss entsandt zu werden, denn dort erfahre man »praktisch alles«, auch über »versteckte Zuwendungen an den Geheimdienst und an Rüstungsfirmen«.

Volksvertreter wurde er dann doch, aber in Frankfurt und immer gegen den Widerstand linker Genossen, die sein rechtes Gehabe ebenso wenig mochten wie die Tatsache, dass er im wehrpolitischen Arbeitskreis der südhessischen SPD und sogar in der Prüfungskammer für Wehrdienstverweigerer mitmachte. Einen gut bezahlten Job in der kommunalen Wirtschaft, der ihn von der aktiven Politik weglocken sollte, will er ausgeschlagen haben. Stattdessen ließ er sich vom Vorsitzenden der SPD-Fraktion im Frankfurter Rathaus, Gerhard Weck, am 1. Mai 1968 zu deren hauptamtlichem Geschäftsführer berufen. Und bei der Kommunalwahl des nämlichen Jahres wurde er – auf einem sicheren Listenplatz – dann selbst zum Stadtverordneten.

Endstation der selbst gewählten Parteikarriere? Natürlich nicht. »Als erreichbares Maximalziel schwebte mir damals vor«, so Guillaume 1991, »von Leber in dessen Ministerium nach Bonn mitgenommen zu werden.« Dass dieses Maximum dann noch übertroffen wurde, lag zum einen daran, dass die sozialliberale Regierung, die Willy Brandt im September 1969 bildete, in allen Ministerien großen Bedarf an verlässlichen Sozialdemokraten hatte, und zum anderen an Herbert Ehrenberg, einem Gefolgsmann Lebers. Der diplomierte Volkswirt und Dr. rer. pol. war im Hauptvorstand der IG Bau, Steine, Erden jahrelang eine Art Vordenker des gelernten Maurers Georg Leber gewesen, und als dieser 1966 Bundesverkehrsminister wurde, ging auch Ehrenberg bald nach Bonn ins Wirtschaftsministerium des sozialdemokratischen Star-Ökonomen Karl Schiller. Von dort wurde er nach dem Machtwechsel als Leiter der Abteilung Wirtschafts-, Finanz- und Sozialpolitik ins Bundeskanzleramt befördert.

Ehrenberg, ein bulliger Ostpreuße von unerschütterlichem Selbstbewusstsein, kannte Guillaume aus dem Frankfurter Nordend, wo auch er gewohnt hatte, und wusste genau, was »Julio« in der Frankfurter SPD alles hatte zustande bringen können. Es war nicht schwer, ihm diesen Mann ans Herz zu legen, schon gar nicht, wenn Schorsch Leber dies tat. Natürlich wollte Ehrenberg »den Günter« haben.

»Du kommst nach Bonn«, sagte Schorsch Leber eines Oktobertags 1969 zu seinem Freund und Helfer. »Ehrenberg erwartet dich im Kanzleramt.« Günter Guillaume blieb die Spucke weg. Lebers »Ankündigung, dass mich ein Posten im Bundeskanzleramt erwarte, traf mich völlig überraschend. Ich musste mich in aller Schnelle entscheiden, zu Konsultationen mit Berlin blieb keine Zeit.« Er entschied sich in aller Schnelle.

So machte sich der Spion auf den Weg in Willy Brandts Kanzleramt, und seine Auftraggeber wussten nichts davon.

Kanzler der Herzen

Mehr Demokratie wagen?

Kanzler zu werden, war für Willy Brandt wohl wichtiger als Kanzler zu sein. Dass ein Mann seines Herkommens und seiner politischen Vergangenheit deutscher Bundeskanzler werden konnte, ein unehelich geborener, den Nazis durch die Emigration entkommener Sozialist – das war für ihn das Entscheidende. Er sah seinen Regierungsantritt als historische Zäsur und sich selbst als Symbolfigur des »anderen« Deutschland. Hätte er sonst in jenen Herbsttagen des Jahres 1969 sagen können, nun erst habe Hitler den Krieg endgültig verloren?

»Nicht der legitime Aggressionskatholik aus München wurde Bundeskanzler«, hat Heinrich Böll, auf Franz Josef Strauß zielend, Willy Brandts Amtsübernahme beschrieben, »sondern der illegitime Herbert Frahm aus Lübeck, der diesen von der bürgerlichen Gesellschaft mitgegebenen Urmakel, diese Idioten-Erbsünde auch noch verstärkte, indem er Sozialist und außerdem noch Emigrant wurde.«

Der Machtwechsel, wie vor allem die Sozialdemokraten das Ereignis gern nannten, war für Brandt und seine Gefolgschaft denn auch mehr als ein normaler Regierungswechsel. »Hier wurde«, so der Historiker Wolfgang Jäger, »eine Art innerer Neugründung dieses Staates in Aussicht gestellt.« Das in der Tat war gemeint mit dem

Postulat der Regierungserklärung, künftig »mehr Demokratie wagen« zu wollen; das steckte hinter dem hochfahrenden Satz: »Wir fangen erst richtig an« mit der Demokratie in Deutschland.

Die Mehrheitsverhältnisse jedenfalls rechtfertigten solches Pathos des Neubeginns mitnichten. Die CDU/CSU war bei der Bundestagswahl am 28. September trotz leichter Verluste mit 46,1 Prozent der Zweitstimmen stärkste Partei geblieben. Die SPD landete, nur knapp verbessert, bei 42,7 Prozent und die FDP, nahezu halbiert, bei 5,8 Prozent. Wäre die rechtsextreme NPD mit 4,3 Prozent nicht knapp an der Fünf-Prozent-Klausel gescheitert, dann hätte es realiter nur eine Möglichkeit der Regierungsbildung gegeben: die Fortsetzung der seit 1966 amtierenden Großen Koalition von CDU/CSU und SPD. So aber hatte deren Kanzler Kurt Georg Kiesinger durchaus Grund, sich als Sieger der Wahl und Chef einer künftigen Koalition mit der FDP zu sehen.

Die Bildung der sozialliberalen Koalition aus SPD und FDP war eine Art Handstreich, ein Coup, bei dem der Wagemut einiger weniger Politiker eine weit wichtigere Rolle spielte als das Wahlergebnis. Es war Brandts Coup. Als er in der Wahlnacht mit dem angriffslustigen Satz »SPD und FDP haben mehr als CDU und CSU« seinen Anspruch bekundete, die Regierung zu bilden, da tat er dies, ohne von seinen Stellvertretern an der Parteispitze dazu ermutigt worden zu sein, sogar ohne eine verbindliche Zusage seines künftigen Koalitionspartners. Denn Walter Scheel, der FDP-Vorsitzende, war so deprimiert über das katastrophale Abschneiden seiner Partei, die er in den Wochen zuvor nach Kräften auf ein Bündnis mit der SPD einzustimmen versucht hatte, dass er sich mit privaten Freunden zu Blinis, Kaviar und Sauerrahm nach Hause zurückgezogen hatte. Als Brandt ihm am Telefon sagte, was er gleich öffentlich erklären werde, zögerte Scheel, widersprach ihm aber nicht. »Ich habe die FDP wissen lassen, dass wir zu Gesprächen mit ihr bereit sind«, erklärte Brandt kurz vor Mitternacht. »Dies ist der jetzt fällige Schritt von unserer Seite.«

Willy Brandt, Außenminister und Vizekanzler in der Großen Koalition, war seit geraumer Zeit entschlossen, nicht länger gemeinsam mit dem von ihm herzlich verabscheuten Kiesinger zu regieren. »Ich kann mir keine Koalition vorstellen, bei der für einen Außenminister Brandt Platz ist«, ließ er Interviewer kurz vor der Wahl grimmig wissen. Das NSDAP-Mitglied Kiesinger und der Emigrant Brandt Seite an Seite das Land regierend – das hatte nach Brandts Überzeugung nicht funktioniert, nicht als symbolische Versöhnung der Deutschen mit sich selbst und schon gar nicht im persönlichen Verhältnis der Protagonisten. Dabei war die Große Koalition besser als ihr Ruf. Sie hat so manches auf den Weg gebracht, woran die sozialliberale Regierung angeknüpft hat – nicht zuletzt die neue Ostpolitik.

In seinen 1976 veröffentlichten *Begegnungen und Einsichten* hat Brandt eingeräumt, dass er die sozialliberale Regierung auch um den Preis ihres baldigen Scheiterns bilden wollte; dass er jedenfalls entschlossen war, »das Risiko einzugehen, selbst wenn die ›kleine‹ Koalition aus SPD und FDP nicht die ganze Legislaturperiode durchhalten würde«. Er sah das Zusammengehen von SPD und FDP eben als ein Bündnis von historischem Rang, als Beweis dafür, dass die Bundesrepublik ihre demokratische Bewährungsprobe bestanden habe.

Dass die Gemeinsamkeiten von SPD und FDP als Basis eines dauerhaften Regierungsbündnisses nicht ausreichten, erschien ihm damals wohl als zweitrangig. Entgangen sein kann es ihm nicht. Allenfalls in der Außenpolitik, besonders in der Ostpolitik gab es eine solche Basis. Innenpolitisch war das hastig entworfene, nie offiziell veröffentlichte Koalitionspapier eher unverbindlich – jedenfalls kein Konzept für einen »Kanzler der inneren Reformen«, eher für einen Kanzler der Aussöhnung mit dem Osten und des Gewaltverzichts.

In krassem Gegensatz zu den Fanfaren des Neustarts stand auch das Ergebnis der Bundeskanzlerwahl. Mit zwölf Stimmen Mehrheit war die sozialliberale Koalition im Bundestag angetreten. Bei der Wahl Brandts zum ersten sozialdemokratischen Kanzler seit vier Jahrzehnten fehlten davon bereits drei – die Stimmen der Freidemokraten Erich Mende, Siegfried Zoglmann und Heinz Starke, die später dann zur Union überliefen. Brandt bekam 251 Stimmen, nur zwei mehr, als er brauchte, um Kanzler zu werden. Vier Stimmen wurden wegen böser Anmerkungen auf den Stimmkarten für ungültig erklärt. »Armes Deutschland« stand auf einer, »Frahm nein« auf einer anderen. Der Verfall der parlamentarischen Mehrheit, der schließlich zum Versuch eines Kanzlersturzes führte, begann schon bei der Kanzlerwahl.

Die Differenz zwischen enthemmter Reformrhetorik auf der einen und realisierbaren Reformprogrammen auf der anderen Seite machte das Regieren in der sozialliberalen Koalition nicht leichter, weder inhaltlich noch personell. Brandt hatte das sozialdemokratische Personal der Großen Koalition weitgehend übernommen und den umtriebigen, erst im März 1969 zum Justizminister gekürten Freiburger Rechtsprofessor Horst Ehmke zum Chef des Kanzleramts mit Ministerrang gemacht. Abgesehen davon, dass Letzteres verfassungsrechtlich problematisch war, sorgte es von

Anfang an für Konflikte und Eifersüchteleien im Kabinett. »Brandts Hauptsorge nach den ersten Wochen des Regierens«, schreibt der Zeitgeschichtler Wolther von Kieseritzky im einleitenden Essay zur *Berliner Ausgabe* der Schriften Brandts, Band 7, »galt denn auch der Frage, wie aus den einzelnen Persönlichkeiten in der Regierung ›ein Team zu formen‹ sei. Dies sollte ihm bis zum Ende seiner Kanzlerschaft nicht gelingen.«

Kanzler zu sein, war für Willy Brandt kein Erfolgserlebnis. »Erfolg war«, sagte er zwei Jahre nach Amtsantritt, »Kanzler zu werden. Alles, was danach kommt, ist eine Frage nicht von Erfolg, sondern: ob man es kann oder nicht kann. Ich finde, ich kann es.« Als er mir das sagte, waren wichtige Leute im eigenen Lager schon ganz anderer Ansicht: der Verteidigungsminister Helmut Schmidt zum Beispiel, dem Brandt nicht energisch genug führte, oder der Vorsitzende der sozialdemokratischen Bundestagsfraktion Herbert Wehner, der in Brandt eigentlich immer nur den unvermeidlichen Kandidaten, nicht aber den geeigneten Kanzler gesehen hatte, und gewiss der »Genosse Generaldirektor« Alex Möller, der im Mai 1971 als Finanzminister zurückgetreten war, weil er sich bei seinem Bemühen, die gigantischen Geldforderungen seiner Ministerkollegen abzuwehren, vom Kanzler im Stich gelassen fühlte.

Noch konnte Brandt mit solchen Anfechtungen umgehen, ohne zu verzagen. Aber den »Wir-fangen-erst-richtig-an«-Satz aus seiner Regierungserklärung mochte er nicht wiederholen: »Man hat das damals eigentlich noch gemacht aus dem Wahlkampf heraus.« Gewiss würde auch Kennedy, meinte Brandt – und bezeichnete den Vergleich im selben Atemzug als übertrieben – nach der gescheiterten Invasion Kubas in der Schweinebucht nicht mehr von der »New Frontier« geredet haben.

Brandts »Schweinebucht« lag im Planquadrat der Ökonomie. Die war nicht sein Thema, geschweige denn sein politisches Agens. Vielmehr verdankte er ihr seine Desillusionierung, was die Regierungsgeschäfte anging. Ihretwegen hatte er schon im ersten Amtsjahr einmal gedroht, wenn das so weitergehe mit dem Gezerre um Konjunkturzuschlag und Steuererhöhungen, dann sollten die Herren Einzelkämpfer im Kabinett den Kram doch ohne ihn machen.

Zeit seines politischen Lebens hat Willy Brandt daran festgehalten, »dass glaubwürdige Autorität nicht autoritär sein darf«. Will sagen: »Es ist schwieriger, durch geduldige Überredung zu überzeugen, aber am Ende ist es wirkungsvoller.« Schwieriger war es bestimmt, wirkungsvoller keineswegs immer, jedenfalls nicht im Streit ums Geld. Aber Brandt konnte gar nicht anders. Er war eben nicht der sprichwörtliche starke Mann, der ständig Entschlusskraft zeigt. »Ich halte nichts von einer teutonischen Pseudo-Autorität, die durch den Schlag mit der Faust auf den Tisch demonstriert wird. Den Tisch beeindruckt der Faustschlag wenig. Wen sonst?«

Das klingt fast wie ein Kalauer, kommt dem Geheimnis des größten Erfolgs von Willy Brandt aber ziemlich nahe: nämlich dass er eine hoch geachtete, geradezu idolisierte Autorität auch und gerade für jene geworden ist, die mit Autoritäten nicht viel im Sinn hatten. Auf diese Weise konnte Brandt eine beachtliche Minderheit, die sich von der Politik abgewandt hatte, wieder mit ihr versöhnen. So konnte er Menschen mobilisieren, die einem Politiker sonst kaum zugehört hätten. »Willy Brandt fehlte Eindeutigkeit«, hat der Journalist Gunter Hofmann, der Brandt damals sehr genau beobachtete, in seinem brillanten *Porträt eines Aufklärers aus Deutschland* geschrieben. »Er hatte nicht einmal Lust, sie vorzugaukeln ... Sein politisches Angebot richtete sich nicht zuletzt an die, die mindestens bereit waren, Ambivalenzen zu akzeptieren ... Es waren also gerade die Ambivalenzen und Brüche, was unsereins an Brandt akzeptierte; das Ehrlichmachen, Ehrlichwerden einer Politik, die dem ›Führerprinzip‹ auf katastrophale Weise gehuldigt hatte.«

Brandts Koalitionspartner Walter Scheel, dessen Verhältnis zur Politik vergleichsweise nüchtern, um nicht zu sagen kaufmännisch war, hat ihm drei Wochen nach dem Rücktritt einen langen Brief geschrieben, in dem steht: »Sie wissen, dass ich immer die Meinung vertreten habe, dass nur eine außergewöhnliche Häufung von Zufällen einen Mann Ihrer Struktur an die Spitze einer Regierung bringen konnte.« Stünde nicht zweifelsfrei fest, dass der Brief eine Hommage an Willy Brandt war, dann könnte man diesen Satz für eine Unverschämtheit halten. Die Wahrheit war er allemal.

Willy Brandt ist ein Held geworden, eben weil er keiner war und weil er das auch nicht verbarg. Er »hat das Herz des Volkes gewollt, und er hat es erobert, weil er gelitten hat – vor allem an sich selbst«, so Gregor Schöllgen, einer der jüngeren Brandt-Biographen. Das heißt, seine Schwächen waren seine wahre Stärke. Heute, im Blick auf seinen Nachruhm, ist das eine weithin akzeptierte Erkenntnis. Damals, als Brandt Regierungschef wurde, mochte das in der politischen Gesellschaft kaum einer gelten lassen – außer vielleicht sein Intimus Egon Bahr und, wohl nicht ganz neidlos, Franz Josef Strauß: »In der Person Brandts schienen brennpunktartig alle ungestillten Wünsche, alle unerfüllten Sehnsüchte, alle psychischen Bedürfnisse zusammenzulaufen. Brandt wurde, ähnlich wie Kennedy, das Idol vieler Bürger, das Pilgerziel aller Beladenen und Belasteten.« Aber beim Regieren hat es ihm wenig geholfen, ein Kanzler der Herzen geworden zu sein.

Er war und er blieb auch als Regierungschef ein Mann par distance. Es war eine Distanz, die in Siegfried Lenz' liebenswürdiger Formulierung von Brandts »behutsamer Selbstergriffenheit« nur zum Teil ausgemessen wird. Politische Freunde empfanden sie – durchaus nicht ohne Argwohn – als »hoheitsvoll«, Feinde als hybride und die ehemaligen Kollegen von der schreibenden Zunft als enttäuschend. Der Erfüllung des Vorsatzes, mehr Demokratie zu wagen, war sie jedenfalls nicht förderlich.

Das operative Geschäft mussten andere besorgen – Horst Ehmke zum Beispiel, der nach Brandts Vorstellung »mit seiner zupackenden Art aus dem Kanzleramt eine moderne Behörde machen und sich um die Planung der Regierungsarbeit kümmern« sollte. Das tat der begnadete Selbstdarsteller dann auch mit der ihm eigenen ruhe- und oft rücksichtslosen Energie, aber letztlich ohne den erhofften Erfolg. Sein »Vorhabeninformationssystem« scheiterte nicht an den Computern, die er zukunftsweisend einsetzte, sondern zum einen an der mangelnden Koordination von Programm und Finanzierung und zum anderen am Selbstbewusstsein profilierter Minister, für die Ehmke ein Kollege war, »der fast alle Probleme löst, die er zuvor selbst geschaffen hat«.

Außerdem trafen die neuen Herren nach sechzehn Jahren christdemokratischer Herrschaft auf einen Regierungsapparat, dessen Beamtenschaft entweder Angehörige der Union waren oder Leute, die ihr nahe standen. Viel Sympathie für den sozialliberalen Neubeginn war da nicht zu erwarten, auch kaum Kooperation. »Der Ehmke geht jetzt mit der Maschinenpistole durchs Amt«, spotteten Bonner Journalisten damals. In Wahrheit konnte er allenfalls die politischen Beamten an der Spitze in den einstweiligen Ruhestand loswerden, nicht das übrige Personal. Im Kanzleramt versuchte er dem Problem durch Expansion beizukommen: Er vermehrte die Belegschaft von etwa 250 auf etwa 400 Beschäftigte. Nun waren also tüchtige und vor allem zuverlässige Sozialdemokraten gefragt.

So einer war Günter Guillaume, jedenfalls nach Meinung seiner Frankfurter Genossen Leber und Ehrenberg. Das ist der erste Grund dafür, dass der Spion wider eigenes Erwarten gleich in die Regierungszentrale vorrückte. Nicht Verkehrsminister Leber brauchte ihn dringend – der hatte sein Haus schon in der Großen Koalition wunschgemäß besetzen können –, sondern der neu ernannte Leiter der Abteilung III im Kanzleramt, Ehrenberg nämlich, wollte unbedingt einen Hilfsreferenten für die Verbindung zu Gewerkschaften und Arbeitgeberverbänden beziehungsweise Parteien engagieren, einen Kontaktmann und Beziehungsmakler wie Guillaume.

Am 11. November 1969 stellte er seinen Kandidaten dem neuen Chef des Kanzleramts Horst Ehmke vor. Das ging »ruck, zuck ohne große Förmlichkeiten vonstatten, ganz in dem Stil, der während der ersten Monate für die neue Regierung typisch war« – so Guillaumes Darstellung. Zu ihm habe Ehmke gesagt: »Wir müssen Schwung in den Laden bringen.« Und zu Ehrenberg: »Also in Ordnung! Wenn du den Mann haben willst, bitte! Aber fangt mit der Arbeit bald an!« Ob das nun genau so war oder nicht – Guillaume hatte nach dem Gespräch zwar keine verbindliche Zusage, aber das sichere Gefühl, er bekomme den Job. Zwei Tage später schickte ihm die zuständige Abteilung des Kanzleramts einen Personalbogen und einen Fragebogen für die Sicherheitsüberprüfung.

Markus Wolf in Ostberlin hatte zwiespältige Empfindungen, als ihn diese Nachricht erreichte. Einerseits war es der Traum jedes Spionagechefs, einen Mann in der gegnerischen Regierungszentrale zu platzieren; andererseits war im Falle einer Enttarnung das Risiko extrem hoch, die sich anbahnende Entspannungspolitik zu gefährden und deshalb Ärger mit Moskau zu bekommen. Wolfs späterer Nachfolger als Chef der HVA, Generaloberst Werner Großmann, erzählt, dass Wolf ihn 1969, als er noch Leiter der Abteilung I und in dieser Funktion zuständig für die Beobachtung des Kanzleramts war, unter strengster Geheimhaltung über »eine Spitzenquelle im Bundeskanzleramt« unterrichtet habe, »die gar nicht angestrebt worden war. Wieder eine der Unwägbarkeiten geheimdienstlicher Arbeit. Nun ist strengste Konspiration notwendig. Je weniger von diesem Vorgang Kenntnis haben, desto sicherer ist unser Mann im Zentrum der Macht ... Wir dürfen Günter Guillaume durch keine unserer Aktivitäten gefährden.«

Wolf selbst schildert das in seinen Memoiren so ähnlich: »Natürlich hatten wir nichts unversucht gelassen, um Spione in möglichst zentralen Regierungskreisen Bonns einzuschleusen, doch dass Guillaume, Deckname Hansen, den Weg ins Kanzleramt finden würde, damit hätten wir nie gerechnet, allein schon wegen der strengen Sicherheitsüberprüfungen, denen Übersiedler aus der DDR ausgesetzt waren, wenn sie in Bonn vorstellig wurden.« Das war wohl so. Doch Sorgen wegen der Sicherheitsüberprüfungen hätte Wolf sich nicht zu machen brauchen. Zwar haben diese gemäß den geltenden Richtlinien der Bundesregierung stattgefunden. Bewirkt haben sie aber nichts. Sie haben nicht verhindern können, dass der Spion vom Kanzleramt engagiert und später sogar einer der Referenten des Bundeskanzlers wurde.

Wie war das möglich? Der 1974 eingesetzte Untersuchungsausschuss des Deutschen Bundestags zur Beantwortung dieser Frage hat die Sicherheitsüberprüfungen in all ihren Details mithilfe der Akten und der beteiligten Beamten nachvollzogen. Was er dabei herausgefunden hat, füllt viele Seiten: Stoff für eine Satire über die Bürokratie im Allgemeinen und die der Geheimdienste im Besonderen. Erkenntnisse, die Guillaume verdächtig machten, vom DDR-Geheimdienst eingeschleust worden zu sein, waren durchaus vorhanden. Sie wurden nur nicht mitgeteilt oder nicht beachtet oder beides.

»Der Untersuchungsausschuss hat daher festgestellt«, heißt es im Ausschussbericht, der die Auffassung der Mehrheit, also der Regierungsparteien widerspiegelt, »dass bei der Einstellung des Günter Guillaume Hinweise nachrichtendienstlicher Stellen vorhanden waren, die seine Einstellung unter dem Gesichtspunkt des Geheimschutzes als bedenklich erscheinen ließen.« Die beim Bundesamt für Verfassungsschutz (BfV), beim Bundesnachrichtendienst (BND) und beim Untersuchungsausschuss freiheitlicher Juristen (UfJ) vorhandenen Hinweise wurden aber »aufgrund von organisatorischen und personellen Mängeln ... nicht ordnungsgemäß ausgewertet«.

In dem Teil des Ausschussberichts, der die Auffassung der Minderheit, also der Opposition, referiert, wird hinzugefügt: »Die Entscheidung, das Einstellungsverfahren gleichwohl nicht abzubrechen, ist ... nicht nur völlig unverständlich, sondern stellt sich als der entscheidende Fehler dar, der auch auf die nachfolgenden Sicherheitsermittlungen des Bundesamts für Verfassungsschutz nicht ohne Einfluss geblieben ist.« Die Opposition habe deshalb den Eindruck, »dass es dem Bundeskanzleramt in erster Linie um ein ›Attest‹ für die trotz vorliegender

Sicherheitsbedenken beabsichtigte Einstellung Guillaumes ging«.

Dieses »Attest« wurde erteilt – und es war falsch. Als der Chef der zuständigen Abteilung V des BfV, der Leitende Regierungsdirektor Johann-Gottlieb Hermenau, am 26. Januar 1970 dem Sicherheitsreferenten des Kanzleramts, Ministerialdirigent Franz Schlichter, schriftlich gab, dass sich »keine Anhaltspunkte für nachrichtendienstliche Betätigung Guillaumes und darüber hinaus keinerlei charakterliche Sicherheitsrisiken« ergeben hätten, da kannte der Verfassungsschutz weder die bereits zitierten Notierungen des BND über Guillaume noch die Beobachtungen des UfJ, die allesamt das Gegenteil nahe legten. Dass der Verlag Volk und Wissen nicht nur ein Schulbuchverlag war, sondern eine »legale Residentur«, die durchaus etwas mit Agentenschulung zu tun hatte, das war in der Abteilung IV des BfV mittlerweile zwar bekannt, wurde der Abteilung V aber nicht mitgeteilt, da – so der Ausschussbericht, Auffassung der Minderheit – »diese Erkenntnisse nicht unter dem Stichwort ›Volk und Wissen‹ in der Zentralkartei erfasst worden waren«.

Es waren solche »Pannen und Betriebsstörungen mittleren Ranges« (Theodor Eschenburg), die dazu führten, dass der Spion die Sicherheitsüberprüfung unbeanstandet passierte und des Umgangs mit geheimen Verschlusssachen für würdig befunden wurde. Es war »die routinierte Blindheit eines Karteiführers« (Ausschussbericht), die Behördenroutine überhaupt, verbunden mit der dort üblichen »großen Arbeitsbelastung«, die diese Überprüfung zur Farce werden ließen.

An den Vorschriften lag es nicht. Die wurden eingehalten – zum Beispiel, wie der Ausschussbericht erwähnt, im BfV: »Eine Pflicht zur Koordinierung mit der Abteilung IV bestand nach den Richtlinien jedoch nur dann, wenn die Abteilung V zu der Erkenntnis kam, dass das ihr vorliegende Material einen nachrichtendienstlichen Verdacht gegen Guillaume begründete. Dies war jedoch infolge der fehlenden Erkenntnisse über den Verlag Volk und Wissen und die Originalmeldung des UfJ nicht der Fall.« Da kann man dann wohl nichts machen.

Neben dem Bundestag prüfte auch eine unabhängige Kommission namens »Vorbeugender Geheimschutz«, der drei ehemalige Staatssekretäre und der Staatsrechtler Theodor Eschenburg angehörten, die »Sicherheitsfragen im Zusammenhang mit dem Fall Guillaume«. In ihrem Bericht vom November 1974 gibt es ein rund 350 Druckzeilen umfassendes Kapitel »Nicht verwertete Erkenntnisse« – verschollen im Dschungel der Geheimdienstbürokratie.

Aber es wurden auch Warnungen laut, zu deren Beachtung gar keine Bürokratie vonnöten gewesen wäre; der gesunde Menschenverstand hätte gereicht. So schrieb der damalige Chef des BND, Gerhard Wessel, in einem Telex vom 23. Dezember 1969 an das Kanzleramt über Guillaumes geplantes Engagement: »Verwendung im BK [Bundeskanzleramt] ist auf jeden Fall ›herausgehoben‹. Ich schlage Prüfung der Verwendung in einer anderen Behörde vor.« Und Egon Bahr, der dieses Fernschreiben als Staatssekretär im Kanzleramt und als Urlaubsvertreter Horst Ehmkes zu Gesicht bekam, notierte an dessen Adresse: »Selbst wenn Sie einen positiven Eindruck haben, bleibt ein gewisses Sicherheitsrisiko, gerade hier.«

Horst Ehmkes positiver Eindruck hielt sich allerdings in Grenzen. Jedenfalls beschloss er – »entsprechend Nr. 424 der Richtlinien vom 14. August 1960«, wie Ministerialdirigent Schlichter vorsichtshalber vermerkt hat –, Guillaume mit den vorliegenden – unvollständigen – Verdachtsmomenten zu konfrontieren. Dies geschah am 7. Januar 1970 im Beisein Schlichters und Ehrenbergs, und Ehmke ging scharf zur Sache. »Der Herr Minister hat Herrn Guillaume mit Fragen regelrecht berannt, ohne Schonung«, so Schlichter.

Guillaume kam ins Schwitzen. »Diese zwei Stunden gehören zu den schwierigsten meiner Laufbahn«, heißt es in seinem *Aussage*-Buch. Aber er entdeckte schnell die Lücken in Ehmkes Kenntnissen und reagierte entsprechend: »Von einer nachrichtendienstlichen Tätigkeit nach 1956 war nicht die Rede – offensichtlich gab es dazu keine ›Quellen‹. Deshalb bestritt ich forsch und mit allem Nachdruck, überhaupt jemals nachrichtendienstlich tätig gewesen zu sein.«

Außerdem hatte Guillaume das Gefühl, Ehmke bluffe zuweilen. Einmal habe dieser ihm die Gegenüberstellung mit einer bislang nicht identifizierten Quelle angedroht und, als Guillaume nur stumm die Achseln zuckte, zu Ehrenberg gesagt: »Leider – der Mann ist tot, gestorben also auch für uns.« Das aber »war es, was mir das Recht gab, kühn zu sein«, kommentiert Guillaume. Mag sein, dass dieses dramatische Detail seinem Ghostwriter Günter Karau eingefallen ist. Tatsächlich aber endete das Verhör wie das Hornberger Schießen.

Es veranlasste Ehmke lediglich dazu, dem Verfassungsschutz weitere Fragen zur Klärung vorzulegen – was dann zu jenem falschen »Attest «des BfV führte. Und er fragte schriftlich bei Georg Leber an, ob der für die Vertrauenswürdigkeit Guillaumes bürgen könne. Leber konnte: »Das, was ich an ihm immer besonders geschätzt habe, sind seine Zuverlässigkeit und sein verantwortungsbewusstes Geradestehen für die freiheitliche Lebensart und die Demokratie. Er hat mir in vielen schwierigen Situationen seine uneingeschränkte Vertrauenswürdigkeit bewiesen.« Wodurch er die bewiesen hat, sagt Leber nicht.

Und so wurde der Spion im Kanzleramt angestellt, besoldet nach der Vergütungsgruppe IIa BAT mit etwa 3000 Mark Gehalt monatlich – gegen den ausdrücklichen Widerspruch des Personalrats. Dessen Vorsitzender, Ministerialrat Dr. Klaus Seemann, CDU, hatte – die Vorschriften zitierend – eingewandt, der Kandidat sei für die Einstellung im Kanzleramt nicht qualifiziert, schon gar nicht für die Besoldung nach IIa BAT, die eine abgeschlossene wissenschaftliche Hochschulausbildung voraussetze. Guillaume hatte noch nicht einmal eine abgeschlossene Berufsausbildung. Ehmke engagierte ihn trotzdem – was Seemann im Untersuchungsausschuss zu der Bemerkung veranlasste, hier sei nicht ein Mann für einen Posten gesucht worden, sondern ein Posten für einen Mann.

Dafür, dass er nicht qualifiziert war, stieg dieser Mann erstaunlich schnell in höhere Positionen auf. Am 28. Januar 1970 war Guillaume im Kanzleramt als Hilfsreferent angetreten, bereits am 8. Juli wurde er in die neu geschaffene so genannte Verbindungsstelle zu Parteien, Kirchen und Verbänden versetzt, die dem Amtschef Ehmke direkt unterstellt war. Am 19. August wurden in dieser Verbindungsstelle die Zuständigkeiten neu geregelt. Der bisherige Leiter, Oberregierungsrat Horst Winkel, durfte nur noch den Kontakt zum Presseamt halten. Guillaume hingegen wurde Referent für die Verbindung zu Parteien und Verbänden, Vergütungsgruppe Ib BAT (etwa 3300 Mark). Annähernd zeitgleich bat das Kanzleramt den Verfassungsschutz – ordnungsgemäß – um Überprüfung Guillaumes für den Geheimhaltungsgrad »Streng geheim«. Die – ordnungsgemäße? – Überprüfung ergab keine Einwände.

In der Regierungszentrale gründete Genosse Guillaume

derweil eine SPD-Betriebsgruppe und propagierte einen Zusammenschluss aller Bediensteten, die, wie er selbst, der Gewerkschaft Öffentliche Dienste, Transport und Verkehr (ÖTV) angehörten. Natürlich wurde er Vorsitzender. Ende Februar 1970 begleitete er als der zuständige Verbindungsmann Brandt zur Deutschen Angestellten-Gewerkschaft (DAG) nach Hamburg. Bei dieser Gelegenheit hat er angeblich angeregt, der Kanzler solle bei seiner bevorstehenden Reise nach Erfurt doch das Konzentrationslager Buchenwald besuchen. Brandt soll den Vorschlag wohlwollend zur Kenntnis genommen haben. Er ahnte wohl nicht, dass er in Buchenwald von der Nationalen Volksarmee mit militärischen Ehren empfangen werden sollte – was er sich für die Ankunft in Erfurt verbeten hatte.

Dann geschah etwas, das Guillaume nicht hatte vorschlagen, geschweige denn planen können: Beim SPD-Parteitag in Saarbrücken im Mai 1970, auf dem der Vorsitzende Brandt erstmals als Kanzler auftrat, musste ein kleines Kanzlerbüro eingerichtet werden, das die reibungslose Fortführung der Regierungsgeschäfte während des Parteitags ermöglichte. Zuständig dafür war der amtierende Parteireferent des Kanzlers. Klaus Sönksen, ein weltoffener, kommunikativer Typ, hatte schon dem Berliner Regierenden Bürgermeister Brandt gedient, und der hatte ihn dann mit nach Bonn genommen – erst ins Außenministerium und dann ins Kanzleramt. Nun aber war Sönksen auf dem Absprung, er wollte in den diplomatischen Dienst. Den Genossen Guillaume hatte er bei Wahlkampfauftritten Brandts in Frankfurt als fixen Organisator kennen gelernt, und als er ihn nun im Kanzleramt wieder traf, überließ er ihm den Job beim Parteitag in Saarbrücken. Offenbar hatte niemand im Amt Bedenken.

Das heißt, der Spion übernahm die Organisation des kleinen Kanzlerbüros, mit dessen Hilfe während des Parteitags regiert wurde. Und dort, in der Saarbrücker Dependance des Kanzleramts, freundete er sich auch mit den als Postbedienstete eingesetzten BND-Beamten an, die den teilweise verschlüsselten Fernschreibverkehr mit der Bonner Regierungszentrale besorgten. Er sollte ihnen im Sommer 1973 in Norwegen wieder begegnen.

Seit Anfang Februar 1971 wohnten Günter und Christel Guillaume samt Sohn Pierre in einer Bonner Dienstwohnung, Bad Godesberg, Ubierstraße 107, erster Stock rechts, Miete 340 Mark. Denn auch Christel war, den Genossen sei Dank, nach Bonn versetzt worden: zum Bevollmächtigten des Landes Hessen beim Bund, dessen Veranstaltungen im Gästehaus der hessischen Landesvertretung sie alsbald betreute. Zu solchen Anlässen erschien häufig »ganz Bonn«. Die Spione waren angekommen in der gegnerischen Festung.

Vermutlich wäre Guillaume gern Klaus Sönksens Nachfolger als Parteireferent des Bundeskanzlers geworden. Glaubt man seiner *Aussage,* dann hätte er sogar Chancen gehabt. Sönksen hingegen, heute ein Diplomat im Ruhestand, bestreitet energisch, Guillaume diesen Job angetragen zu haben; er habe ihn für völlig unfähig gehalten, diese Aufgabe zu erfüllen. Außerdem hatte der damalige Bundesgeschäftsführer der SPD, Hans-Jürgen Wischnewski, den mit Guillaume eine intensive wechselseitige »Abneigung auf den ersten Blick« verband, bereits einen anderen Kandidaten präsentiert: den Parteifunktionär Peter Reuschenbach aus Essen.

Was damals wohl niemand ahnte, war der Umstand, dass Reuschenbach diesen Job nicht lange würde machen können – weil das erste Kabinett Brandt die Legislaturperiode nicht durchstand und weil Reuschenbach zugleich die Chance bekam, selbst in die aktive Politik zu gehen, nämlich Bundestagsabgeordneter zu werden. Der Anlass dazu war die vorgezogene Bundestagswahl im November 1972.

Man darf über den bürokratischen Defiziten der Sicherheitsüberprüfung nicht vergessen, dass Guillaume in ein Unternehmen eintrat, das wachsende Probleme hatte. Oder um noch einmal Hans-Peter Schwarz' respektlosen Vergleich zu bemühen: Der Zirkus steuerte auf eine Pleite zu. Die Artisten in der Kuppel wurden immer ratloser, und das Publikum begann wegzubleiben. Die Direktion hatte reichlich Sorgen.

Im innenpolitischen Streit um die so genannten Ostverträge, also auch um die Anerkennung der Nachkriegsgrenzen, bröckelte die Basis der Koalition weiter ab – unter dem Druck der andersgläubigen Presse und, so muss man befürchten, auch der Macht des Materiellen. Je weiter die neue Ostpolitik vorankam, desto knapper wurde die parlamentarische Basis, derer sie bedurfte. Ende Februar 1972 verließen die SPD-Abgeordneten Herbert Hupka und Franz Seume ihre Partei, im April folgten ihnen die Liberalen Knut Freiherr von Kühlmann-Stumm und Gerhard Kienbaum. Die Koalition hatte, mit 248 verbleibenden Stimmen, keine Mehrheit mehr im Bundestag. In allen Landtagswahlen seit der sozialliberalen Regierungsbildung 1969 gewann die Opposition Stimmen; streckenweise, wie in Baden-Württemberg im April 1972, waren die Gewinne überwältigend; noch am Wahltag erklärte dort der Landwirt Wilhelm Helms aus Bissenhausen, Post Heiligenloh, seinen Austritt aus der FDP. Und am Tag nach dieser Wahl fasste der CDU-Vorsitzende Dr. Rainer Barzel den

Entschluss, Kanzler Willy Brandt durch das erste konstruktive Misstrauensvotum in der Geschichte der Bundesrepublik zu stürzen.

Barzel scheiterte mit 247 Stimmen. Dies hatte, um es mit Wolther von Kieseritzkys Worten zu sagen, »allerdings nur wenig mit der freien Gewissensentscheidung der Volksvertreter oder ihrer politischen Einsicht zu tun. Der Vorgang war vielmehr ein Beispiel für den Verfall der politischen Sitten und für unrechtmäßiges Verhalten auf beiden Seiten.« Drei Leute aus dem eigenen Lager hatten Barzel nicht gewählt. Einer könnte Wilhelm Helms gewesen sein, der später erklärte, er habe sich von der flammenden Dolchstoßrede des FDP-Vorsitzenden Walter Scheel umstimmen lassen: »Machen Sie unser Land und sich selber nicht unglücklich, indem Sie ... eine Regierung etablieren wollen, deren Fundament sich auf politische Überläufer stützen müsste und deren Geburtsstunde vom Makel des Wortbruchs gekennzeichnet wäre.« Die beiden anderen Stimmen waren wohl gekauft, da Kühlmann-Stumm und Kienbaum versicherten, für Barzel gestimmt zu haben.

Völlig aufgeklärt ist der Skandal bis heute nicht. Sicher ist, dass der damalige Fraktionsgeschäftsführer Karl Wienand mit Billigung seines Chefs Herbert Wehner massiv eingewirkt hat auf den CDU-Abgeordneten Julius Steiner, der von ihm 50 000 Mark für ein Votum gegen Barzel bekommen haben will. Ein Betrag in gleicher Höhe soll zur selben Zeit aus einer Geheimschatulle Horst Ehmkes entnommen worden sein, allerdings nicht für diesen Zweck. Im Jahr 1993 enthüllte Markus Wolf, er habe damals aus der Kasse des von ihm geführten DDR-Geheimdiensts 50 000 Mark zur Verfügung gestellt, »um Steiner zur Stimmabgabe gegen das Misstrauensvotum zu bewegen«. Etliche Jahre später vertraute ein Ex-Stasi-Offizier, laut *Spiegel,* einem Ermittler an, auch die zweite Stimme sei »vom MfS organisiert worden«, und zwar durch Mittelsmänner von dem hoch verschuldeten CSU-Mann Leo Wagner. Der war jahrelang Parlamentarischer Geschäftsführer der Unionsfraktion, verließ 1976 den Bundestag und wurde 1980 vom Bonner Landgericht wegen Betrugs zu einer Haftstrafe auf Bewährung verurteilt.

Genug des grausamen Spiels? Mitnichten. Es hält sich hartnäckig das Gerücht, die Wirklichkeit sei noch viel komplizierter gewesen. »Angeblich stimmten fünf CDU-Leute für Brandt und drei SPD-Leute für Barzel«, hat vor kurzem Hans Leyendecker in der *Süddeutschen Zeitung* geschrieben, ein investigativer Journalist, der schon so manchen Skandal enthüllt hat; er habe dafür Indizien, aber keine Beweise. Kaum zu beweisen sein dürften die drei SPD-Stimmen für Barzel, denn die SPD-Fraktion ist der geheimen Abstimmung, wie ihr Vorsitzender Wehner angeraten hatte, damals geschlossen fern geblieben – ausgenommen nur der als wacklig geltende Münchner Abgeordnete Günther Müller, der aber behauptete, für Brandt gestimmt zu haben, und zuvor außerdem mit dem sicheren Wahlkreis Nürnberg-Süd »versorgt« worden war.

So viel immerhin ist sicher: Einerseits gab die Stasi Geld, um den Kanzler Brandt im Amt zu halten, andererseits ließ sie ihn bespitzeln. Der »Kundschafter des Friedens« hätte diese bizarre Logik gewiss konsequent gefunden, wenn er davon gewusst hätte. Der »Kanzler des Friedens« wiederum äußerte sich öffentlich am liebsten gar nicht zu der »Steinerei«. Wer seinerzeit versucht hat, im Dialog mit ihm herauszufinden, was der Mann, den seine Fans doch für den Versöhner von Macht und Moral hielten, über den Verdacht des Stimmenkaufs dachte, der hat ungefähr folgende Überlegung zu hören bekommen: Wenn da überhaupt etwas passiert sei, was niemand beweisen könne, dann werde wohl die Geschichte eines Tages lehren, dass es gut gewesen sei für Deutschland, den unrechtmäßigen Sturz dieser rechtmäßigen Regierung verhindert zu haben.

Aber Barzels manipulierte Niederlage gab der Regierung die Mehrheit nicht zurück. Im Bundestag stand es nun 248 zu 248. Das Parlament war praktisch gelähmt, und aus diesem Patt konnten nur vorgezogene Neuwahlen herausführen. Den Weg dahin durch seinen Rücktritt freizumachen, war Brandt aber nicht bereit – vor allem weil er der Ratifizierung der Ostverträge, die im Prinzip auch viele Christdemokraten wollten, den Vorrang vor Neuwahlen gab. Das alles bedurfte in der herrschenden Pattsituation einer Abrede mit der Opposition, und die kam – mühsam genug – auch zustande. »Hinter dem öffentlichen Getöse über den Weg zu Neuwahlen stellte sich eine Art stillschweigenden Übereinkommens her«, so der Historiker Wolfgang Jäger. Am 20. September 1972 stellte Brandt die Vertrauensfrage – in der Gewissheit, dass er die erforderliche Mehrheit verfehlen werde, da die Regierungsmitglieder sich an der Abstimmung nicht beteiligten. Zwei Tage später löste der Bundespräsident nach Rücksprache mit Oppositionsführer Barzel den Bundestag auf.

Willy Brandt war entschlossen, die Neuwahlen am 19. November 1972 zu einem Plebiszit über seine Person und seine Politik zu machen. Das gelang ihm weit besser, als selbst seine Freunde erwartet hatten. Der Wahlkampf war der härteste, auch der emotionalste seit 1957. Viele Menschen hatten das durchaus legale konstruktive Misstrauensvotum als illegitimen Anschlag auf den Kanzler erlebt. Brandts Ostpolitik, die in der Bevölkerung auf breite Zustimmung stieß, wurde zum zentralen Thema. Der Wahlkampf wurde bis zur Schmerzgrenze polarisiert und personalisiert. Jede Stimme wurde gebraucht. »Willy wählen!«, hieß die Parole.

Das war Günter Guillaumes große Chance. Denn dass er Wahlkampfauftritte managen konnte, das hatte er in Frankfurt hinlänglich bewiesen, und Peter Reuschenbach wusste das ebenso gut wie sein Vorgänger Sönksen. Deshalb empfahl er, als er sich im September 1972 beurlauben ließ, um das Essener Bundestagsmandat zu erkämpfen, das man ihm angeboten hatte, den Genossen Guillaume für seine Nachfolge als Parteireferent (und Wahlreisen-Marschall) des Bundeskanzlers.

So wurde Günter Guillaume im Oktober 1972 zunächst vorläufig und nach Brandts triumphalem Wahlsieg am 1. Dezember 1972 endgültig in das Kanzlerbüro übernommen, Vergütungsgruppe Ia BAT (etwa 4300 Mark), ungefähr das Gehalt eines Regierungsdirektors. Eine weitere Sicherheitsüberprüfung aus Anlass der Übernahme ins Kanzlerbüro fand nicht statt. Auf »Streng geheim« war der Spion ja schon überprüft.

Konsequenzen hatte seine Beförderung für den Kontakt zur HVA. Seit Guillaume im Kanzleramt saß, konnte er es nicht mehr riskieren, zur Berichterstattung und Entgegennahme neuer Instruktionen via Westberlin und Grenzübergang Bornholmer Straße bei den Führungsoffizieren in Ostberlin oder gar bei Führungstreffen mit Markus Wolf im Karolinenhof zu erscheinen. Während seiner letzten Ostberlin-Reise in der zweiten Hälfte 1969 – Paul Laufer, ein väterlicher Freund aus der alten Thälmann-KPD, war kurz zuvor gestorben – wurde Guillaume bei einem Besuch an Laufers Grab in Friedrichsfelde von einer Frau, die er nicht mehr identifizieren konnte, mit »Guten Tag, Günter« angesprochen. So etwas sollte nicht noch einmal passieren. Die »Spitzenquelle« durfte nicht gefährdet werden.

Von der DDR-Spionage wurde folglich ein Kurier-Ehepaar eigens für die Verbindung zu den Guillaumes eingeschleust, das den bisherigen Instrukteur und Kontaktmann »Heinz« ablöste: »Arno« und »Nora«. Guillaume behauptet, er habe diese Decknamen selbst ausgesucht, und er liefert in der *Aussage* eine sehr persönliche, geradezu herzliche Beschreibung der beiden »Postboten«. Dass es sich um »Franz und Sieglinde Tondera« handelte, will er damals nicht gewusst haben. Der Verfassungsschützer Gerhard Boeden hat ihm 1993 widersprochen: »Ich finde es nicht sonderlich einfallsreich, dass Guillaume seine nachrichtendienstlichen Betreuer ›Arno‹ und ›Nora‹ nennt – herausgenommen aus dem Namen, der ihm gut bekannt war, nämlich ›Tondera‹.«

Franz Tondera, ein attraktiver Bartträger, war 1968 nach München zugezogen, Sieglinde Fichte kam 1969 nach Ulm. Dort schlossen sie im Februar 1970 die Ehe – obwohl sie, wie Guillaume schreibt, in der DDR bereits geheiratet hatten. Der Kundschafter macht daraus eine ziemlich schnulzige Romanze. Was er verschweigt, ist, dass beide Kuriere aus Furcht vor Entdeckung im April 1972 in die DDR zurückbeordert wurden und ihren Kurierdienst nur noch grenzüberschreitend versehen konnten. Auch das wurde der HVA schließlich zu riskant. Also übersiedelte Sieglinde Tondera, angeblich von Stuttgart kommend, am 24. April 1974 wieder nach Westberlin – zu spät. An diesem Tag wurde Günter Guillaume in Bonn verhaftet. Aber wir greifen vor.

Irgendwann 1971, als der Spion sich gerade im zweiten Stock des Palais Schaumburg genau über dem Amtsraum des Kanzlers eingerichtet hatte, wurde er über die reguläre Amtsleitung aus Frankfurt angerufen, von einem illegalen Residenten, den er »Eugen« nennt. Natürlich war er erschrocken, nicht nur über den unvorsichtigen Anruf, sondern auch über »Eugens« Begehr: Dieser sagte, er habe Order, ein im Frankfurter Stadtwald vergrabenes Funkgerät wieder auszugraben, könne aber die Stelle nicht finden, an der Guillaume es 1964 oder 1965 verbuddelt hatte, als er vom Residenten zur »Quelle« avanciert war.

Es blieb dem Kanzleramtsreferenten Guillaume nichts anderes übrig, als unter einem Vorwand nach Frankfurt zu fahren und »Eugen« bei der Suche zu helfen. Aber die kleine Waldstraße von Frankfurt nach Darmstadt, an der er das Funkgerät vergraben hatte, gab es nicht mehr. Sie war mit einer mehrspurigen Schnellstraße durch den Stadtwald überbaut worden. Das Funkgerät war zubetoniert. Vermutlich hätte »Eugen« das auch allein herausfinden können. Aber er traute sich nicht, seinem Führungsoffizier bei der HVA zu melden, das Gerät sei nicht mehr zu beschaffen, ohne dass sein Vorgänger dies ausdrücklich bestätigte. Guillaume war wütend. Diese HVA-Bürokraten fingen an, ihm auf die Nerven zu gehen. Er eilte zurück nach Bonn, zu »seinem« Bundeskanzler.

In aller Freundschaft

Der Verräter, der keiner war

Günter Guillaume hat Willy Brandt verehrt und bespitzelt. Natürlich ist das ein Widerspruch, aber nicht für Günter Guillaume. Er ist nicht der einzige Spion, der den Verrat rationalisiert hat als humanitäre oder als politische Notwendigkeit. »Brandt nahm für sich in Anspruch, *Kanzler des Friedens* zu sein«, heißt es in der *Aussage,* »ich erfüllte meine Mission als *Kundschafter des Friedens.*« Und so »trafen sich die Parabeln unserer Lebensbahnen in diesem Punkt«. Guillaume ein Verräter? Was für ein Missverständnis! Er sah sich als Brandts Bundesgenossen: »Indem ich meiner Mission treu blieb, auch noch in der dunkelsten Stunde, war es einfach unmöglich, zum Verräter an seinem Anspruch zu werden.«

Ja, er hat Partei genommen für den Kanzler Brandt und seine Politik. Er hat sie, zu Recht übrigens, für »die Grundlage einer gesamteuropäischen Friedensregelung« gehalten und damit für eine Möglichkeit, »im Verhältnis der beiden deutschen Staaten zu einem vernünftigen Einvernehmen zu kommen«. Viel später erst, 1990, in einem Gespräch mit der *Berliner Morgenpost,* hat der Spion a. D. sich als »Kämpfer für den Frieden« auf den SED-Dissidenten Robert Havemann berufen, mit dem er schon 1950 gegen die Wiederbewaffnung Deutschlands gekämpft habe. »Ich bin kein vielfach in der Wolle gefärbter Marxist … Wenn Sie so wollen, hat mich das Vorbild von Havemann zu dem Kundschafter werden lassen, der ich dann geworden bin … Meine Arbeit ist missbraucht worden für einen deformierten Sozialismus.« Nur: 1950 war Havemann noch kein Dissident, sondern ein begeisterter Anhänger Stalins.

Guillaume hat gejubelt, als Brandt den Friedensnobelpreis bekam, und er hat um diesen Kanzler gebangt beim Versuch der Opposition, ihn zu stürzen. Das freilich hält er denn doch für erklärungsbedürftig. »Angesichts des ureigentlichen Charakters meiner Mission in Bonn hätte ich mich auf die Position eines kühlen Beobachters und Zuschauers zurückziehen können. Aber so einfach war meine politische Seelenlage nicht. Es gab schon ein gewisses Maß an Identifikation … Wenn man mir daraus den Vorwurf der Janusköpfigkeit machen wollte, könnte ich darauf nicht viel erwidern.«

Günter Guillaume war zweifach loyal. Er hatte zwei Chefs und er bemühte sich nach Kräften, es beiden recht zu machen. »Es gibt zwei Männer, denen ich ehrlich zu dienen versucht habe, Willy Brandt und Markus Wolf«, hat er im Prozess gegen den Letztgenannten gesagt. In Bonn gab es damals Beobachter – ich zähle dazu –, die nach des Spions Enttarnung die Meinung vertraten, Guillaumes Loyalität zu Brandt sei längst größer gewesen als die zu seinen Auftraggebern, er habe sich aber nicht entsprechend verhalten, also überlaufen können, ohne »seinen« Kanzler politisch schwer zu beschädigen. An Guillaumes bedingungsloser Treue zum SPD-Parteichef Willy Brandt zweifelte damals in Bonn eigentlich niemand.

Die treffendste Beschreibung aus jenen Tagen stammt von der *stern*-Reporterin Wibke Bruhns, die Guillaume seit der »Willy-wählen!«-Initiative 1972 kannte: »Er ist ein

Mensch mit zwei Identitäten, die eine so stimmig wie offenbar die andere. Nichts spricht dafür, dass er ohne seinen Auftrag anders bei uns gelebt, dass dieser Mann aus seiner Haut heraus gekonnt hätte, die eben keine Maske war. Er wohnte mit seiner etwas zu lauten, scharfzüngigen Frau in einer farblosen Wohnung, wohinein wie in alle solche Wohnungen irgendwann einmal Blattpflanzen geschenkt wurden. Nun stehen sie herum; niemand mag sie, aber niemand wirft sie weg.«

Die Tatsache, dass der Mann bieder, meist auch liebenswürdig und hilfsbereit war, beschreibt diese Seite seines Wesens allerdings nicht vollständig. Er hatte ein ganz starkes und offenbar unerfülltes Bedürfnis nach Zuwendung, nach Freundschaft, um nicht zu sagen nach Wärme – ein Bedürfnis, das man nicht heucheln, das man allenfalls verstandesmäßig vom Problemkreis des Spionageprofis separieren kann. Niemand mochte sich vorstellen, dass die manchmal fast peinliche Ergebenheit für Brandt ohne jede menschliche Substanz war. Es gab genug kritische Freunde und Genossen, die in Guillaumes Gegenwart nicht mehr ernsthaft über die Probleme des Kanzlers diskutierten, weil der Referent das einfach nicht zuließ. Er hatte für alles, was Brandt tat, eine Erklärung und, wenn nötig, eine Entschuldigung. Wenn er aber mit Genossen zusammen war, deren Treue zu Willy ihm sicher erschien, dann konnte er stundenlang und mit nie erlahmendem Engagement über die Probleme der Partei und der Reformpolitik diskutieren – vor allem darüber, wie man dem Kanzler helfen könne, diese Probleme zu lösen. Immer sammelte er Zustimmung für Brandt. »Den Alten bei Laune halten«, war sein kategorischer Imperativ.

Seine Autobiographie – wer auch immer daran mitgeschrieben und wer auch immer das Buch dann zensiert hat

– ist auf weite Strecken ein Dokument der Verehrung für »den Alten«. Es gibt darin viele zutreffende Charakterisierungen Brandts, viele geradezu liebevolle Beobachtungen. Zum Beispiel hat Guillaume (vermutlich nur er) gemerkt, wie tief es Brandt getroffen hat, dass bei der Rückkehr von jener Israel-Reise 1973, während der er wegen einer missglückten Hubschrauberlandung auf dem Felsen von Massada in akuter Lebensgefahr war, niemand ein Wort der Freude darüber verloren hat, dass er das Unglück unbeschadet überstanden hatte. »Er wartete auf eine kleine Geste der Anteilnahme, auf ein winziges Anzeichen dafür, dass man in der Heimat um sein Schicksal gebangt hatte. Aber das Signal blieb aus.« Auch zu Hause, registriert Guillaume, gab es keinen freudigen Empfang. »Die Mitglieder der Familie schienen mit eigenen Angelegenheiten stark beschäftigt.«

Deutet das auf Defizite, die er selbst hatte? Guillaume hat nie verschwiegen, dass sein Familienleben ein Problem war, allein schon wegen der Erziehung des Sohnes. Pierre war im Westen geboren und aufgewachsen, hatte keine Ahnung von der Mission der Eltern, durfte auch nichts davon merken und die üblichen Probleme eines Halbwüchsigen hatte er obendrein. War das Ehepaar Guillaume dem gewachsen? Wer die beiden damals zusammen erlebt hat, mag sich gefragt haben, wie sie es wohl miteinander ausgehalten haben.

Wibke Bruhns schildert Günter Guillaume, auch aus persönlicher Kenntnis, als einen Mann in der Midlife-Crisis. »Günter Guillaume hatte Träume. Sie handelten von Sonne, weiten Stränden, freier Zeit, von dem anderen Leben, das jeder Mann Mitte vierzig verpasst hat. Sie handelten vom Neubeginn, den keiner schafft, auch dieser Mann nicht, und wäre die eine Hälfte des Günter Guillaume der ganze Mensch gewesen. Denn der ist, was man wohl einen

Biedermann nennt, spielte ihn nicht, brauchte sich nicht anzupassen. Achtzehn Jahre lang konnte Guillaume er selbst sein, ein Kleinbürger, der lebt, weil er dient.« Zwei Herren dient.

Er liebte Marschmusik, hörte im Auto aber immer Klassik, die ihm Pierre von Rundfunkkonzerten auf Audiokassetten überspielt hatte. In Gesellschaft aß er gern und mit Genuss, was man ihm durchaus ansah, und trinken konnte er eine ganze Menge, ohne Wirkung zu zeigen. Auch nach einer Flasche Wein oder ein paar Whiskys schien er noch völlig nüchtern zu sein. Pernod war in seinem Büro immer vorrätig, auch ein Schnaps namens Zinn 40. Einmal, im Sommer 1972, ist er erwischt und »wegen fahrlässiger Trunkenheit am Steuer« zu 2000 Mark Geldstrafe und viermonatigem Führerscheinentzug verknackt worden.

Eine graphologische Beurteilung seiner Handschrift bescheinigte ihm – anonym natürlich – »starke Empfänglichkeit, Gespür und Witterungsvermögen, müheloses Erfassen von Situationen und die Fähigkeit, sich um- und einzustellen«. So viel war offenkundig. Aufschlussreicher war die Feststellung, der »Persönlichkeitskern« des Probanden sei »aufgeweicht, in der Tiefe nicht zu fassen. ... Kein kühles Kalkül, kein aktiv durchtriebenes Vorgehen, aber Lenkbarkeit durch einen stärkeren Willen«. Der freilich wäre dann eher in Ostberlin anzusiedeln gewesen als im Bonner Kanzleramt.

Willy Brandt, der verehrte Chef, interessierte sich nicht sonderlich für Günter Guillaume. Er war ihm eher unangenehm: ein »beschränkter Parteifunktionär«, wie er oft sagte. Die vielen Fotos, die Guillaume in unmittelbarer Nähe des Kanzlers zeigen, vermitteln eine optische Täuschung. Es gab keine Nähe zwischen den beiden, auch dann nicht, wenn die unermüdlich angebotenen Dienste des Referenten in Anspruch genommen wurden, und das wurden sie in der Tat – vor allem *after hours*. Dann fand der Kanzler wohl auch Guillaumes Affinität zu Scherzen aller Art und seinen durchaus vorhandenen Berliner Innenstadtcharme ganz entspannend. Aber dass Brandt einen Mann, der ihm eigentlich gleichgültig war, bis in seine Intimsphäre vordringen ließ, das gehört zu den vielen Unbegreiflichkeiten dieser Affäre.

Brandt war durchaus imstande, sich eines Menschen zu bedienen, der ihm gleichgültig war – vorausgesetzt, die Sache oder die Erledigung der Dienstgeschäfte oder auch die Bequemlichkeit gebot es. Das galt keineswegs nur für Guillaume. Ihn rauszuwerfen oder zumindest versetzen zu lassen, hätte – auch wenn Brandt gelegentlich diese Absicht äußerte – des Kanzlers Bereitschaft, sich zu engagieren, überfordert. Er nahm den Mann in Anspruch, wann immer ihm das in den Kram passte – und verdrängte im Übrigen seine Gegenwart.

»Sein Diensteifer und seine Geschicklichkeit in organisatorischen Dingen hatten ihn für seine Aufgabe empfohlen«, so Brandts eigene Erklärung. »Er war, in technischer Hinsicht, ein guter ›Adjutant‹. Wegen einer von mir oft als peinlich empfundenen Enge seiner geistigen Interessen war er für mich kein politischer Gesprächspartner, aber das war ja auch nicht seine Funktion.« Brandt hatte einfach nichts davon, mit diesem beschränkten Typen zu reden – sonst hätte er es getan. Das intellektuelle Gefälle zwischen Guillaume und dem Vorgänger Reuschenbach hat ihn geschmerzt. Aber er hat nichts gegen diesen Schmerz unternommen.

Er hat auch nicht Nein gesagt, als Guillaume im Kanzlerbüro schließlich eine »eigene Arbeitseinheit« bildete und dem Leiter dieses Büros, Ministerialdirigent Dr. Reinhard Wilke, direkt unterstellt wurde. Wilke, früher persönlicher Referent des Justizministers Ehmke und von diesem im Frühjahr 1970 ins Kanzleramt geholt, konnte den Parteireferenten noch weniger leiden als Brandt und machte daraus auch keinen Hehl. Dass Guillaume in den Aktenfluss, der die Regierungsarbeit betraf, nicht unmittelbar einbezogen war, hatte damit freilich nichts zu tun. Wilke, selbst überzeugter Sozialdemokrat und seinem Kanzler in durchaus nicht unkritischer Solidarität verbunden, mochte Guillaumes servile Engstirnigkeit nicht und erst recht nicht dessen Manier, sich bei jeder Gelegenheit aufzuführen wie der Privatsekretär des Bundeskanzlers. Dass er den gemeinsamen Chef bespitzele, hätte Wilke ihm nie zugetraut. Erst nach Guillaumes Enttarnung hat er eine Liste der Kanzlertermine vom September 1972 bis April 1974 zusammengestellt, bei denen der Spion mit hoher Wahrscheinlichkeit dabei war – darunter Klausurtagungen, Informationsreisen, aber auch Urlaubsreisen und Fototermine mit der Familie. Bei 66 dieser Termine war Guillaume sehr wahrscheinlich dabei, bei einem weiteren Dutzend möglicherweise.

Der Spion selbst hat sich durchaus als Gesprächspartner des Kanzlers verstanden – am Rande dieser Veranstaltungen, auf gemeinsamen Spaziergängen oder wenn er den Chef mit dessen Eskorte morgens zu Hause abholte. Später dann hat er Brandts Feststellung, er habe mit diesem Guillaume nicht reden können, sozusagen wegrationalisiert. »Ich selbst spürte übrigens nie das Bedürfnis, mich Willy Brandt als Gesprächspartner für die so genannten Spinnstunden aufzudrängen ... Wie ich bald merkte, wusste Brandt Zurückhaltung durchaus zu schätzen. Er brauchte nicht nur die geistreichen Plauderer und Witzereißer.«

Wohl fiel dem Urlaubsbegleiter Guillaume 1973 in Norwegen, zumindest rückblickend, die »übergroße Schweigsamkeit« des Kanzlers auf: »Der Mann konnte stundenlang durch den Wald laufen, ohne ein Wort zu sagen.« Aber er hat das nicht auf sich bezogen – weder als Warnsignal noch als Distanzierung.

Die Erkenntnis, dass Willy Brandt ihn für beschränkt und für lästig hielt, hätte Günter Guillaume damals wohl nicht ertragen. Sein emotionales Gleichgewicht war bereits ziemlich angeschlagen. Da war die problematische Ehe, die Sorge um den westlich erzogenen Sohn, der irgendwann die Wahrheit über seine Eltern erfahren musste; da war die drohende Bilanzkrise des Mittvierzigers, der plötzlich nicht mehr so genau wusste, woher er eigentlich kommt und wo das alles noch hingehen soll. Er fing Affären an, natürlich auch mit einigen Vorzimmerdamen im Kanzleramt.

Während der siebeneinhalb Jahre, die der wegen Landesverrats verurteilte Spion in der Haftanstalt Rheinbach in der Voreifel absaß, soll er Mithäftlingen einmal gesagt haben, die westdeutschen Agentenjäger seien blutige Anfänger, weil sie nie eine Agentin auf ihn angesetzt hätten, »obwohl die doch wussten, dass ich eine Schwäche für Frauen habe«. Dort in Rheinbach hat der zum Oberst des MfS beförderte Guillaume den Knastkollegen, laut *stern*, manchmal Saufereien mit selbst gebranntem Schnaps organisiert und dabei auch selbst tüchtig zugelangt. Bei einer solchen Gelegenheit ist er gefragt worden, ob er nicht lieber der Freund von Willy Brandt geworden und geblieben wäre als ein DDR-Agent. Guillaumes Antwort: »Nein, nein … aber in irgendeiner Ecke bin ich für meine Person ganz froh, dass alles so gekommen ist.«

Der Freund von Willy Brandt wäre er keinesfalls geworden. Und als DDR-Agent war er auch nicht der Meisterspion, zu dem die Propaganda in beiden deutschen Staaten, vor allem natürlich in der DDR, ihn gemacht hat. Darin sind sich jene Fachleute einig, die Arbeitsweise und Leistungsfähigkeit der Westspionage der DDR-Geheimdienste heute analysieren. Sie können das auch beweisen, seit es möglich ist, das elektronische Gedächtnis der HVA in der Stasi nutzbar zu machen. Gewiss ist es Offizieren der HVA gelungen, in der Wendezeit ihr Archiv weitgehend zu vernichten, aber die EDV-Dateien haben sie dabei wohl übersehen. Vorhanden ist ein großer Datenbestand der Auswertung, die Agentenmeldungen bewertet und an einen begrenzten Kreis von Empfängern in der SED-Parteispitze weitergeleitet hat. Mithilfe dieser so genannten SIRA-Dateien (»System, Information, Recherche der Aufklärung«) lässt sich feststellen, aus welchen Quellen die Informationen stammen und wie schnell sie an die Parteispitze weitergegeben worden sind. Und da sieht der Informant Guillaume nicht wie ein Held aus.

»Wenn man ihn daran misst, welche Informationen er der Stasi tatsächlich übergeben hat«, so Helmut Müller-Enbergs, wissenschaftlicher Referent bei der Bundesbeauftragten für die Unterlagen des Staatssicherheitsdiensts der ehemaligen DDR, besser bekannt als Gauck-Behörde, dann »war Guillaume nur Mittelmaß«. Unter seinem Decknamen Hansen gingen zwischen Juli 1969 und April 1974 bei der Auswertung der HVA nur 24 Berichte und Dokumente ein, im Schnitt fünf pro Jahr. Da waren andere Agenten wesentlich fleißiger – und wohl auch besser. Von Hansens 24 Berichten sind neunzehn bewertet worden, davon hatten vierzehn einen »mittleren Wert« (III), nur fünf wurden als »wertvoll« (II) benotet. Die sehr seltene Note I

(»sehr wertvoll«) kommt bei der Beurteilung der Berichte des Meisterspions überhaupt nicht vor.

Der Nachrichtentechniker Stephan Konopatzky, Sachgebietsleiter im Archiv der Gauck-Behörde, teilt diese relativ niedrige Einschätzung: Die Datenbank weise »Hansen« zwar als eine Quelle aus, »die einige Spitzeninformationen beschafft hat; für die HVA war das jedoch nichts Besonderes. Trotz hervorragender Platzierung als einer der Kanzlerreferenten vermochte ›Hansen‹ nur wenige wertvolle Informationen zu bringen.« Zumindest die Stichwörter auf den SIRA-Datenblättern bestätigen einen solchen Eindruck: Gewerkschaftsthemen, Parteiquerelen, nur etwa ein Viertel befasst sich mit der eigentlichen Regierungspolitik; ein Stichwort wie »Vorbereitungen möglicher Verhandlungen zwischen der BRD und der DDR«, Bericht eingegangen am 2. März 1970, ist eher die Ausnahme als die Regel.

Einige der – von der Auswertung der HVA formulierten – Berichte, zu denen Guillaume beigetragen hat, sind im vollen Wortlaut erhalten. Die Lektüre bestätigt, was Geheimdienstskeptiker wie Brandt über solche Berichte immer gesagt haben: Es sind Informationen und Spekulationen, die man auch in den Zeitungen hätte lesen können, in denen diese Themen damals ständig abgehandelt worden sind. In einer HVA-Information vom 23. März 1974 zum Beispiel heißt es unter Berufung auf einen gut informierten SPD-Funktionär, Brandt glaube, dass »die Misere, in der sich gegenwärtig Regierung und SPD befinden, mit durch sein eigenes Verhalten verschuldet sei, wofür er niemanden verantwortlich machen könne. Nach Einschätzung des genannten SPD-Funktionärs sei Brandt mit sich selbst sehr unzufrieden; seine ganze Mentalität laufe nicht auf starke Führung hinaus.« Das könnte von Guillaume stammen, denn Brandt hat damals in seinem engeren Umfeld öfter gesagt, er mache Fehler. Aber in den Zeitungen stand das noch viel drastischer.

Nirgends finden sich Hinweise auf Brandts Privatleben oder gar auf seine Intimsphäre. Die wären, sollte Guillaume solche kompromittierenden Informationen wirklich geliefert haben, auch nicht in den SIRA-Dateien gelandet, weil sie als so genannte operative Informationen anderswo innerhalb der HVA ausgewertet und aufgehoben wurden.

Günter Guillaume hat nie die Chance gehabt, Willy Brandt zu erklären, dass er ihn gar nicht verraten habe, aber er hat immer gehofft, er bekomme die Gelegenheit dazu. Nach der Wende hätte es fast ein Zusammentreffen gegeben. Der private Fernsehsender RTL plus hatte für eine Wahl-Sondersendung am 18. März 1990 im Ostberliner Palast der Republik sowohl Guillaume als auch Brandt – inzwischen Ehrenvorsitzender beider deutscher sozialdemokratischen Parteien – eingeladen. Brandt ließ den Termin aus seinem Programm streichen, wollte nur ein Interview für alle Fernsehsender geben. Nach einem Treffen mit Guillaume gefragt, sagte er: »Im Allgemeinen treffe ich mich nicht mit Zuchthäuslern.« Revanchiert hat Guillaume sich nicht. Allenfalls hat er westlichen Gesprächspartnern nach der Wende gesagt, der Sturz Brandts habe doch auch eine gute Seite: »Mittelbar habe ich dafür gesorgt, dass die Bundesrepublik Deutschland für viele Jahre den besten Kanzler der Nachkriegszeit bekommen hat – Helmut Schmidt.«

Fünf Monate vor seinem Tod hat Günter Guillaume in einem Interview mit Guido Knopp und Nina Steinhauser für die ZDF-Serie *Top-Spione* gesagt, was er wohl lieber Brandt selbst gesagt hätte: »Ich habe in dieser misslichen

Situation (nach Brandts Rücktritt, den er nicht verstanden und seinen Vernehmern gegenüber »außerordentlich bedauert« hat) alles Mögliche versucht, was Willy Brandt schützen sollte.« Frage: Sie haben nicht alles gesagt, was Sie wussten? Guillaume: Ja. Frage: Auch was das Privatleben des Kanzlers betraf? Guillaume: Auch das. Frage: Soll das etwa heißen, dass Sie bis zuletzt dem Kanzler treu gewesen sind? Guillaume: Ich wäre es gern gewesen. Ich habe mich bemüht, aber ich konnte ja nichts für seinen Schutz tun, außer zu schweigen.«

Geschwiegen hat er bis zuletzt. Manchmal hat er geschrieben, nicht an Brandt zwar, aber an Kollegen aus der alten Kanzler-Crew, auch dann noch, als er längst wieder auf freiem Fuß war. Es sind Briefe darunter, die auf eine fast schon rührende Weise deutlich machen, wo dieser Günter Guillaume sich zu Hause gefühlt hat. Zum Beispiel hat er dem Kriminalhauptkommissar a. D. Karl Willeck geschrieben, einem der ehemaligen Leibwächter des Kanzlers: »Vielleicht erinnerst du dich nicht nur an meinen plötzlichen und unfreiwilligen Abgang aus dem BK-Team Ende April 1974, sondern auch an die zahlreichen gemeinsamen Termine, die davor, dank unserer Kooperation, stets gut bis ausgezeichnet abliefen.« Und dann gratuliert der Meisterspion dem Kollegen zum Geburtstag. »Lieber Karl Willeck«, so beginnt der Brief, »heute ist Annemarie Renger 73 Jahre jung, Georg Leber feiert seinen 72., und meine DDR, auf die ich viele Jahre an ihrem Gründungstag heimlich ein Glas leerte, die gibt es nicht mehr.« Datum: 7. Oktober 1992, der 43. Jahrestag der DDR-Gründung.

Am Tag darauf starb Willy Brandt.

»Nur eines will ich noch ...«

Vom Aufbruch zum Absturz

Der triumphale Wahlsieg des 19. November 1972 war der Anfang vom Ende der Regierung Brandt. Er war jener Scheitelpunkt, hinter dem es nur noch abwärts geht – eine physikalische Zwangsläufigkeit, aber auch eine politische? Die Regierung, meint Brandts Biograph Peter Merseburger, hätte sich durchaus »auf einem Hochplateau nahe dem Gipfel« halten können; aber dazu hätte es eines Mannes bedurft, der nicht die Zügel schleifen ließ »und andere damit geradezu zwang, sie aufzunehmen«. Genau das aber tat Brandt.

Die ebenso einfache wie oberflächliche These, dass er schlicht keine Lust mehr hatte, ist gewiss nicht die ganze Wahrheit, noch nicht mal Brandts subjektive Wahrheit. Natürlich hat er den Wahlsieg als Volksabstimmung für sich und seine Ostpolitik empfunden, und der Urtrieb aller Mächtigen, an der Macht bleiben zu wollen, war ihm keineswegs abhanden gekommen. Aber falsch ist jene These auch nicht. Die tiefe Erschöpfung, die ihn damals heimsuchte, war nicht nur physisch bedingt. »Vielleicht spürte er auch, dass er die wichtigsten Aufgaben der Kanzlerschaft erfüllt habe«, mutmaßt sein Freund und Redenschreiber Klaus Harpprecht. »Mehr als eine oder zwei große Ideen vermag keiner der Mächtigen unserer Tage, gleichviel wie lang er auf dem Kommandostand steht, in die Wirklichkeit hinüberzuzwingen: Der Rest ist Verwaltung.«

Kaum sechzig Jahre – und schon alles für die Unsterblichkeit getan! Der Ausgleich mit dem Osten, die erstaunliche Verwandlung vom verunglimpften Emigranten zur nationalen Vaterfigur, der Friedensnobelpreis, der größte Wahlsieg in der Geschichte der deutschen Sozialdemokratie – was konnte da noch kommen, das einen Mann vergleichbar faszinieren, das vergleichbare Energien in ihm zu mobilisieren vermochte? Schon ein paar Tage nach dem Wahlsieg im November 1972 machte sich Brandts Überdruss an den Schwierigkeiten des politischen Geschäfts im eigenen Lager bemerkbar, »der nicht mehr von ihm weichen sollte, solange er Bundeskanzler ist«, wie sein persönlicher Referent und Bürochef Reinhard Wilke aus nächster Nähe beobachtet hat.

Sicher ist, dass Brandt am Ende seiner körperlichen Kräfte war. Er musste gleich nach den Wahlen in die Bonner Universitätsklinik und dort seine völlig überanstrengten Stimmbänder »in Ordnung bringen lassen«, wie er das beschönigend nannte. In Wahrheit fürchtete er, Kehlkopfkrebs zu haben. Die zu entfernende Geschwulst erwies sich dann zwar als gutartig. Aber einen Aufschub der Operation bis nach der Regierungsbildung hätte Professor Walter Becker, der behandelnde Arzt, seinem Patienten, auch wenn der darum gebeten hätte, wohl nicht gestatten können. Brandt bat nicht darum. »Er freut sich fast masochistisch auf die Vollnarkose«, erinnert sich Egon Bahr; »bei dem Ärger um die Neubildung der Regierung verständlich, einmal nichts hören, sehen und denken zu können.« Eine trügerische Hoffnung.

Während der Operation hört Willy Brandt, trotz Narkose, plötzlich die Ärzte über sich reden, versteht auch, wovon sie sprechen: Atemlähmung. Er begreift, dass er in Gefahr ist zu ersticken, will sich wehren, will um Luft ringen, kann aber nicht. Die Kunst der Ärzte und ein Gerät, das ihn von fern an einen Blasebalg erinnert, als er es anderntags in seinem Krankenzimmer entdeckt, retten ihn.

Es war nicht das erste Mal, dass Willy Brandt an die Grenze zwischen Leben und Tod geriet, dass er das Gefühl hatte, dies könnte das Ende sein. An dieser Grenze kannte er sich aus, besser als mancher andere Zivilist von fast sechzig Jahren. Er ist häufiger am Ufer des Styx gestanden als am Rubikon. Und er hat dort zurückgelassen, was er »eine landläufige Art von Ambition« genannt hat, seit er im Oktober 1966 während einer beängstigenden Herz-Magen-Störung, medizinisch Roemheldsches Syndrom genannt, zum ersten Mal »dem Tod ins Auge gesehen« hat. Seither war er bereit und willens, »unbefangener sich dem zu stellen, was man dann noch nach einer solchen Zäsur machen kann«.

Das sei nicht vergessen: Willy Brandt hat schon geraume Zeit vor der gesundheitlichen Krise am Jahresende 1972 nichts mehr erzwingen, nichts mehr mit Gewalt durchsetzen wollen. Und er hat schon lange vor dem Herzinfarkt, der ihn 1975 nach seinem Rücktritt traf, Lebenszeit als ein Geschenk begreifen gelernt, mit dem es pfleglich umzugehen galt. Das unter anderem hat ihm Grenzen gesetzt.

Nach der Stimmbandoperation am 25. November 1972 jedenfalls war er »nicht mehr der Gleiche wie zuvor«, hat Reinhard Wilke bemerkt. »Der Eingriff hatte längerfristige Wirkungen«, was vor allem mit dem strikten Rauchverbot zu tun hatte, auf dem Professor Becker nun bestand und das einem Mann, der seit seinem zweiten Lebensjahrzehnt hemmungslos geraucht hatte, ungeheuer zusetzte. Brandt klagte seinen Ärzten, er sei reizbarer als sonst, könne sich schwer konzentrieren. Aber alle Versuche, die Entzugserscheinungen medikamentös zu bekämpfen, änderten daran so wenig wie die Kaugummis, auf denen Brandt nun wild herumkaute. Hingegen bewirkten die Medikamente, dass er nicht mehr viel Alkohol vertrug – auf den völlig zu verzichten ihm aber nicht in den Sinn kam.

Die gravierendste Folge dieser »Halsgeschichte«, noch so eine seiner verharmlosenden Bezeichnungen, aber war, dass das zweite Kabinett Brandt praktisch ohne ihn gebildet wurde und in wesentlichen Punkten entgegen seinen, des Wahlsiegers, Wünschen. Die Verhandlungen führten Herbert Wehner und vor allem Helmut Schmidt mit den glänzend vorbereiteten Freidemokraten Walter Scheel und Hans-Dietrich Genscher. Brandt durfte tagelang nicht sprechen, nur flüstern. Anfangs fand er das sogar angenehm, weil er keine Lust auf die unvermeidlichen Auseinandersetzungen hatte. »Die müssen alles schriftlich machen. Ist doch gut, was?«, sagte er zu Horst Ehmke, der das überhaupt nicht gut fand und zu Brandts Überraschung unwirsch reagierte.

Seine eigenen Vorstellungen zur Regierungsbildung fixierte der Kanzler jedenfalls schriftlich – in einem mehrseitigen Papier, das eine Menge Denkanstöße zur Gesprächsvorbereitung enthielt. Die Adressaten lasen es ohnehin nicht. Wehner »vergaß« das Papier samt der Kopie für Helmut Schmidt in einer seiner unheimlich unergründlichen Aktentaschen. Und Brandt fragte nicht nach, als die Verhandlungen offenkundig anders liefen. Erst am 7. Dezember 1972, als Brandt bereits wieder an den Koalitionsgesprächen teilnahm, förderte Wehner das Papier zutage – und gab sich reuig.

Die Unterhändler der Koalition präsentierten ihrem Kanzler ein Kabinett, in dem wichtige Ressorts anders verteilt und anders besetzt waren, besonders zugunsten der FDP, als Brandt aufgeschrieben hatte. Helmut Schmidt setzte durch, dass der Genosse Horst Ehmke nicht mehr Chef des Kanzleramts wurde und der Genosse Conrad Ahlers nicht mehr Chef des Bundespresseamts. Was immer man gegen den einen wie den anderen einwenden mochte – die Neigung, den Mund zu voll zu nehmen, oder, wie Conny Ahlers, keinen Trouble zu scheuen –, sie waren Brandt ergeben, ihre Loyalität zum Kanzler stand außer Zweifel.

Brandt hätte das alles nicht hinnehmen müssen. Er hätte die unter dem Vorbehalt seiner Zustimmung getroffenen Abreden ignorieren können. Er tat es nicht. Er beklagte sich, aber er griff nicht durch. Als Wilke ihn einmal auf die Möglichkeit des Widerstands hinwies, fuhr Brandt seinen Bürochef – ganz untypisch – an: »Da kann ich doch nicht mehr raus!« Und als Horst Ehmke ihn fragte, warum er, der Kanzler, Wehner nicht zur Rede gestellt habe, gab Brandt zur Antwort: »Weil er ein Lübecker ist.«

Es kennzeichnet keineswegs nur seinen miserablen Zustand, sondern auch seine Vorstellung von politischem Anstand, dass er in dieser Situation eher daran dachte, alles hinzuwerfen, als daran, seine Unterhändler bloßzustellen – obwohl er sich von ihnen hintergangen fühlte. Vor dem Koalitionsgespräch am 5. Dezember, dem ersten, an dem er wieder teilnehmen konnte, sagte er zu SPD-Bundesgeschäftsführer Holger Börner und zu seinem Bürochef Wilke, er werde möglicherweise mitteilen, dass er als Kanzler nicht mehr zur Verfügung stehe. Das tat er dann zwar nicht, aber als einer der Teilnehmer von Empfindlichkeiten sprach, die man berücksichtigen müsse, warf Brandt mit bitterem Sarkasmus ein, wenn schon von Empfindlichkeiten die Rede sei, dann wolle er doch darauf hinweisen, »dass mir zugemutet worden ist, einen Kanzleramtschef, mit dem ich offenbar die Wahlen verloren habe, nicht wieder zu nehmen, und auf einen bestimmten Chef des Presseamts zu verzichten«. Als dann Rüdiger von Wechmar, ein FDP-Mann, zum Pressechef gekürt werden sollte, murrte die SPD; aber der Kanzler ließ es geschehen.

Man darf nicht übersehen – besonders wenn man findet, Brandt hätte wegen der Affäre Guillaume nicht zurücktreten müssen –, dass die Drohung, alles hinzuwerfen, eine Art Leitmotiv dieses Kanzlers in seinen letzten anderthalb Regierungsjahren gewesen ist. Die Grundtonart war immer dieselbe: Ich muss das ja nicht machen, ich muss ja nicht Kanzler sein ... Da erinnerte Brandt, apropos Leitmotiv, schon fast an Richard Wagners Wotan, der im zweiten Akt der *Walküre* seiner Lieblingstochter Brünnhilde anvertraut: »Nur eines will ich noch: das Ende, das Ende!« – und der dann doch tut, was er kann, dieses Ende abzuwenden.

Als Brandt am 14. Dezember 1972 abermals zum Bundeskanzler gewählt wurde, war er äußerst schlechter Laune. Er weigerte sich sogar, zur Vereidigung den protokollarisch üblichen Cutaway anzuziehen, tat es fünf Minuten vor der Abfahrt dann doch – und griff prompt daneben: Zur dunkel gestreiften Hose trug er einen Frack.

Die Reihe seiner Rücktrittsdrohungen begann bereits vor der Kanzlerwahl, am 10. Dezember 1972, in Parteivorstand und Parteirat: »Es wäre besser, ich würde nicht Bundeskanzler, als dass ich unter falschen Voraussetzungen gewählt würde.« Sie setzte sich fort im Vorfeld des Hannoveraner Parteitags der SPD im März 1973, wo eine Auseinandersetzung mit den ins Utopische angewachsenen Vorstellungen der Parteilinken bevorstand: »Ich könnte die Verantwortung nicht tragen für etwas, was im Widerspruch stünde zu dem, wofür ich mit anderen die breite Zustimmung der Wähler gefunden habe.« Als auch diese Wähler dann abzuwandern begannen, sagte Brandt im Parteivorstand: »Ich habe die Partei zu dem großen Sieg geführt. Jetzt wird das bedroht. Da fangen die Alten an uns wegzulaufen; da fangen die Jungen an uns wegzulaufen ... Da muss man sich überlegen, wie lange man noch zur Verfügung steht.« Und als sich im Februar 1974 der Öffentliche Dienst über eine – allerdings höchst riskante, taktisch falsche – Empfehlung des Bundeskanzlers zur Lösung des akuten Tarifkonflikts hinwegsetzte, als der in jeder Hinsicht übergewichtige Gewerkschaftsboss und Genosse Heinz Kluncker die vom Kanzler genannte Schmerzgrenze durchbrach, da fand die – diesmal gewiss nicht erfundene – Grundstimmung Brandts ihren Weg sogar in die Schlagzeile der *Bild*-Zeitung: »Am liebsten würde ich hinschmeißen.«

Jahre später erst hat Brandt vor laufender Kamera gesagt, er sei damals »kaputt« gewesen, physisch vor allem, aber auch psychisch. In seinem Terminkalender jener Monate stehen immer wieder Ärztenamen: Professor Becker von der Bonner Universitätsklinik und der Internist Professor Schaede, dann auch noch der Zahnarzt Dr. Amerling und, zuweilen sogar täglich, ein Dr. Varro, Homöopath, den Peter Merseburger als »modischen Medizinmann« und Klaus Harpprecht als »Sektierer« beschreibt, der »besessen ist von seinem Glauben an die ›Elementarmedizin‹, die vor allem mit der Elektronik des Körpers zu tun habe«; deshalb wohl behandelte er auch Fußballmannschaften, zum Beispiel Schalke 04. Dr. Varro verabreichte dem Kanzler Ozonspritzen und verschrieb ihm Medikamente. »Professor Schaede wäre davon nicht begeistert«, mutmaßte Reinhard Wilke. Aber als er während einer depressiven Phase seines

Chefs im Februar 1973 den Professor Schaede zu rufen empfahl, sagte Brandt: »Ach, der versteht doch nichts davon. Das ist eine psychische Sache.« Und eine politische.

In der Außenpolitik gab es zu Beginn des zweiten Kabinetts Brandt durchaus noch Ereignisse, bei denen der Regierungschef auch emotional auf seine Kosten kam: der Besuch des Sowjet-Potentaten Leonid Breschnew im Mai in Bonn und Brandts Besuch in Israel bei Golda Meir im Juni zum Beispiel, Reisen zu Tito gen Ost und zu Nixon gen West. Da lebte der Kanzler auf. Aber innenpolitisch wollte so gut wie nichts mehr gelingen in diesen anderthalb Jahren zwischen Brandts Triumph und Brandts Abgang. In *Begegnungen und Einsichten* hat er »Unzulänglichkeiten meiner selbst, meiner Partei und meiner Regierung« dafür verantwortlich gemacht, in dieser Reihenfolge. Auch »die Bereitschaft zu Reformen schien deutlich nachzulassen«. Ohne Zweifel hatte die sozialliberale Koalition viele Erwartungen enttäuscht. Ob sie die Legislaturperiode überstanden hätte ohne die Affäre Guillaume, war damals – und ist bis heute – eine Streitfrage.

Widrige Winde erhoben sich; die hatte die Regierung zwar nicht entfacht, konnte sie aber auch nicht abwettern. Im Sommer 1973 lähmte ein Bummelstreik der Fluglotsen monatelang den Luftverkehr. Im Herbst löste der Nahost-Krieg eine Ölkrise aus, und die Regierung reagierte ohne Not mit vier »autofreien Sonntagen«. Die Arbeitslosigkeit nahm zu, die Inflation begann zu galoppieren – und Klunckers Gewerkschaft ÖTV strafte den zur Mäßigung mahnenden Regierungschef mit Verachtung. Überall in der westdeutschen Gesellschaft kroch die Angst aus den Ritzen, es werde bald noch schlechter gehen und die Regierung werde das nicht verhindern können.

»Der Bundeskanzler«, vertraute Reinhard Wilke im

März 1973 seinem Tagebuch an, »befindet sich jetzt seit Monaten in einer Stimmung, die von Unzufriedenheit mit sich und anderen geprägt ist. Für sich selbst nimmt er in Anspruch, nicht in Form zu sein, Bahr ist zusammengebrochen, Grabert verbringt die Wochenenden ausgedehnt in Berlin, der Pressesprecher ist für den Kanzler an Wochenenden nicht präsent.« In der Tat: Egon Bahr hatte seine ostpolitischen Parforceritte mit einem Kreislaufkollaps bezahlt, dem eine längere Auszeit folgte; und dass der gelernte Bauingenieur Horst Grabert, mit dem Brandt früher in Berlin ganz gut ausgekommen war, als Chef des Kanzleramts den zupackenden Horst Ehmke würde ersetzen können, erwies sich bald als ein folgenschwerer Irrtum.

Manchmal ging Willy Brandt einfach weg – aus dem Kabinett, wenn seine Minister sich wieder mal stritten wie die Kesselflicker; aus der morgendlichen »Lage«, wenn es dort nur Langeweile gab; oder er verließ seinen Amtssitz, das Palais Schaumburg. Am 5. Dezember 1973, knapp zwei Wochen vor seinem sechzigsten Geburtstag, erschien er gegen 16 Uhr im Mantel und offenbar in höchster Erregung im Zimmer von Wilke, gab jedem der dort Anwesenden zu deren Verblüffung die Hand und sagte: »Ich gehe jetzt nach Hause, fühle mich nicht wohl. Alle Termine absagen ...« Wilke wusste (und schrieb in sein Tagebuch): »Er hat wieder einmal die Flucht ergriffen.« Ausgerechnet Günter Guillaume, der Brandt nach Hause begleitete, erzählte später, der Kanzler habe ihm gesagt, er könne »dieses scheiß Haus« nicht mehr sehen und wolle sich dort vor Januar auch nicht mehr blicken lassen.

Offiziell hatte der Bundeskanzler in solchen Fällen eine fiebrige Erkältung. In Wahrheit hatte er Depressionen, war tagelang nicht ansprechbar, verließ womöglich das Bett nicht. Er hat nicht darüber gesprochen, was in solchen

Tagen und Nächten in ihm vorging, hat auch die wenigen Menschen, die ihm relativ nahe kamen, rätseln lassen über seine widerstreitenden Gefühle, hat nichts preisgegeben vom Kampf des Stolzes über das Erreichte mit der Verzweiflung über das Unerreichbare.

Willy Brandt hat auch in der Dienstvilla auf dem Bonner Venusberg, Kiefernweg 12, gewissermaßen allein gelebt – in einem separaten kleinen Apartment am anderen Ende des Flurs, an dem die Schlafräume seiner Frau und seines damals elfjährigen Sohnes Matthias lagen. Er hatte die ehemalige Einliegerwohnung des Hausmeisters Kurt Weber für sich herrichten lassen: Mansardenräume mit kleinen Dachfenstern, die überwiegend schrägen Wände holzverkleidet, der Fußboden dunkelbraun ausgelegt, im Arbeitszimmer eingebaute Bücherregale und ein aus alten Schiffskisten gezimmerter Schreibtisch – eine gemütliche Höhle, wohlwollend betrachtet, mit eigenem Ausgang zum Hof. Klaus Harpprecht, der einmal hier war, fand den Raum »freundlich«, sah »viele schöne alte Stiche«.

Ob er wohl auch Brandts Schlafkammer gesehen hat? Die war vom Arbeitszimmer abgezweigt, etwa neun Quadratmeter, Einbauschränke und auch hier dunkelbrauner Fußboden, ein einziges Dachfensterchen nach draußen. In diese Kammer soll der Kanzler der Bundesrepublik Deutschland sich mit seinen Depressionen verkrochen haben, manchmal tagelang? Es war wohl so. Glauben kann man es nur, wenn man weiß, dass der halbwüchsige Herbert Frahm damals in Lübeck bei seinem Großvater, zu dem er Papa sagte, in einer sechs Quadratmeter großen Dachkammer hauste, dort viel las und das Alleinsein lernte.

Mit der Einsamkeit habe er sich ganz gut eingerichtet, hat Brandt einmal gesagt. Aber ohne Zustimmung, ohne das

Gefühl der Zugehörigkeit, auch ohne die – manchmal etwas forcierte – Geselligkeit von Gleichgesinnten mochte er nicht leben. Wer so dicht an ihm dran war wie Reinhard Wilke, hat immer wieder mitbekommen, wie Brandt in Gesellschaft von Menschen, denen er zugetan war, den Zustand der Vereinzelung zu durchbrechen versuchte, oft genug physisch angeschlagen, damals vor allem wegen der reduzierten Alkoholtoleranz, aber geistig hellwach: »Eigentlich kann er nur in diesem Zustand Mensch sein und die Mauer, die ihn von anderen trennt, überwinden.«

Ein einsamer Mann, ein Mann ohne Freunde? »Er hat viele Freunde«, schrieb Wibke Bruhns über den sechzigjährigen Kanzler im *stern.* »Ob er einen Freund hat, ist nicht bekannt.« Das hat ihn gekränkt – obwohl er fast genau den gleichen Satz seinem Ghostwriter Leo Lania in dem 1960 erschienenen Buch *Mein Weg nach Berlin* hat durchgehen lassen: »Ich hatte viele Freunde, aber im Grunde keinen, der mir wirklich nahe war.« Brandt hat sich in seinen Freunden oft genug getäuscht; Menschenkenntnis gehörte nicht zu seinen starken Seiten. Dass Freundschaft in der Politik keine verlässliche Größe ist, hat er immer wieder erfahren. Auch die bitteren Enttäuschungen, die ihn in jenen anderthalb Jahren zwischen Wahlsieg und Rücktritt getroffen haben, verbinden sich mit den Namen »politischer Freunde«.

Walter Scheel hat ihn enttäuscht – nicht so sehr weil er Bundespräsident werden wollte, »sondern weil er sich in eigener Sache weniger als Freund denn als der harte und smarte Geschäftsmann präsentiert hat, der er ist«, schrieb Rudolf Augstein im *Spiegel.* Brandt mochte Scheel, er hatte eine Menge übrig für dessen unverhohlen hedonistischen Lebensstil, vielleicht bewunderte er insgeheim sogar dessen offenkundige Willenskraft. Jedenfalls glaubte er, mit dem Koalitionspartner, den er 1969 samt der dezimierten FDP an die Regierung gebracht hatte, auch persönlich befreundet zu sein. Und deshalb verletzte ihn, wie »eiskalt, eisenhart« (Brandt) der vermeintliche Freund die Präsidentschaft ansteuerte, obwohl es eine ungeschriebene Übereinkunft gab, dass das Amt wieder mit einem Sozialdemokraten zu besetzen sei, sollte Gustav Heinemann nicht noch einmal antreten. Auch Heinemanns Verzicht übrigens war für Brandt eine persönliche Enttäuschung.

Es ist wahr, dass Scheel stets gesagt hat, entweder Brandt oder er sollte Bundespräsident werden und dass er Brandt den Vortritt lasse. Aber wahr ist auch, dass die Chance, der amtierende Bundeskanzler und SPD-Vorsitzende werde auf diese Offerte eingehen, nahe null war und dass Scheel dies klar gewesen sein musste. Im Herbst 1973 hat Brandt nach eigenem Bekunden die »verrückte Idee«, Bundespräsident zu werden, einmal kurz erwogen – und wenn er damals gewusst hätte, was der Amtswechsel ihm ersparen würde, wäre ihm die Idee wohl weniger verrückt vorgekommen. Dass Herbert Wehner ihm vorsichtig zuriet, dürfte ihn eher abgeschreckt haben. Aber entscheidend war, »dass ich mich mit meinen sechzig Jahren nicht für alt und im Vorsitz meiner Partei nicht für abkömmlich genug« hielt.

Entscheidend war freilich auch, dass Brandt dem Kalkül und der Entschlossenheit, mit denen Walter Scheel sein Ziel verfolgte, nichts Gleichgewichtiges entgegenzusetzen hatte. Er ließ es geschehen, dass Scheel Bundespräsident wurde und dass ihm Genscher nicht nur in den Vorsitz der FDP, sondern auch ins Außenministerium nachfolgte, in ein Amt also, das Brandt mit einem Sozialdemokraten seines Vertrauens, etwa Egon Bahr, hatte besetzen wollen. Hans-Dietrich Genscher kann sich erinnern, dass Scheel bereits 1969, nachdem er seine Partei auf die Wahl Gustav Heinemanns zum Bundespräsidenten eingeschworen hatte, in vertrautem Kreise gesagt habe, der nächste Bundespräsident werde er selbst sein – da führe kein Weg dran vorbei. So viel Selbstgewissheit hat Willy Brandt nie besessen.

Ende September 1973 erreichte ihn in den USA – er hatte vor den Vereinten Nationen gesprochen – die Kunde, dass sein Stellvertreter im Parteivorsitz, Herbert Wehner, den Kanzler während der Reise einer Bundestagsdelegation in die Sowjetunion verbal demontiert habe: Die »Nummer eins« sei »entrückt« und »abgeschlafft« und »badet gern lau – so in einem Schaumbad«, während seine Regierung, die er, Wehner, nicht wirklich für eine Regierung halte, dabei sei, die Ostverträge und besonders das Berlin-Abkommen durch ständiges »Draufsatteln« irreparabel zu beschädigen. Ein Skandal! Was wollte Wehner damit erreichen? Den Sturz des Kanzlers? Brandt musste es so sehen. Und er wollte es Wehner nicht durchgehen lassen – tat dies aber dann doch.

Das ist nicht so unbegreiflich, wie es häufig dargestellt wird. Zum einen hätte die SPD einen Showdown der beiden Parteiführer, also den Zwang, sich entweder für Brandt oder für Wehner entscheiden zu müssen, nur mit schweren Beschädigungen überstanden. Und zum anderen ist durchaus nicht sicher, dass Wehner den Kanzler in der Sowjetunion wirklich demontieren wollte. Erwiesen ist, dass er sich außerhalb des offiziellen Reiseprogramms mit seinem ehemaligen Genossen in der Komintern, Boris Ponomarjow, dem damaligen Leiter der internationalen Abteilung im Zentralkomitee der KPdSU, zu Gesprächen getroffen hat. Alles Weitere hängt davon ab, welcher Quelle man glauben will.

Folgt man der Darstellung, die Egon Bahr über einen so genannten *back channel* von seinem sowjetischen »Spielkameraden« Wjatscheslaw Keworkow erreicht hat, dann hat Wehner zu Ponomarjow gesagt, Brandt sei als Politiker am Ende, habe in der Partei keinerlei Ansehen mehr, trinke viel und sei ein rechter Schürzenjäger – eine Ansicht, die in der DDR von SED-Generalsekretär Erich Honecker geteilt werde, zu dem er, Wehner, geheime Kontakte unterhalte. Dieser Wehner, so die Meinung der sowjetischen Quelle, sei ein Verräter. – Glaubt man hingegen einem Geheimdokument, das nach der Wiedervereinigung im Parteiarchiv der ehemaligen SED gefunden wurde, dann hat Ponomarjow das Gespräch mit Wehner 1973 ganz anders dargestellt: Wehner »hob hervor, dass die Autorität Brandts äußerst groß sei und es jetzt im politischen Geschehen der BRD niemanden gebe, der besser sein könnte als er. Jedoch fehlt es in der SPD selbst an der erforderlichen Einheit.« Genau das haben auch Wehner selbst und sein mitreisender Adlatus Eugen Selbmann notiert: Die Russen sollten sich an Brandt halten, auch wenn der manchmal Schwierigkeiten mache; es sei keiner da, der für sie besser wäre.

Was Wehner in der Sowjetunion öffentlich, also vor allem zu deutschen Korrespondenten, gesagt hat, das hat er – sofern es die Vertragspolitik der Regierung Brandt betrifft – auch in Bonn schon gesagt; oder es ist – sofern es die Person des Kanzlers betrifft – im Rückblick vergröbert und vergrößert worden. Ich bin damals in der Sowjetunion dabei gewesen und habe die Aufzeichnungen, die ich unterwegs gemacht habe, aufgehoben. Darin heißt es zum Beispiel, Wehner habe »bis zum Eintreffen in Bonn stets den Eindruck erweckt, dass er den Bruch nicht suche, allenfalls riskiere«. Den berühmt gewordenen Spruch über den

Herrn, der gern lau bade, hat er übrigens erst auf dem Rückflug nach Bonn getan, unter sechs Augen und eher mild gestimmt.

Wehners erste Attacke am Abend des 25. September in der Residenz des deutschen Botschafters Ulrich Sahm in Moskau war ein langer, nur von wenigen Fragen unterbrochener Monolog, in dem er seine Einwände gegen die Verschleppung der Ostpolitik und seine Kritik an der Großmannssucht der Regierung ablud. Sein Tonfall war immer gedämpft und eher auf Depression als auf Explosion gestimmt. Wenn er doch einmal zu explodieren drohte, griff Greta, damals noch seine Stieftochter, während sie auf der Rückseite von Sahms Einladungskarte einen Brief an ihre Mutter schrieb, einmal kurz neben sich und drückte ihn sanft in die Polster der Couch zurück, auf der beide saßen.

Einen ähnlichen Monolog hielt Wehner dann in einem Hotel in Kiew, schwankend zwischen Verbitterung und Verachtung und obendrein in Hörweite des mitreisenden Oppositionspolitikers Richard von Weizsäcker. Einen »manchmal verzweifelten Einzelkämpfer« nannte Wehner sich hier, der nichts daran ändern könne, dass in Bonn »alles verkommt«, und der zusehen müsse, wie unter der konfliktscheuen Nummer eins »alles wegzubrechen droht«. Am Abend darauf, in der Bar im zehnten Stock des Hotels Leningrad im heutigen St. Petersburg, hielt Wehner – es war der 52. Geburtstag des FDP-Fraktionsvorsitzenden Mischnick – bis fast um zwei Uhr aus und wäre wohl noch länger geblieben, wenn Greta, die schon aufs Zimmer gegangen war, nicht zurückgekommen wäre, um ihn energisch abzuholen. Es waren hier aber nicht die Journalisten, die ihn aufbleiben ließen, sondern die kräftig zechenden Touristen aus der DDR, die von den westdeutschen Politikern Autogramme haben wollten. Wehner, wennschon brummend, gab sie ihnen.

Herbert Wehner und Willy Brandt waren Parteifreunde in des Wortes schrecklichster Bedeutung. Aber man würde dem sehr komplexen, sehr wechselvollen Verhältnis der beiden, von dem noch die Rede sein muss, man würde auch Wehners »wütender Inbrunst« (Klaus Harpprecht) nicht annähernd gerecht, wollte man sie vor allem an seiner Moskauer Kanzlerschelte festmachen. Gravierender als das Skandalon selbst war am Ende die Reaktion darauf – oder besser: deren Abwesenheit. Am 5. Oktober billigte der Parteivorstand, nachdem er die Kontroverse diskutiert hatte, gegen Brandts Willen mit elf gegen zehn Stimmen eine Resolution, die Wehners Meinung in der Sache deckte. Der Kanzler hatte den Showdown um der Einheit der Partei willen vermieden – und doch die Hälfte seiner Gefolgschaft im Vorstand verloren.

Nach Herbert Wehner war Helmut Schmidt der zweite Mann aus dem Triumvirat an der Spitze der SPD, der die Führungskraft des Vorsitzenden öffentlich in Frage stellte: in einer *Brennpunkt*-Sendung der ARD am 6. März 1974, die der »Talfahrt der SPD« gewidmet war, also den Niederlagen bei Kommunalwahlen in Rheinland-Pfalz, Schleswig-Holstein, Nordhessen und vor allem bei der Wahl im Stadtstaat Hamburg, wo die SPD mit einem Verlust von annähernd zehn Prozentpunkten ihrer Anhänger eine besonders schlimme Schlappe hatte einstecken müssen. Die Demoskopen ermittelten, dass die SPD bei diesen Wahlen erhebliche Teile der Mittelschichten und sogar viele Stimmen von Arbeitern an die CDU und viele Stammwähler an die Nichtwähler verloren habe.

Im Grunde ging es auch bei Schmidts Attacke um Brandts Konfliktscheu, um seinen Integrationskurs gegenüber jenen jungen Linken, denen nach dem großen Wahlsieg von 1972 die Demokratisierung der Gesellschaft nicht schnell genug vorankam und die mit ihrem akademischen Hochmut und ihrem pseudomarxistischen Verbalradikalismus viele sozialdemokratische Arbeitnehmer verwirrten und verschreckten. Diese Leute energisch zu disziplinieren wäre nach Schmidts Meinung die vornehmste Führungsaufgabe des Parteivorsitzenden gewesen. Viele Arbeiter, so Schmidt, liefen der SPD weg, weil »sie sich geärgert haben über den Eindruck, den sie gewinnen mussten, dass dieses eine Partei ist, die die Interessen junger Akademiker wichtiger nimmt als die Interessen ihrer Arbeitnehmer«. Der Hannoveraner Parteitag, auf dem Brandt den Integrator gab, habe den Medien und damit dem Publikum eine Partei gezeigt, »die mit sich selber im Clinch liegt, statt mit ihren Konkurrenten«, die »bei weitem zu großzügig gewesen« sei mit den linken Systemveränderern und »ganz schwerwiegende systematische Fehler« gemacht habe.

Wollte Schmidt putschen? Sicherlich nicht – obwohl die Rezepte für eine dringend gebotene Regierungsumbildung, die er dem Kanzler via Fernsehen ausstellte, diesen Eindruck erwecken mochten. Schmidt dachte damals eher ans Aussteigen, an einen lukrativen Posten in der freien Wirtschaft, den er leicht hätte bekommen können. Aber Peter Merseburger hat gewiss Recht, wenn er schreibt, »dass Schmidt, der im Gegensatz zu Brandt mit Apparaten umzugehen verstand, für die lose Art des Brandtschen Regierens am Ende nur noch Verachtung übrig hatte«. Und damit war er nicht allein. Wenn dem sozialliberalen Bündnis die Wähler wegliefen, dann lag dies eben auch daran, dass die Leute Brandt zwar nach wie vor sympathisch fanden, dass aber ein Drittel der befragten Bundesbürger ihn im April

1974 für »regierungsmüde« hielt. Und dass sie damit so Unrecht nicht hatten.

Nicht nur einmal hat sich der Kanzler Brandt den Ausbrüchen der Unzufriedenheit und den Streitereien Helmut Schmidts durch die Flucht vom Kabinettstisch entzogen, hat sie fassungslos hingenommen – »Das sind doch erwachsene Menschen!« – oder mit der Überfunktion der Schilddrüse erklärt, an der Schmidt damals immer noch litt. Nach Schmidts TV-Auftritt setzte Brandt sich im Parteivorstand mindestens verbal zur Wehr: »Ich bin erschüttert, dass in den eigenen Reihen nach dem starken Kanzler gerufen wird und zugleich im Abseits Fakten geschaffen werden, die es ihm unmöglich machen, ein starker Kanzler zu sein.« Aber diese Erschütterung brachte allenfalls ihn selbst ins Wanken.

Willy Brandt reagierte auf solche Widrigkeiten, besonders auf die Kräche im Kabinett, die ihn anwiderten, nun immer häufiger mit Rückzug. Seine Abneigung, die Politik der Regierung in der großen Kabinettsrunde zu diskutieren, nahm noch zu; er redete lieber separat mit den Regierungsmitgliedern, denen er vertraute, vor allem mit Egon Bahr. Je ärger Männer wie Schmidt und Wehner ihn nervten, je dramatischer die Kabinettsdisziplin aus dem Leim ging, desto wichtiger wurde für Brandt ein kleiner Kreis von Vertrauten, den es in dieser eigenartigen Besetzung und mit dieser kaum definierbaren Funktion bei keinem anderen Kanzler der Bundesrepublik gegeben hat.

Ursprünglich war Teamgeist durchaus ein stilbildendes Element der Regierung Brandt: die manchmal nüchterne, manchmal funktionslustige Gemeinschaft der Happy Few, die den Laden schon schmeißen werden. Nur kam dieser Teamgeist bald in Konflikt mit den Erfordernissen einer ordentlichen Administration – und mit Geld umgehen konnten manche Teamkameraden leider auch nicht. Kritik wurde laut, zum Beispiel im *Spiegel.* Dort monierte der Chefredakteur Günter Gaus, dass ein kleiner Kreis enger Kanzlermitarbeiter weit über seine Kompetenzen hinaus Einfluss nehme; genau dies werde »derzeit im Palais Schaumburg über jedes bekömmliche Maß hinaus institutionalisiert«. Kaum zwei Jahre später gehörte Gaus selbst zu diesem Küchenkabinett. Brandt persönlich hatte ihn nach der Wahl 1972 ins Amt geholt, obwohl er sich über Gaus' Formulierung vom Februar 1971, Brandt sei nur ein »Teilkanzler«, der die inneren Reformen vernachlässige, schwer geärgert hatte.

Wenn sich diese Kanzlerrunde freitagmittags im Bungalow hinter dem Palais Schaumburg zum Arbeitsessen traf, dann saßen – außer Amtschef Grabert und dem persönlichen Referenten Wilke, der immerhin freier Mitarbeiter des WDR gewesen war – nur ehemalige Journalisten am Tisch: Willy Brandt, Egon Bahr, Klaus Harpprecht, Günter Gaus. Brandts spöttische Bemerkung, man habe hier (statt der Regierung durch das Volk für das Volk) ein *government by journalists for journalists,* gehörte – so sah es jedenfalls Gaus – zum ironischen Naturell, »aber auch zur fast schon gewohnheitsmäßigen Kostümierung des schwerblütigen, manchmal schwermütigen Mannes, der scheinbar die Dinge leicht nahm ... Er verschaffte sich Distanz zu Abläufen und Strukturen der Regierungsgeschäfte, indem er sie manchmal ins Unernste rückte.«

Den Regierungsgeschäften hat das nicht geholfen. Brandts *government by journalists for journalists* schuf im Kanzleramt eine Atmosphäre animierter Redseligkeit und förderte ein Politikverständnis, das primär auf Formulierungen beruhte. Kritische Kommentatoren schrieben damals, zum Beispiel Herbert Kremp in der *Welt,* nun sei

»der Staat buchstäblich unter die Feuilletonisten geraten«. Der Kanzler selbst nannte sein Küchenkabinett zuweilen einen »verrückten Haufen«. Einen Mann wie Wehner aber überkam die Wut angesichts eines solchen Vereins. Er habe noch nie eine Regierung gesehen, sagte er in einer seiner montäglichen »Morgenandachten« für der SPD angehörende oder nahe stehende Journalisten, die so desolat sei wie diese. »Eine Mannschaft? Ein Scheißhaufen!«

Es ist wohl wahr, dass Brandt einen Homme de Lettres wie Harpprecht auch deshalb um sich haben wollte, weil der ihm keine konkreten Entscheidungen abverlangte, aber jederzeit in der Lage war, intelligentes politisches Feuilleton zu liefern. Gaus sah in ihm einen »klassischen Höfling«. Harpprecht wiederum hielt Gaus für einen unerträglichen Besserwisser und fand es »beklemmend, wie sich bei ihm Naivität, Geltungsdrang, Sachinteresse und eine unkontrollierte Eitelkeit mischen«. Eitel waren in dieser merkwürdigen Runde ohnehin alle. Und wie alle Höflinge waren sie Rivalen im Kampf um die größtmögliche Nähe zu »Willy dem Milden«, wie »die Höflinge Ahlers und Ehmke« ihn sarkastisch titulierten, nachdem sie auf Schmidts Betreiben vom Hofe ihres Fürsten verbannt worden waren.

Lakaien gab es am Hofe »Willy des Milden« freilich auch, einen zumindest. Der hieß Günter Guillaume und war seinem Herrn zutiefst ergeben. Als der angeschlagene Brandt mit Frau und Sohn Matthias Weihnachten und Silvester 1973 ausnahmsweise einmal nicht auf den Kanaren oder in Florida, sondern im Bayerischen Wald im Hotel Sonnenhof in Grafenau verbringen wollte, hatte Guillaume vor, ihn zum Zug zu bringen, konnte aber nicht, weil er an einer fiebrigen Halsentzündung erkrankt war. Stattdessen schrieb er einen Brief, Anrede: Lieber Willy Brandt! »Ich glaube«, so formulierte der Spion, »dass Sie noch ein Jahrzehnt an diesem Platz arbeiten werden – ausgestattet mit dem Vertrauen der Schwachen, die an die Kraft ihrer Wählerstimmen glauben und diese millionenfach an Ihren Namen binden. Sie, Chef, sind noch immer zugleich Gegenwart und Zukunft.«

Kommissar Zufall

Wie man einen Spion enttarnt

Niemand im Kanzleramt hat Günter Guillaume zugetraut, ein Spion zu sein, am wenigsten der Kanzler selbst. Und in den Ämtern der Abwehr wäre der Agent ums Haar die Karteileiche geblieben, die er sechzehn Jahre lang war. Wäre Brandt dann nicht zurückgetreten? Hätte er seinen Parteireferenten, der ihm ja zunehmend lästig wurde, irgendwann versetzen lassen, möglichst weit weg vom Kanzleramt? Wäre also alles anders gekommen? Wer weiß.

Als Innenminister Genscher nach Guillaumes Verhaftung die Staatsschützer pflichtgemäß für ihre Aufklärungsarbeit in dieser Sache belobigte, nannte er keine Namen – und das war auch gut so. Denn sonst hätte er vor allem den nennen müssen, der den Fall wirklich gelöst hat: Kommissar Zufall. Am amüsantesten hat übrigens Guillaume selbst diese Kriminalkomödie beschrieben, in seiner *Aussage* – wobei offen bleiben muss, ob der ein bisschen zu angestrengte Sarkasmus, mit dem er die folgende Szene beschreibt, nicht eher von seinem Ghostwriter Günter Karau oder gar von seinen Zensoren im Stasi-Ministerium stammt. Wie dem auch sei – etwas Komisches hatte der Fall schon.

Es saß also am 27. Februar 1973 der Oberamtsrat Heinrich Schoregge an seinem Schreibtisch im Referat IV/B2 des Kölner Bundesamts für Verfassungsschutz (BfV), vielleicht war er auch in der Kantine, und wunderte sich darüber, dass er bei der Bearbeitung von Spionageverdachtsfällen – das war seine Aufgabe – nun schon zum dritten Mal auf den Namen Guillaume gestoßen war, obwohl es sonst keinen erkennbaren Zusammenhang dieser drei Fälle gab. Da betrat »zum üblichen Kaffeeplausch« Kommissar Zufall den Raum – in Gestalt des Oberregierungsrats Helmut Bergmann, ebenfalls bei der Spionageabwehr tätig, in Abteilung IV/A1, zuständig für »objektbezogene Auswertung«. »Überm Dampf der Kaffeetasse«, so glaubt jedenfalls Guillaume, »sagt Schoregge, noch in seinen Gedanken verloren: ›Ich glaube, ich habe da einen krummen Hund.‹«

Tatsächlich löst der Name Guillaume in Bergmanns Gedächtnis einen Da-war-doch-mal-was-Effekt aus. Er erinnert sich an jenen G. oder Georg, der Ende der fünfziger Jahre aufgrund entschlüsselter DDR-Funksprüche als Agent in der SPD vermutet, aber bis dato nicht gefunden worden war. Könnte das Guillaume sein? Jedenfalls kommen die beiden Beamten bei ihrem »Fachgespräch«, so nennt der Guillaume-Untersuchungsausschuss des Bundestags den Kaffeeplausch, »auf den ebenso einfachen wie großartigen Gedanken«, endlich die Fährte des 1956 eingeschleusten Agenten »Georg« aufgenommen zu haben. Sie nennen der Geheimschutz-Abteilung V ihres Amtes den Namen Guillaume, bekommen daraufhin die Akte über dessen Sicherheitsüberprüfung, beschaffen sich außerdem die 1960 entschlüsselten DDR-Funksprüche und stellen Vergleiche an – mit Erfolg: Die Glückwünsche zum Beispiel, die »Georg« 1956 per Funk empfangen hatte, stimmten überein mit Guillaumes Geburtstag, dem 1. Februar.

Das war nun kein Zufall, eher eine Panne. Natürlich wusste man in der Ostberliner Zentrale, dass die Funksprüche aus den fünfziger Jahren geknackt worden waren. Aber man glaubte nicht, dass sie Rückschlüsse auf die Identität der Empfänger zuließen – ein Irrtum, wie Markus Wolf später zugegeben hat: »Was wir außerdem zu berücksichtigen vergaßen, waren die Geburtstags- und Neujahrsglückwünsche, die unser Dienst an seine Mitarbeiter zu schicken pflegte.« Solche Menscheleien sind in der Geheimdienstbranche eben riskant.

Kein Zufall war gewiss auch der Umstand, dass Guillaume gleich dreimal in Spionagefällen namhaft wurde, auch wenn der Zusammenhang dieser Fälle mit seinem eigenen Auftrag nicht augenfällig, womöglich auch gar nicht gegeben war. Während der Ermittlungen gegen das spionageverdächtige Ehepaar Siberg war Guillaume im Oktober 1965 als Zeuge vernommen worden, weil er, damals noch Geschäftsführer des Unterbezirks Frankfurt, Frau Siberg zu einem Sekretärinnenjob bei der Frankfurter SPD verholfen hatte. Eine ähnliche Hilfestellung gab er 1971, da war er schon im Kanzleramt, im Fall des Fotografen und angeblichen Duzfreunds Gersdorf, dem er einen Job im Bundespresseamt verschaffen wollte – sehr zum Verdruss jenes für den Kontakt zum Presseamt zuständigen Oberregierungsrats Horst Winkel, den Guillaume im Kanzleramt ohnehin kräftig gemobbt hat. In diesem Fall wurde er nicht als Zeuge vernommen, aber dienstlich vor weiterem Umgang mit Gersdorf gewarnt.

Deutlich verdächtiger war das Auftauchen des Namens Guillaume im Fall des 1972 unter schwer wiegendem Spionageverdacht verhafteten hohen Gewerkschaftsfunktionärs Wilhelm Gronau. Denn am 22. September 1972 war auch Gronaus Kurier, ein Mann namens Kuhnert, festgenommen worden und hatte ein Papier bei sich, auf dem, neben vielen anderen Notizen, Guillaume – offenbar als eine mögliche Kontaktperson – notiert war.

Am 12. Februar 1973 wurde dieser Guillaume, der von der Sicherungsgruppe des Bundeskriminalamts inzwischen als Partei- und Gewerkschaftsreferent des Bundeskanzlers identifiziert worden war, im Ermittlungsverfahren gegen Gronau und Kuhnert vernommen. Er gab an, von dem beim DGB für Fragen des DDR-Gewerkschaftsbunds zuständigen Gronau Informationen über den FDGB eingeholt zu haben; das habe zu seinen Aufgaben als Referent des Kanzlers gehört. Vermutlich habe Gronau seinen Namen dann nach Ostberlin gemeldet, und Kuhnert habe gegen ihn (Guillaume) gerichtete Aufträge bekommen.

Unmittelbare Konsequenzen hatte diese Zeugenaussage nicht, außer dass Guillaume vom Verfassungsschutz über Gronau »belehrt« wurde. Aber geheuer war Guillaume die Sache auch nicht: »Da hatten wir ihn nun, den einen fatalen Fall zuviel, der sich als dritter Faden in das Stolperseil drehte.« Ein Stolperseil jedenfalls wurde gespannt.

Das Ergebnis jenes Fachgesprächs zwischen Schoregge und Bergmann war, in den Worten des Untersuchungsausschusses (Auffassung der Minderheit), »die Übernahme des neuen Überprüfungsvorganges Guillaume durch den Sachbearbeiter der objektbezogenen Auswertung mit Zustimmung des vorgesetzten Gruppenleiters«. Soll heißen: Die Staatsschützer taten nun das, was schon bei den so genannten Sicherheitsüberprüfungen Guillaumes vor dessen Einstellung im Kanzleramt hätte geschehen müssen und auch geschehen können, aber nicht geschah – sie führten alle seit langem über Guillaume vorliegenden Erkenntnisse zusammen. Besagter Gruppenleiter, der Leitende Regierungsdirektor Hans Watschounek, forderte nun auch die Notaufnahmeakte Guillaumes aus dem Lager Gießen an und beauftragte den Sachbearbeiter, also Bergmann, eine ausführliche Expertise zu erstellen. Diese umfasste dreißig Punkte und bot als eine der möglichen Konsequenzen der gewonnenen Erkenntnisse auch schon den »unmittelbaren Zugriff« auf den Verdächtigen an, empfahl aber eher »vorsichtige Observation«. Zunächst freilich ging der Fall Guillaume den vorgeschriebenen Gang durch die Instanzen der Bürokratie. Und der dauerte zweieinhalb Monate.

Am 17. Mai 1973 schließlich legte der Gruppenleiter Watschounek das Bergmann-Papier, ergänzt durch seine eigene Analyse, insgesamt neunzehn Seiten, der nächsthöheren Instanz, dem Abteilungsleiter Spionageabwehr, vor. Dieser wiederum, der Leitende Regierungsdirektor Albrecht Rausch, reichte den Vorgang weiter an den Vizepräsidenten des Verfassungsschutzamts, Hans Bardenhewer, wo das Papier am 23. Mai ankam. Bardenhewer empfahl »mündliche Erörterung« und informierte bereits am folgenden Tag den Präsidenten des BfV, Dr. Günther Nollau. Der wiederum versammelte am 28. Mai die leitenden Beamten Bardenhewer, Rausch und Watschounek zur Beratung.

Über eines waren die Herren sich schnell einig: Der Kanzlerreferent Günter Guillaume und seine Frau Christel waren dringend verdächtig, mit nachrichtendienstlichen Aufträgen in die Bundesrepublik eingeschleust worden zu sein, hier zumindest einige Jahre Spionage betrieben zu haben und womöglich noch zu betreiben. Nollau sprach von »schwerwiegenden Verdachtsgründen«. Bardenhewer später im Untersuchungsausschuss: »Ich würde sogar sagen, mit an Sicherheit grenzender Wahrscheinlichkeit stand damals schon fest, dass es sich hier um einen Agenten handeln würde.« Der Leiter der Spionageabwehr

Rausch ging sogar noch einen Schritt weiter: »Zu unserer Überzeugung war vollkommen klar: Guillaume ist der Agent, der gesuchte Agent.«

Klar war allerdings auch, dass der »harte Kern« des schwer wiegenden Verdachts, die entschlüsselten Funksprüche nämlich, »ihrer nachrichtendienstlichen Natur wegen nicht zur Vorlage bei Gericht geeignet waren« – so steht es im Ausschussbericht. Das heißt, die vorliegenden Erkenntnisse reichten für die Einleitung eines Verfahrens durch den Generalbundesanwalt nicht aus. Man brauchte gerichtsverwertbare Beweise für den Verdacht gegen Guillaume. Und die sollten durch eine Observation des Verdächtigen, mindestens aber seiner Ehefrau, beigebracht werden. Man musste darauf hoffen, dass die Guillaumes Fehler machen, sich irgendwie erwischen lassen würden – bei konspirativen Treffs zum Beispiel.

Die am 28. Mai versammelten Verfassungsschützer warfen schließlich die Frage auf, ob der politisch zuständige Innenminister über den Kasus informiert werden solle oder nicht. Die Fachleute von der Spionageabwehr waren strikt dagegen, und zwar nach dem in ihrer Branche besonders beliebten *Need-to-know*-Prinzip: Jeder mit einer Sache Befasste soll nur das wissen, was er für die ordnungsmäßige Erledigung seiner Aufgabe wissen muss. Aber der Präsident entschied anders. »Ein Spion im Bundeskanzleramt war ein Fall von politischer Tragweite«, so Günther Nollau in seinen Erinnerungen *Das Amt.* »Ich war verpflichtet, den Bundesinnenminister zu unterrichten.«

Verpflichtet war er nicht – jedenfalls dann nicht, wenn es nur um die Observierung Guillaumes gegangen wäre. Die hätte der Chef des Verfassungsschutzamts ohne Genehmigung des Innenministers anordnen können, wenn er sie für notwendig hielt – und Nollau hat das natürlich gewusst. Vor dem parlamentarischen Untersuchungsausschuss hat er später gesagt, er hätte es in diesem Fall aber für »taktlos und nicht angezeigt« gehalten, ohne das Plazet des Ministers zu handeln. Also habe er Genschers Genehmigung zur Observierung haben wollen und habe seinen Vortrag sofort beendet, als er sie zu haben glaubte: »Wenn ich erreichen will, dass ein Minister eine bestimmte Entscheidung trifft – das war in dem Fall die, die ich haben wollte, nämlich den Beginn unserer Operation zu genehmigen –, so werde ich ihn nicht noch eine halbe Stunde länger mit irgendwelchen Bagatellen aufhalten, sondern mache Schluss, sobald ich merke, dass er darauf eingeht.«

Man mag das eine Schutzbehauptung nennen. In Wahrheit ging es Nollau um die »politische Tragweite« des Falles und deren Konsequenzen für ihn selbst. Die Verantwortung, einen mutmaßlichen Spion im Bundeskanzleramt sitzen und observieren zu lassen, wollte er nicht allein übernehmen. Die sollte Genscher mit ihm teilen. Schließlich wusste Nollau sehr wohl, dass die Affäre ihn den Job kosten konnte. Das wusste er auch dann noch, als Guillaume schließlich verhaftet wurde. Am 24. April 1974 notiert Nollau in sein Tagebuch: »Wenn Guillaume nicht überführt werden kann, dann ist meine Position gefährdet.«

Gewiss hat der ziemlich verkorkste Kontakt zwischen Genscher und Nollau auch etwas mit dem weit verbreiteten wechselseitigen Misstrauen zwischen der Politik und den Geheimdiensten überhaupt zu tun – wie sich im weiteren Verlauf der Affäre noch zeigen sollte. Ein Geheimdienstmann will so lange wie möglich ungestört und ohne politische Weisung operieren, antwortet deshalb auf Nachfragen gern hinhaltend und mit manchmal grundlosen Versprechungen. Ein Politiker wie Genscher wiederum fasst solche Leute am liebsten mit der Feuerzange an, nicht unbedingt aus Abneigung, eher aus Vorsicht. Nollau war ihm obendrein unsympathisch. Er hielt ihn für einen geschwätzigen Wichtigtuer mit spürbarem Bedeutungsdefizit, für einen »Terrier« – wie ein Mann aus seiner engeren Umgebung formuliert –, der hinter Stöckchen herrennt und sie im Erfolgsfall schweifwedelnd abliefert.

Außerdem wusste Genscher genau, dass Nollau eine Art vorgeschobener Beobachter für Herbert Wehner im Beritt der Geheimdienste war. Der vom Kommunismus abgefallene Wehner, der viele Jahre seines Lebens in konspirative Milieus eingebunden war, hatte keinerlei Berührungsängste gegenüber den Diensten, eher im Gegenteil. Seiner nachhaltigen Protektion verdankte Günther Nollau den Posten des BfV-Präsidenten.

Nollau hätte diesen Posten so wenig bekommen dürfen wie Guillaume den seinen, wenn die Bundesregierung ihre eigenen, 1971 erlassenen Richtlinien für die Sicherheitsüberprüfung von Bundesbediensteten wirklich ernst genommen hätte. Danach kann nicht mit einer »sicherheitsempfindlichen Tätigkeit« betraut werden, wer »im kommunistischen Machtbereich« nahe Angehörige oder andere Beziehungen dorthin hat. Die hatte Nollau. Seine weit über achtzig Jahre alte Mutter lebte bis zu ihrem Tod 1974 in der DDR. Nollau – ein Sicherheitsrisiko? Jedenfalls war er alles andere als der Prototyp eines Geheimdienstmannes – eher »der Typ eines leicht zur Skurrilität neigenden Gelehrten«, wie die *FAZ* fand. Der passionierte Bergsteiger liebte akademische Gespräche, Theorie und Praxis des Kommunismus war eines seiner Lieblingsthemen, sein Buch *Die Internationale* zählte zu den Standardwerken über die konspirativen Praktiken von Komintern und Kominform.

Unmittelbar nach jener Besprechung am 28. Mai bat Nollau beim Innenminister telefonisch und dringend um einen Gesprächstermin. Genscher war nicht im Amt. Sein Bürochef, Ministerialrat Dr. Klaus Kinkel, der spätere Außenminister, stellte einen telefonischen Kontakt mit Genscher in dessen Wohnung her, aber am Telefon wollte Nollau nicht reden. Genscher bestellte ihn für den nächsten Morgen, 10.30 Uhr, in sein Büro. Das Gespräch der beiden, an dem Klaus Kinkel teilnahm, ist vor allem deshalb bemerkenswert, weil sein Inhalt völlig im Unklaren geblieben ist – und wohl auch bleiben wird. Nollau und Genscher widersprechen sich sogar in ihren Memoiren noch derart krass, dass man wahrscheinlich nie erfahren wird, was genau der Geheimdienstchef dem Innenminister über den Verdacht gegen Guillaume mitgeteilt hat und was nicht. Was aber der Innenminister nicht erfahren hat, das hat erst mal auch der Kanzler nicht erfahren.

Die entscheidende Frage, nämlich ob Nollau dem Minister die Auffassung der Abwehrspezialisten seines Amtes vermittelt habe, dass Guillaume ein Agent und als solcher noch tätig sei, hat der BfV-Präsident vor dem parlamentarischen Untersuchungsausschuss so beantwortet: »Nicht mit diesen Worten, aber mit dieser Meinung.« Der Minister habe das wohl auch erkannt, denn er sei ja gleich zum Kanzler gelaufen. Genscher hingegen will nichts dergleichen erkannt haben. Es sei ihm nicht übermittelt worden, hat er ausgesagt, dass die Beamten des BfV subjektiv der Überzeugung waren, Guillaume sei als Agent tätig. Er sei davon am Ende des Gesprächs mit Nollau auch nicht überzeugt gewesen. Ihm erschienen die mitgeteilten Verdachtsmomente nicht begründet genug.

Welche dies waren, bleibt ebenfalls unklar. Genscher und Kinkel haben übereinstimmend ausgesagt, Nollau habe lediglich die entschlüsselten Funksprüche und den Umstand erwähnt, dass in Guillaumes Lebenslauf eine unerklärte Lücke von fünf Monaten vor seinem Übertritt klaffe. Nollau hat das bestritten, hat dem Ausschuss aber auch nicht sagen können, welche anderen Verdachtsmomente er genannt habe. Der wesentliche Inhalt der Sicherheitsakte Guillaumes ist Genscher jedenfalls nicht vorgetragen worden, das hat Nollau eingeräumt, also auch nicht die Erkenntnisse, die beim Bundesnachrichtendienst und beim UfJ seit langem über Guillaume vorlagen.

Klaus Kinkel verfasste über Nollaus Vortrag und dessen etwa einstündige Erörterung einen Aktenvermerk, Datum 29. Mai 1973, den Nollau nicht zu sehen bekam und der ihn (deshalb?) offenbar ärgerte. Jedenfalls sagte er bei seiner letzten Vernehmung vor dem Untersuchungsausschuss am 5. Dezember 1974, er wisse zuverlässig, dass der streng geheime Vermerk erst im Jahr 1974 aus dem Auswärtigen Amt, in das Genscher samt Kinkel inzwischen eingerückt waren, ins Innenministerium gelangt und dort als geheimes Schriftstück registriert worden sei. Sollte wohl heißen: Kinkel habe den Vermerk manipuliert. Den Beweis für diese Unterstellung blieb Nollau schuldig.

Er selbst hat die Wirkung seines Vortrags auf Genscher in seinen Memoiren so beschrieben: »Nachdem ich geendet hatte, sprang der Minister erregt auf. Wie er selbst später sagte, war er ›elektrisiert‹. ›Das muss der Kanzler wissen‹, erklärte er.« So mag es gewesen sein. Allerdings waren es nicht die vorgetragenen Vermutungen, die Genscher »elektrisierten«; die hat er – zum Beispiel am 10. Mai 1974 im *Bericht aus Bonn* – nur als »sehr vagen Verdacht« beschrieben, hat diesen Verdacht noch zwanzig Jahre später im Prozess gegen Markus Wolf nicht als schwer wiegend bezeichnet. Was Genscher »elektrisierte«, war Guillaumes Nähe zum Kanzler. Dieser Nähe wegen habe man jeden, auch einen nur geringen Spionageverdacht sehr ernst nehmen müssen.

Nollau war zunächst strikt dagegen, den Kanzler in den Verdacht gegen seinen Referenten einzuweihen, und die Fachleute von der Abwehr sahen das zweifellos genauso. Aber Genscher machte dem BfV-Chef kategorisch klar, dass eine solche Auslegung des *Need-to-know*-Prinzips in diesem politisch hochbrisanten Fall an Arglist grenzen würde. Außerdem müsse Brandt wissen, dass zwangsläufig auch er selbst betroffen sei, wenn Guillaume beschattet werde. Nollau räumte das schließlich ein, natürlich in der Erwartung, der Minister werde ihn zum Vortrag beim Kanzler mitnehmen. Aber Genscher dachte gar nicht daran.

»Das fand ich nicht richtig«, schrieb Nollau am 11. September 1975 im *stern*, »denn ich hätte den Kanzler genauer unterrichten können.« Hätte er es denn getan? Nollau war verletzt in seinem Geltungsbedürfnis. Jedenfalls gab er sich im weiteren Verlauf der Ereignisse alle Mühe, den schwarzen Peter der unzureichenden Information über den Spionageverdacht gegen Guillaume an Genscher weiterzureichen. Der habe ein »Doppelspiel« getrieben. Will sagen: Genscher sei ein Intrigant.

Am 4. Oktober 1974 notiert Nollau in seinem Tagebuch, das die Illustrierte *Quick* 1987 veröffentlicht hat: »Beamte der Sicherungsgruppe erzählen mir, wie damals Innenminister Genscher Kanzler Brandt über den gegen Guillaume bestehenden Verdacht unterrichtete.« Das ist interessant, denn es hat sich nachweislich um ein Vier-Augen-Gespräch gehandelt. Will Nollau damit sagen, er wisse ohnehin alles von den Leibwächtern, und denen bleibe nichts, aber auch gar nichts verborgen? »Genscher habe Brandt gefragt: ›Haben Sie in Ihrer Umgebung einen Mann mit französischem Namen?‹ – So fragte er, obwohl er die genauen Personalien hatte.« Und nun versteht er, Nollau, auch Genschers »Doppelspiel«: »Mir gegenüber zeigte er sich betroffen. ... Dem Kanzler gegenüber bagatellisierte er dagegen den Verdacht. Erwies dieser sich später als unbegründet, so hatte er die Sache von vornherein richtig beurteilt, stand also dem Kanzler gegenüber gut da. Würde Guillaume dagegen überführt, so konnte er behaupten, ich hätte ihn unzureichend unterrichtet.«

Dieser Tagebucheintrag verrät wohl mehr über die Denkweise des Günther Nollau als über den tatsächlichen Hergang. Genscher und Kinkel haben übereinstimmend bekundet, sie hätten Guillaume bis zu dem Gespräch am 29. Mai nicht einmal dem Namen nach gekannt, geschweige denn gewusst, dass er ein Mitarbeiter des Kanzlers sei; das hätten sie erst von Nollau erfahren. Der wiederum will zu diesem Zeitpunkt noch nicht gewusst, also auch nicht mitgeteilt haben, dass Guillaume als Parteireferent ins Büro des Bundeskanzlers vorgerückt war. Ob das nun stimmt oder nicht – sehr genau können die »genauen Personalien«, die Nollau angeblich übermittelt hat, nicht gewesen sein. Denn als wenige Tage später die Beschattung von Christel Guillaume begann, reisten zwei Beamte der Observierungsgruppe des BfV nach Frankfurt. Man hatte amtlicherseits noch nicht zur Kenntnis genommen, dass auch Christel seit Monaten in Bonn wohnte.

Besonders viel, vor allem viel Zutreffendes, kann Willy Brandt unter diesen Umständen über den Verdacht gegen seinen Parteireferenten gar nicht erfahren haben. Genscher sprach ihn noch am 29. Mai, vor einem Mittagessen der Koalitionsrunde und danach unter vier Augen in des Kanzlers Arbeitszimmer, auf den Fall an; ein zweites kurzes Gespräch gab es tags darauf. Brandt beschrieb Guillaumes

Funktion als Parteireferent und Organisator von Informations- und Wahlkampfreisen des Kanzlers – was Genscher zu dem voreiligen (obendrein falschen) Schluss verleitete: »Dann kommt er ja an Regierungssachen nicht heran« – und ließ sich dann die entschlüsselten Funksprüche beschreiben. An die Fünfmonatslücke in Guillaumes Lebenslauf, die Genscher erwähnt haben will, konnte Brandt sich vor dem Ausschuss nicht erinnern. Am Ende des Gesprächs, so Genscher, habe der Kanzler alles das gewusst, was auch er wusste – also entschieden zu wenig.

Wenn Genscher auf den Spionageverdacht »elektrisiert« reagiert hatte, dann war Brandt bloß ungläubig erstaunt – mit der Betonung auf ungläubig. Er habe die Nachricht von den entschlüsselten Funksprüchen nicht auf die leichte Schulter genommen, sagte er dem Untersuchungsausschuss, habe den Verdacht aber trotzdem für »eher unwahrscheinlich« gehalten. Brandt erinnerte sich, dass Horst Ehmke ihm schon 1970/71 vor der Einstellung Guillaumes im Kanzleramt von Verdachtsfällen berichtet hatte, die bei den Sicherheitsüberprüfungen dann aber alle ausgeräumt worden seien. Auch erinnerte er sich daran, dass ihm während seiner Zeit als Regierender Bürgermeister von Berlin jeden Monat solche Verdachtsfälle gemeldet wurden, die sich dann meistens als unbegründet erwiesen. Außerdem und vor allem – aber das sagte Brandt nicht – konnte er sich diesen Guillaume, den er für einen beschränkten Parteifunktionär hielt, beim besten Willen nicht als gerissenen Spion vorstellen.

Günther Nollau, der Protegé Wehners, war ihm so wenig geheuer wie die ganze Geheimnistuerei der Dienste. Übrigens hatte er bereits 1948 – als er, aus dem Exil zurückgekehrt, von Kurt Schumacher nach Westberlin geschickt worden war, um ein Sekretariat des SPD-Parteivorstands zu leiten, das unter anderem Kontakt zu ehemaligen Sozialdemokraten in der Sowjetzone halten sollte – den Mann kennen gelernt. Günther Nollau, Rechtsanwalt in Dresden, hatte ihn damals in seinem Haus am Halensee besucht. Nollau war zu jenem Zeitpunkt noch Mitglied der Ost-CDU, stand aber in dem Ruf, sich in der Sowjetzone auch für Sozialdemokraten einzusetzen, die bei der Zwangsvereinigung von KPD und SPD nicht mitgemacht hatten. Brandt hat die Begegnung nie bestritten, wohl aber Nollaus Behauptung, er habe diesen zu dem Besuch eigens auffordern lassen. Nollau wiederum hat später gegenüber dem *Spiegel* behauptet: »Ich wusste gar nicht, wer Brandt war. Aber ich fuhr hin, obgleich ich riskierte, nach Sibirien verschickt zu werden.« Man kann sich gut vorstellen, dass Brandt diesem Nollau gegenüber misstrauisch war und es auch geblieben ist – nur leider nicht misstrauisch genug.

Es ist und bleibt schwer begreiflich, dass der Kanzler die von Genscher referierte Empfehlung Nollaus und der Abwehrfachleute, man möge Guillaume an seinem Platz lassen und nichts am Umgang mit ihm ändern, weil er sonst vielleicht gewarnt und die Aufklärung des Verdachts erschwert werde, sofort und widerspruchslos akzeptiert hat. Hätte er nicht erkennen müssen, dass ein Kanzler sich keinesfalls zum Agent provocateur des eigenen Geheimdiensts machen lassen durfte? »Fahrlässig, leichtfertig und unverantwortlich« nennt Biograph Peter Merseburger die Reaktion des Kanzleramts auf Nollaus Empfehlung. »Wer politisch dachte, hätte der Logik der Fachleute in diesem Falle niemals folgen dürfen.«

Brandt aber folgte ihr, und dafür gibt es nur eine rationale Erklärung: Er hat die Geschichte mit dem Spionageverdacht nicht geglaubt, weil er sie nicht glauben wollte.

Seine Fähigkeit zur Wahrnehmung war erheblich beeinträchtigt, litt unter einem massiven Defizit – nennen wir es das Palmström-Syndrom: dass nicht sein kann, was nicht sein darf; dass es Dinge gibt im Leben, auch im politischen Leben, mit denen man nur umgehen kann, indem man sie verdrängt, nicht zur Kenntnis nimmt – oder die Flucht davor ergreift. Fliehen konnte Brandt vor dem Kasus Guillaume nicht, also blieb ihm fürs Erste nur, den Ereignissen ihren Lauf zu lassen und den ganzen Geheimdienst-Hokuspokus so schnell und so gründlich wie möglich zu vergessen.

Dass Genscher die Empfehlungen Nollaus unwidersprochen weitergegeben hat, ist schon leichter zu erklären. Eine Intrige war es jedenfalls nicht. Wohl war dem Parteipolitiker Genscher zuzutrauen, die FDP eines Tages wieder in eine Koalition mit der Union zu führen, was er neun Jahre später ja auch getan hat, aber damals, im Mai 1973, konnte er – bei aller persönlichen Sympathie für Helmut Kohl – den Koalitionswechsel noch nicht ernsthaft anstreben. Er wollte Willy Brandt, den er besser leiden konnte als dieser ihn, kein Bein stellen. Genscher hatte ganz einfach »Schiss«, wie sein Vertrauter, der Schwabe Kinkel, gesagt hat – »Schiss« davor, der Spionageverdacht, an den auch er eigentlich nicht glaubte, könnte einen politischen Skandal auslösen und seine genau vorgezeichnete Karriere in der sozialliberalen Regierung gefährden. Jedenfalls wollte er die Verantwortung für die Aufklärung des Verdachts so lang wie möglich bei Nollau lassen. Also musste er dessen Rat folgen.

Natürlich hat Genscher erwogen, ob nicht das Staatsinteresse gebiete, den Verdächtigen wenigstens aus der Umgebung des Kanzlers zu entfernen, also zu versetzen. Aber wie und wo hätten die Abwehrleute dann ihre Beweise suchen sollen? Und was, wenn Guillaume Lunte gerochen hätte und abgehauen wäre? Davor hatte Genscher am meisten Angst, wie er dem Untersuchungsausschuss in schöner Offenheit zugegeben hat: »Dann wäre die Frage gestellt worden: Warum hat man ihn denn nicht beobachtet? Die Antwort wäre dann gewesen: Die Spionageabwehr wollte ihn beobachten, aber Kanzler und Innenminister haben das verhindert. ... Ich möchte mir und jedem meiner potenziellen Nachfolger ersparen, je in einer Lage zu sein, vor einem Untersuchungsausschuss diese Frage beantworten zu müssen.«

Dafür hatte Nollau durchaus Verständnis. Überhaupt hat Genscher wohl unterschätzt, dass es der BfV-Präsident noch ein bisschen besser beherrschte, den Kopf aus der Schlinge zu ziehen, als er selbst. »Wenn die Herren, die für die Sicherheit des Bundeskanzleramts zu sorgen hatten, der Meinung gewesen wären, es geht nicht, wären sie frei gewesen, anders zu entscheiden«, hat er im Untersuchungsausschuss gesagt. Und in seinen Memoiren schreibt Nollau dreist, er sei damals davon ausgegangen, dass Guillaume keinen Zugang zu Staatsgeheimnissen habe. »Sollte das jemand besser gewusst haben, so hätte er meinen Rat nicht anzunehmen brauchen.«

Willy Brandt hat erst mit erheblicher Verzögerung bemerkt, welcher Zumutung er da sein Plazet gegeben hatte. »Ein Zeichen von Leichtgläubigkeit« sei das gewesen, so zitiert er in seinen *Erinnerungen* einen »französischen Beobachter« und fügt – wieder ohne Namen zu nennen – salvatorisch hinzu: »Den viel weiter reichenden Verdacht, gerichtet gegen die Leitung des Verfassungsschutzes, ich sei in eine Falle gelockt worden, habe ich mir nicht zu Eigen gemacht.« Jedenfalls fragte er in jenem Gespräch mit Genscher am 29. Mai ganz arglos, was er denn nun machen solle: Guillaume sei dazu eingeteilt, ihn als einziger Referent und Verbindungsmann zum Kanzleramt in den Sommerurlaub nach Norwegen zu begleiten.

Auch das war streng genommen nicht in Ordnung, bestenfalls eine Notlösung. Sie war eine Reaktion darauf, dass der Leiter des Kanzlerbüros, also Reinhard Wilke, der sonst immer mit Brandt in Urlaub gefahren war, in diesem Jahr mit seiner Familie woanders Urlaub machen wollte und dass deshalb sein Stellvertreter, der Vortragende Legationsrat Dr. Wolf-Dietrich Schilling, den Brandt aus dem Auswärtigen Amt mitgebracht hatte, im Kanzlerbüro als Stallwache Dienst tun musste. Blieb nur der auf Inlandsreisen durchaus bewährte Parteireferent Guillaume. Brandt hatte achselzuckend zugestimmt und fragte nun Genscher, ob auch an Guillaumes Mitreise nichts geändert werden solle.

Spätestens an dieser Stelle werden die Widersprüche in den Aussagen der Beteiligten zur Groteske. Genscher will – wie nicht anders zu erwarten – die Frage nicht sofort beantwortet, sondern Rückfrage bei Nollau angekündigt haben. Die habe am nächsten Tag, also am 30. Mai, während eines Telefonats stattgefunden, in dem Nollau sich dezidiert dafür ausgesprochen habe, Guillaume nach Norwegen mitzunehmen. Dies habe er, Genscher, noch am selben Tag dem Kanzler quasi zwischen Tür und Angel mitgeteilt. Brandt hat die Mitteilung bestätigt, allerdings bezweifelt, dass er sie zwischen Tür und Angel erhalten habe.

Der gekränkte Nollau hingegen hat den Hergang anders beschrieben: »Entgegen unserer Verabredung ließ Genscher nichts mehr von sich hören.« Also habe er, Nollau, am 30. Mai telefonisch nachgefasst. »Ach ja«, habe Genscher gesagt, »ich wollte Sie schon anrufen, der Kanzler ist einverstanden.« Von der Einteilung Guillaumes als Urlaubsbegleiter sei dabei aber nicht die Rede gewesen.

Davon will Nollau erst am 6. Juli bei einem anderen Zusammentreffen mit dem Innenminister erfahren haben, gewissermaßen en passant: »Übrigens, ›die‹ wollen den Spion mit nach Norwegen nehmen«, habe Genscher gesagt. »Ich zuckte die Achseln. Mein Amt hatte mit der persönlichen Sicherheit des Kanzlers nichts zu tun. Dafür war die Sicherungsgruppe des Bundeskriminalamts verantwortlich« – und für den Fernschreibverkehr mit dem Kanzleramt »in technischer Hinsicht der Bundesnachrichtendienst«.

Erstaunlich: Die Spionageabwehr erklärte sich für nicht zuständig. Laut Untersuchungsbericht hat Nollau dem Ausschuss mitgeteilt, er habe erst zwischen dem 6. und dem 10. Juli von Genscher erfahren, dass Guillaume mit in Norwegen sei, also erst nach Urlaubsantritt des Kanzlers am 2. Juli; dennoch zitiert er den Innenminister mit dem Satz: »Übrigens, ›die‹ wollen den Spion mit nach Norwegen nehmen.« Erst zu jenem Zeitpunkt will er zusammen mit seinem Regierungsdirektor Watschounek überlegt haben, ob das BfV in Norwegen observieren solle oder nicht. Man sei übereinstimmend zu dem Schluss gekommen, dies nicht zu tun – »weil es höchst unwahrscheinlich sei, dass in dieser einsamen Gegend ein Treffen des Guillaume mit einem Mitarbeiter des DDR-Dienstes stattfinde«. Watschounek hat unter dem Datum des 11. Juli darüber eine lapidare Aktennotiz gemacht: »P. (Präsident) teilt mit, dass Guillaume mit in Norwegen sei.«

Man mag das, was jetzt passierte, den eigentlichen Skandal der Spionageaffäre Guillaume nennen. Es passierte nämlich nichts. Die Observation des Verdächtigen, derentwegen der Bundeskanzler sich zum Lockvogel der Abwehr hatte machen lassen, fand entweder gar nicht statt oder blieb geraume Zeit auf dem Niveau ihrer Anfänge – als zwei Beamte des BfV Frau Guillaume noch in Frankfurt wähnten und dort beschatten wollten, während an diesem 31. Mai vor der Bad Godesberger Wohnung des Ehepaares, Ubierstraße 107, ein einziger Kölner Oberamtmann patrouillierte; weiteres Personal war nicht verfügbar, denn viele Beamte bummelten an dem um Vatertag und Freitag verlängerten Wochenende Überstunden ab.

Bloß parteipolitische Voreingenommenheit war es bestimmt nicht, was den Untersuchungsausschuss (Auffassung der Minderheit) zu dem Schluss kommen ließ: »Die Art, in der Präsident Dr. Nollau den Spionagefall Guillaume behandelt hat, stellt eine schwere Verletzung der ihm obliegenden Pflichten dar. In seinen Zeugenaussagen ist es ihm lediglich darum gegangen, von seinem eigenen Fehlverhalten abzulenken.«

Dabei war Nollau in diesem Fall durchaus tätig. Er bemühte sich zum Beispiel, Herbert Wehner zu erreichen und über den Verdachtsfall Guillaume zu informieren – »pflichtgemäß«, wie er im *stern* geschrieben hat; gewohnheitsgemäß wäre wohl der treffendere Ausdruck gewesen. Nollau redete nach eigenem Bekunden oft mit seinem Mentor. »Pflichtgemäß« war das allenfalls insofern, als Wehner vom Bundesvorstand der SPD dem Verfassungsschutz als Gesprächspartner für die Themen benannt worden war, die Sicherheitsinteressen der Partei berührten.

Gleich nach dem Telefonat mit Genscher am 30. Mai, also »nachdem ich gehört hatte, der Bundeskanzler sei informiert«, suchte Nollau nach Wehner – vergebens. »Auf meinen Telefonanruf in seiner Wohnung antwortete niemand. Am 31. Mai, einem Feiertag, rief ich dort wieder an. Wieder nahm niemand den Hörer ab. Ich vermutete, Wehner sei in Berlin.« Warum er das vermutete, hat Nollau in seinen Memoiren verschwiegen. Immerhin rief er den Leiter des Berliner Landesamts für Verfassungsschutz an und bat ihn, Wehner ausfindig zu machen. Auch das gelang nicht.

Es konnte gar nicht gelingen, denn Herbert Wehner war in der DDR, unterwegs zu deren Staats- und Parteichef Erich Honecker. Am Abend des 29. Mai hatte er sich von Stieftochter Greta Burmester nach Kirchheim bei Bad Hersfeld chauffieren lassen und dort in der Autobahnraststätte übernachtet. Am nächsten Tag überschritt er bei Eisenach die »Staatsgrenze West« der DDR und wurde, Westberlin umfahrend, nach Niederschönhausen ins Gästehaus der DDR-Regierung gebracht. Dort kam er am Abend mit Abgeordneten der DDR-Volkskammer-Parteien zusammen – notabene: nicht nur mit Angehörigen der SED; darauf legte er Wert. Am 31. Mai um 10 Uhr traf er dann Honecker in Schloss Hubertusstock am Werbellinsee in der Schorfheide.

Verwunderlich ist es nicht, dass dieses außergewöhnliche Zusammentreffen damals in den Verdacht geriet, ein Komplott zu sein – schon wegen des auffälligen zeitlichen Zusammenhangs. Verdächtigungen aller Art waren im ostpolitisch aufgerauten Bonner Klima an der Tagesordnung. Gekämpft wurde mit harten Bandagen. Der so genannte Grundlagenvertrag zwischen der Bundesrepublik und der DDR stand auf der Kippe, denn am 23. Mai hatte die bayerische Staatsregierung beim Verfassungsgericht eine Normenkontrollklage gegen diesen Vertrag angestrengt; obendrein wollte das bayerische CSU-Kabinett dem Bundespräsidenten per Einstweiliger Verfügung die Unterzeichnung des Ratifizierungsgesetzes zum Grundlagenvertrag verbieten lassen.

Vor allem die Opposition vertrat die Komplott-Theorie: Der Ex-Kommunist Wehner sei bei Nacht und Nebel überstürzt zu seinem alten Genossen Honecker gefahren, um den Fall Guillaume geräuschlos aus der Welt zu schaffen, bevor der Spion enttarnt werde. Aber auch Willy Brandt hat, mindestens zeitweise, für möglich gehalten, Wehner habe mit Honecker konspiriert. »Ich möchte mal gern wissen, mit wem der Kerl da drüben schon alles geredet hat«, soll er im vertrauten Kreise einmal gesagt haben. Dabei war »der Kerl«, nach eigenem Bekunden, noch nie in der DDR gewesen. Die Reise machte ihm, dem Renegaten, eher Angst.

Theoretisch konnte Wehner, als er am 29. Mai zu Honecker aufbrach, über die Verdachte gegen Guillaume durchaus Bescheid wissen – denn sein Vertrauensmann und ständiger Informant Nollau kannte die Erkenntnisse der Abwehr ja schon seit dem 23. Mai und hätte sie Wehner auch umgehend berichten können. Zwar hat er (vor dem Untersuchungsausschuss) vehement bestritten, das getan zu haben. Andererseits gefiel ihm offenbar die konspirative Vorstellung, Wehner habe »Honecker die Enttarnung Guillaumes gesteckt und damit Landesverrat begangen. Die Legende ist schön«, schrieb er im *stern,* »aber falsch. Ich weiß ganz genau, dass ich Wehner erst am 4. Juni, meinem Geburtstag, informiert habe. So steht es auch in meinem Tagebuch« – was immer das beweisen mag.

Jedenfalls war Wehners Reise in die DDR kein konspirativer Alleingang. Die Einladung dazu war schon Monate zuvor – natürlich nicht öffentlich, sondern über vertrauliche Kontakte – übermittelt und Ende April erneuert worden. Der Kanzler wusste davon, ebenso Helmut Schmidt und sogar der Koalitionspartner Walter Scheel; offenbar hatte keiner der Genannten grundsätzliche Einwände. Außerdem bestand Herbert Wehner darauf, sich von dem FDP-Fraktionsvorsitzenden Wolfgang Mischnick, den er sehr schätzte und der – wie er selbst (und Nollau)

– aus Dresden stammte, zu Honecker begleiten zu lassen. Mischnick hatte ohnehin vor, seine kranke Mutter in Dresden zu besuchen; also bemühte man sich, die Reisetermine der beiden westdeutschen Politiker in die DDR zu koordinieren. Schon deshalb kann von einer überstürzten Abreise Wehners wohl kaum die Rede sein.

Allerdings war Mischnick nicht die ganze Zeit dabei. Er traf erst am Nachmittag des 31. Mai aus Dresden in der Schorfheide ein – zu einem »Fototermin«, wie manche Chronisten damals sarkastisch anmerkten. Der redliche Mischnick hat das nicht als Zurücksetzung oder gar als Trick empfunden, denn auch er hat während eines Spaziergangs mit Honecker unter vier Augen sprechen können. Er hatte ferner nicht den Eindruck, dass Wehner ihm auf der gemeinsamen Rückfahrt im Auto etwas Substanzielles über das Honecker-Gespräch vorenthalten habe.

In Willy Brandts *Erinnerungen* kann man nachlesen, Wehner habe ihn von der Absicht des Besuchs bei Honecker »erst kurz zuvor« unterrichtet. Nach Arnulf Barings (im *Machtwechsel* mitgeteilten) Erkenntnissen war das »am Tag vor der Abfahrt«, also am 28. Mai. Da war Brandt über den Verdacht gegen Guillaume noch nicht informiert. Wehner erklärte dem Kanzler, er könne die Reise noch verhindern, wenn er aus »Regierungsgründen«, aus innenpolitischen oder aus innerparteilichen Gründen »Jetzt nicht!« sage. Brandt sagte nichts dergleichen. In den *Erinnerungen* erweckt er eher den Eindruck, die Reise als eine Art Nostalgietrip verstanden zu haben: Dass »die beiden sich aus der Zeit kannten, in der in Honeckers saarländischer Heimat für und gegen den Anschluss an das Dritte Reich gestritten wurde, wusste ich. So sah ich zu größerer Unruhe keinen Grund.«

Richtig an dieser nicht besonders freundlichen Lesart ist

wohl, dass die Begegnung in der Schorfheide der Beginn einer sonderbaren Freundschaft war, die sich in den folgenden Jahren, auch nach dem Abgang beider Männer aus der aktiven Politik, noch vertiefte. Honecker kannte Wehner nicht nur aus der Zeit des gemeinsamen Widerstands gegen die Nazis im Saarland, er bewunderte ihn seither auch; und Wehners Beziehung zu Honecker war, wie Markus Wolf bestätigt, keineswegs nur taktischer, sondern vor allem sentimentaler Natur. Anfang der siebziger Jahre entwickelte sich »eine intensive Brieffreundschaft« zwischen den beiden, mit der Anrede »Mein lieber Freund« und »herzlichen Grüßen« am Ende; als Briefträger fungierte der DDR-Anwalt Wolfgang Vogel. Es war Honecker, so sagt jedenfalls Markus Wolf, der Wehners Wunsch, auch in jenem Teil Deutschlands, aus dem er stammte, nicht länger als Renegat und Verräter gebrandmarkt zu sein, schließlich erfüllte – mit einer Ehrenerklärung vor dem Politbüro des ZK der SED im Januar 1974.

Noch einen Herzenswunsch erfüllte Honecker dem Freund: Er sorgte dafür, dass die einige Zeit zuvor von der DDR gestoppte Ausreise so genannter Problemfälle in die Bundesrepublik wieder in Gang kam. Das heißt, die von Wehner mit Wolfgang Vogel klandestin ausgehandelte Praxis des Häftlingsfreikaufs und – in geringerem Umfang – der Familienzusammenführung gegen Geld konnte fortgesetzt werden. Das war ein Sieg über die von Bahr und Brandt verfolgte Linie, solche Fälle in Zukunft mit der DDR nur noch vertraglich – und ohne wirtschaftliche Gegenleistung – zu regeln. Erfreut war man weder in Bonn noch in Ostberlin über das, was Wehner erreicht hatte. Dieser musste sich im Vorstand der SPD, dem er »einen eigenartig angestrengten Bericht« (Brandt) gab, herbe Kritik an seinem Ausflug in die Schorfheide gefallen lassen, wozu

Brandt geflissentlich schwieg; und auch im SED-Zentralkomitee, dem Honecker erst am 29. Mai mitteilte, dass Wehner im Anmarsch sei, rief zum Beispiel Karl Mewis, ein alter Wehner-Feind aus den Tagen des skandinavischen Exils, ärgerlich »Hört, hört!«.

Auch dem schriftlichen Bericht, den Wehner am 1. Juni für einige seiner Vertrauten aufsetzte, war, so meint jedenfalls Arnulf Baring, beim besten Willen nicht zu entnehmen, worüber im Einzelnen geredet worden ist. Sollte bei dem Tête-à-tête am Werbellinsee tatsächlich über Guillaume gesprochen worden sein, so zweifelhaft das ist, dann blieb es jedenfalls folgenlos. Honecker hat – nach Guillaumes Enttarnung – darauf bestanden, von dem Spion im Kanzleramt überhaupt nichts gewusst zu haben – was Brandt ihm nie geglaubt hat. Markus Wolf aber konnte sich, ebenso wie seine Leute in der HVA, nicht vorstellen, »dass eine Sicherheitsbehörde die Nerven besitzen könnte, einen Spion an so sensibler Stelle seelenruhig zu belassen«. Als Guillaume bis an die Seite Brandts vorgerückt war, »da waren dann unsere Hemmungen gefallen, weil wir sagten: ›Der ist jetzt sicher. Der ist nun so oft überprüft worden, da kann nichts mehr schief gehen.‹«

Dass Brandts Parteireferent nicht aus dem Kanzleramt entfernt worden war, konnte also nur heißen, dass niemand ihn verdächtigte, ein Spion zu sein – eine These, die Guillaume selbst seiner »Zentrale« immer wieder nahe legte. Die Order, nichts zu riskieren und alle Aktivitäten einzustellen, sobald er selbst observiert zu werden glaube, hatte Guillaume schon erhalten. Aber erstens wollte er sie nicht befolgen. Und zweitens wurde er wirklich nicht observiert.

Die Annahme des Kanzlers und seines Bürochefs, Guillaume werde irgendwie auch bei seinen dienstlichen Verrichtungen beobachtet, war falsch. »Ich bin«, hat Brandt den untersuchenden Parlamentariern gesagt, »wie es selbstverständlich war, davon ausgegangen, dass die mit solchen Dingen befassten Stellen das tun würden, was sie zu tun hatten, und dass sie das Risiko, das damit verbunden war, den Mann in meiner Nähe zu lassen, so minimal wie möglich halten würden.« Er konnte sich zwar nicht vorstellen, wie die Abwehrleute das machen wollten, aber er ist auch während des Norwegen-Urlaubs mit Guillaume »ehrlich gesagt der Meinung gewesen, es sei irgendetwas im Gange und es würde dies berücksichtigt bei seinem Aufenthalt und bei seinem Verkehr mit den Dienststellen«. Brandts Bürochef Wilke wiederum hatte später im Guillaume-Prozess vor dem Düsseldorfer Oberlandesgericht einen Lacherfolg mit der Bemerkung, er habe sich, als er nichts von einer Observation im Kanzleramt merkte, gedacht: »Die machen das aber sehr gut!«

Umgekehrt verließen sich »die mit solchen Dingen befassten Stellen«, also die Abwehr beim BfV, offenbar fest darauf, dass »bei den Sicherheitsvorkehrungen gegen Guillaume im Bundeskanzleramt das Notwendige getan würde« – so steht es im Bericht der Eschenburg-Kommission »Vorbeugender Geheimschutz«, die parallel zu den Parlamentariern ermittelt hat. Nun gab es im Kanzleramt ja einen für Geheimschutz zuständigen Beamten, nämlich den Ministerialdirigenten Franz Schlichter. Aber der wusste von nichts. Brandt hatte ihn nicht über den Verdacht gegen Guillaume informiert.

Niemand hätte den Kanzler daran hindern können, Schlichter einzuweihen – und erst recht seinen Freund und Vertrauten Egon Bahr, der Guillaume nicht traute. Dass

Brandt das nicht getan hat, ist schwer zu verstehen; dass es ein Fehler war, ist ihm zu spät klar geworden. Brandt hat nur zwei Leute über Genschers Mitteilungen ins Bild gesetzt: den Bürochef Wilke und den Amtschef Grabert, weil er für möglich hielt, »dass sich ja vielleicht Stellen, die mit der Bearbeitung dieses Falles zu tun haben würden, an einen der beiden Herren oder an beide einmal gewendet haben würden«. Beide hat Brandt zu strengem Stillschweigen verpflichtet. Guillaume sollte ja nichts merken.

Dass und warum es gar nichts zu merken gab, hat der Sonderermittler Theodor Eschenburg auf den Punkt gebracht: »Jeder verließ sich auf den anderen; keiner unternahm das Erforderliche. Man könnte geradezu von einem unsichtbaren negativen Kompetenzkonflikt reden.« Das ist sehr wohlwollend formuliert. Im normalen Geschäftsleben würde man wohl eher von Missmanagement sprechen und die dafür Verantwortlichen feuern.

Hätte man wirklich nichts tun können, den Verdächtigen zumindest in Norwegen, wo er alles zu sehen bekam, was für den Kanzler bestimmt war, von Staatsgeheimnissen fern zu halten? Nollaus zutreffende Vermutung, Guillaume werde »in dieser einsamen Gegend« keine konspirativen Treffs haben, ging an diesem Problem völlig vorbei. »Zumindest hätte unauffällig verhindert werden können«, so die Meinung der Minderheit im parlamentarischen Untersuchungsausschuss, »dass Guillaume Einblick in den Fernschreibverkehr des Bundeskanzlers bekam. Nach dem *Need-to-know*-Prinzip hätten die vom BND abgeordneten Telex-Operateure angewiesen werden können, den Kurierdienst zusätzlich zur Ver- und Entschlüsselung des Fernschreibverkehrs des Bundeskanzlers zu übernehmen.«

Brandt hat dem Ausschuss gesagt, eine solche Veränderung des üblichen Ablaufs hätte den Verdächtigen wohl misstrauisch gemacht. Mag sein. Aber dass Brandt diesen Gedanken schon in Norwegen hatte, ist äußerst unwahrscheinlich.

In diesem Punkt beurteilt Guillaume – in seiner 1986 erschienenen *Aussage* – die Situation wohl richtiger: »Als der Reisetag da war, hatte der Kanzler – davon bin ich auch heute noch fest überzeugt – die Einblasungen des Geheimdiensts ... längst verdrängt.« Der Spion mochte gern glauben, dass er vor allem deshalb Urlaubsbegleiter geworden sei, weil er sich auf den von ihm organisierten Inlandsreisen Brandts immer »um einen Zeitplan bemüht hatte, der es gestattete, zwischen angespannte Arbeitsperioden anregende und unterhaltsame Erholungsstunden zu schieben. Brandt lag ein solcher Arbeits- und Lebensstil.« Immerhin durften auch während des Kanzlerurlaubs die Regierungsgeschäfte nicht liegen bleiben – und er, Guillaume, würde beides auszubalancieren wissen. Das war Wichtigtuerei. Aber: »Willy Brandt ignorierte die Gefahr, die ihm drohte, und ich kannte nicht die Gefahr, die mir drohte.« Das war richtig. Und so wurde dieser Norwegen-Urlaub »unvergesslich in vielerlei Hinsicht«.

Die – durchaus komfortable – »Hütte«, die Rut Brandt gehört, ein Holzhaus, liegt in Vangsåsen nahe Hamar, Postanschrift 2314 Vang på Hedmark, auf einem großen Hanggrundstück am Waldesrand. Ein Stück hangabwärts gab es damals noch ein Holzhaus, das Guillaume als »geräumigen Bungalow« beschreibt und in dem er mit Frau Christel und Sohn Pierre sowie der Haushälterin unterkam. Die Familie war mit dem eigenen Auto angereist, einem gelbgrünen Citroën GS, und kassierte dafür nach ihrer Rückkehr 1070 Mark Spesen. Die Fernschreibzentrale, also der »Meldekopf« des Kanzleramts, samt den BND-Technikern und den Beamten der Sicherungsgruppe, die den Kanzler auch im Urlaub zu begleiten hatten, war in der Jugendherberge Ormseter untergebracht, etwa 200 Meter hangaufwärts vom Feriensitz der Brandts.

Hier also hatte der Spion seine »Sternstunde«. Zumindest sah er das damals so. Er bekam alles in die Hand, was für den Kanzler bestimmt war und von diesem bearbeitet wurde, auch streng geheime Vorgänge, sogar solche mit der höchsten Nato-Geheimhaltungsstufe »Cosmic«. Niemand hinderte ihn daran, auch Brandt nicht.

In Bonn gingen die geheimen Staatspapiere in der Regel über den Schreibtisch des – in den Verdacht nicht eingeweihten – amtierenden Leiters des Kanzlerbüros Wolf-Dietrich Schilling an den Fernschreiber und wurden verschlüsselt in die Jugendherberge Ormseter getickert. Dort wurden sie von den – ebenfalls nicht eingeweihten – BND-Beamten Baumbach und Köppl entschlüsselt und dann in zwei Exemplaren an Guillaume ausgehändigt, ab »VS-Geheim« gegen eine Unterschrift ins Quittungsbuch. »Die Kopie behielt ich für meine eigene Registratur zurück, die in einem Wäschefach unseres Kleiderschranks untergebracht war«, so Guillaume. »Das Original gab ich an den Kanzler weiter.« Wenn der die Papiere bearbeitet hatte, legte er sie an eine Ecke seines Schreibtisches, von wo Guillaume sie wieder abholte. Wurden Weisungen oder Antworten des Kanzlers nach Bonn abgesetzt, bekam Guillaume davon eine Kopie für seine Kleiderschrankregistratur. Das war die Routineprozedur.

Einmal, als Günter Guillaume in die Stadt gefahren war, weigerte sich der BND-Mann Baumbach, eine Bonner Sendung auch an Frau Christel auszuhändigen – vermutlich weil er korrekt sein wollte, nicht weil er Verdacht geschöpft hätte. Dennoch löste der Zwischenfall bei den Agenten Nervosität aus, die sich erst wieder legte, nachdem Guillaume die verweigerten Papiere durchgesehen und als völlig harmlos erkannt hatte.

Der amtierende Kanzlerbüroleiter Schilling erschien auch persönlich in Brandts Ferienquartier – einmal in Begleitung von Außenminister Scheel, der nach Washington weiterflog –, aber nicht weil er Geheimsachen zu übermitteln hatte, die er dem Ticker nicht anvertrauen mochte, sondern weil er fällige Entscheidungen mit dem Kanzler direkt erörtern wollte. Normalerweise hätte auch das über den begleitenden Referenten abgewickelt werden können – nur nicht über Guillaume, denn dem traute Schilling die korrekte Übermittlung der auszutauschenden Inhalte einfach nicht zu. Natürlich versuchte der Agent, bei den Gesprächen Schillings mit dem Kanzler dabei zu sein, was Brandt freilich ablehnte. Die geheimen Papiere aber legte er weiterhin für Guillaume an die Schreibtischkante.

Kaum zu glauben, dass Brandt, der den Spionageverdacht doch kannte, dies alles geschehen ließ; dass er erst in den Tagen vor seinem Rücktritt allmählich begriff, er selbst hätte den Kontakt des Agenten mit Geheimsachen verhindern müssen. Er hat das aber nicht getan. Hat er es wirklich nur deshalb nicht getan, weil er – wie vielleicht auch Horst Grabert in Bonn – der Meinung war, »es sei irgendetwas im Gange«, den Agenten unter Kontrolle zu halten? Irgendetwas, wovon er nicht das Geringste merkte?

Erst 1989, in seinen *Erinnerungen,* hat Willy Brandt ahnen lassen, warum er damals derart sorglos mit den Geheimpapieren umging: Er hielt die ganze Geheimnistuerei für maßlos übertrieben. In Norwegen, schreibt er,

»scheint es sich um vier vertrauliche und zwölf geheime Fernschreiben gehandelt zu haben«, in denen Gespräche des Außenministers und des Verteidigungsministers in Washington referiert wurden und über die auch die Zeitungen berichteten. »Die Phantasie trieb Blüten, als von einem höchst vertraulichen Brief die Rede war, den mir Präsident Nixon geschickt hatte. Ich durfte damals nicht sagen, was ich heute sage: Ich hielt die Angelegenheit nur vom Prinzip her für ernst, ansonsten aber für nicht gravierend.« Gern hätte Brandt damals darauf hingewiesen, dass der Inhalt der Geheimpapiere »schon bald Gegenstand öffentlicher Erörterungen« wurde; doch das hätte so ausgesehen, »als wolle ich die Leckage bagatellisieren«.

Vor allem aber: Brandt hielt Guillaume nun mal nicht für fähig, so etwas Raffiniertes wie Spionage zu treiben. Und weil der Mann ihn langweilte, gelegentlich sogar nervte, nahm er ihn gar nicht richtig wahr, jedenfalls nicht als Person. Der Referent hatte eine bestimmte Funktion, die erfüllt werden musste, und er erfüllte sie mit dem gebührenden Eifer. Über Guillaume habe sich der Kanzler in Norwegen offenbar mehrfach geärgert, notierte Reinhard Wilke nach Urlaubsende in sein Tagebuch: »Er sei kein Gesprächspartner gewesen, da er überhaupt keine Ideen und kein Fingerspitzengefühl habe, eben ein ›Parteisekretär‹ sei.«

Nach der Enttarnung des Spions hat Brandt wiederholt und allen Ernstes behauptet, er habe sich zunächst gar nicht mehr daran erinnert, dass Guillaume in Norwegen dabei gewesen sei. Das kann man – selbst als Schutzbehauptung – nur gelten lassen, wenn man Willy Brandts Eigenart bedenkt, Menschen, mit denen er nichts anfangen konnte, aus seiner Wahrnehmung einfach auszublenden – selbst wenn diese Menschen ihm nützlich waren und sehr ergeben. Wohl gefühlt hat er sich dabei vermutlich nicht; aber seinen Gefühlen hat er ohnehin nie viel Aufmerksamkeit eingeräumt. Er *wollte* sich nicht mehr an Guillaume erinnern – aus welchen Gründen auch immer.

Dass die Brandts und die Guillaumes den Sommerurlaub 1973 in Norwegen gemeinsam verbracht hätten, ist jedenfalls eine Legende. Nur der damals elfjährige Matthias Brandt und der ein paar Jahre ältere Pierre Guillaume waren relativ oft zusammen. Matthias übernachtete zuweilen bei Pierre, wie Jungs in diesem Alter das eben tun, und dabei fiel ihm schon mal auf, dass dort noch spät am Abend jemand auf einer Schreibmaschine klapperte. Auch bestaunte er Guillaumes Fotoausrüstung und das tolle Radio, das der im Auto hatte. Im Übrigen aber ist ihm Guillaume als ein »spießiger Fünfziger-Jahre-Typ« im Gedächtnis geblieben, »Badelatschen, Shorts und Unterhemd«, der zuweilen versuchte, die »lustige Person« zu geben: »Das war ja manchmal wie in einem Heinz-Erhardt-Film«, so Matthias Brandt heute.

Einmal allerdings hätte der Spion den jüngsten Sohn des Kanzlers und sich selbst beinahe umgebracht. Matthias war zu Guillaume ins Auto gestiegen, weil der in der Stadt etwas zu besorgen hatte, und das versprach Abwechslung vom Ferieneinerlei auf der »Hütte«. Der Autofahrer Guillaume galt allgemein als Sicherheitsrisiko, und auch diesmal überholte er wieder wie ein Lebensmüder. Noch heute sieht Matthias manchmal die Autos direkt auf sich zurasen, sieht neben sich wieder den im Schock erstarrten Guillaume. Aber irgendwie schaffte der es, dem Zusammenstoß zu entgehen.

Im Übrigen hielten die Brandts den Referenten und dessen Familie nach Möglichkeit auf Distanz. Ich kann das bezeugen. Per Telex war ich zu einem Urlaubsgespräch mit dem Kanzler am 27. Juli auf die »Hütte« geladen worden, Absender »fm buka hamar«, Unterschrift »guenter guillaume«, und am Abend jenes Tages gab die *stern*-Kollegin Wibke Bruhns, für die Rut Brandt im nahe gelegenen Sjusjøen ein Urlaubsquartier besorgt hatte, dort ein Grillfest für die Kanzlerfamilie. Dazu hatte sie auch die Guillaumes gebeten. Aber schon beim allgemeinen Aufbruch in Vangsåsen – der Kanzler ließ sich zum Ärger der bereitstehenden Sicherheitsleute von mir in meinem Leihwagen nach Sjusjøen chauffieren – war an Willy Brandts Miene abzulesen, dass er den Abend lieber ohne die Guillaumes verbracht hätte – und das galt, wie auf der Party bald zu merken war, auch für Rut Brandt.

Nein, dieser Norwegen-Urlaub war nicht Guillaumes »Sternstunde«. Er war sein Verhängnis. Die Kenntnis und der als sicher geltende Verrat jener Geheimpapiere waren der entscheidende Grund für die Verurteilung wegen gemeinschaftlichen Landesverrats, die am 15. Dezember 1975 vom Oberlandesgericht Düsseldorf gegen das Ehepaar Günter und Christel Guillaume ausgesprochen wurde. Günter wurde zu dreizehn Jahren Freiheitsstrafe verurteilt, Christel zu acht Jahren. Ein schneller Austausch gegen im Ostblock inhaftierte West-Spione, den viele Beobachter erwartet hatten, fand in diesem Fall nicht statt. Christel Guillaume wurde erst im März 1981 freigelassen, Günter Guillaume im Oktober 1981. Er kehrte als schwer kranker Mann in die DDR zurück. Die Ehe wurde noch im selben Jahr geschieden.

Die so genannten Norwegen-Dokumente spielten als Beweismittel vor Gericht eine entscheidende Rolle, weil die Beweislage zum Verratsumfang dürftig war. Sie waren gewissermaßen das einzig Vorzeigbare. Für Guillaume selbst war das, was er als unauffälliger Begleiter Brandts zu hören bekam, meist viel ergiebiger als die Papiere im Aktenkoffer, den er dem Kanzler nachtrug. Aber was er als Zuhörer erfahren und auf welche Weise er es verraten hat, ist nicht beweiskräftig ermittelt worden. Letzteres gilt übrigens auch für die Norwegen-Dokumente: Es ist bis heute umstritten, ob diese Papiere bei den Geheimdiensten in Ostberlin und in Moskau jemals angekommen sind. Aber das ist eine andere Geschichte, die später erzählt werden soll.

Inhaltlich ging es in diesen Briefen und Berichten um strategische Differenzen zwischen den Amerikanern und ihren europäischen Bündnispartnern, besonders Frankreich – Differenzen, wie es sie zuvor schon und auch danach wieder gegeben hat, nur eben aus anderen Anlässen. Der damalige Anlass war eher kurzlebig und interessiert aus heutiger Sicht höchstens noch ein paar Historiker. Alles spricht dafür, dass Brandts Einschätzung in den *Erinnerungen,* er habe den möglichen Verrat dieser Vorgänge nur im Prinzip für ernst, in der Sache aber für nicht gravierend gehalten, völlig angemessen war. Das Oberlandesgericht Düsseldorf hingegen hat damals auf über zwanzig Seiten seiner Urteilsbegründung mit Unterstützung von Gutachtern den Nachweis zu führen versucht, dass hier »das Bild zerstrittener und in grundsätzlichen Fragen uneiniger Bündnispartner, deren gegenseitiges Vertrauen bis auf ein Minimum geschwunden war«, erkennbar werde. Dies aber habe »zur Abwendung der Gefahr eines schweren Nachteils für die äußere Sicherheit der Bundesrepublik vor der Sowjetunion geheim gehalten werden« müssen.

Nun, die Zeiten haben sich geändert und mit ihnen die Rechtsprechung. Am 15. Mai 1995 entschied der Zweite

Senat des Bundesverfassungsgerichts mit fünf gegen drei Stimmen, dass Personen, die ihren Lebensmittelpunkt in der ehemaligen DDR hatten und Spionage zu Lasten der Bundesrepublik oder eines mit ihr verbündeten Staates betrieben haben, seit der deutschen Vereinigung nicht mehr wegen Landesverrats oder geheimdienstlicher Agententätigkeit verfolgt werden dürfen. Das »Verfolgungshindernis wurde aus dem rechtsstaatlichen Grundsatz der Verhältnismäßigkeit der vom Staat eingesetzten Mittel hergeleitet. Die deutsche Wiedervereinigung habe eine singuläre staats- und strafrechtliche Situation« zur Folge gehabt, »die ohne Vorbild ist und sich so nicht wiederholen kann«.

Bald nach jenem Norwegen-Urlaub 1973 entdeckte Christel Guillaume, dass sie observiert wurde, und sagte es ihrem Mann. Erst wollte Günter das nicht glauben, denn »er fühlte sich so sicher«. Dann versuchte er, das verschärfte Interesse an Christel damit zu erklären, dass sie sich gerade um einen Job im Verteidigungsministerium bewarb. Schließlich setzte er sich in ihren Opel Kadett, um eventuelle Verfolger hervorzulocken, und notierte die Autokennzeichen von sechs Personenwagen, in denen Observanten saßen – alle richtig, wie sich später im Prozess gegen die Guillaumes herausstellte. Nach seiner eigenen Darstellung in der *Aussage* ist Guillaume von seiner immer nervöser werdenden »Zentrale« zu jenem Zeitpunkt mindestens vier Mal angewiesen worden, alle Aktivitäten ruhen zu lassen und vor allem unverzüglich den Rückzug vorzubereiten für den Fall, dass auch er beschattet werde. Aber es gelang ihm immer wieder, den verschiedenen Kontaktpersonen einzureden, dass er ja noch nicht Objekt der Observation sei. Nur Herbert Wehner, der ihn bisher meistens übersehen habe, nehme seit Norwegen plötzlich Notiz von ihm, suche sogar das Gespräch. Da wäre es doch ganz falsch, einen Agenten wie ihn von der Seite des Regierungschefs wegzuholen: »Spitzenposition bedeutet Spitzenrisiko!«

Man muss für möglich halten, dass Günter Guillaume nicht zurückwollte in seine DDR – nicht mit dieser Frau, an die ihn nur noch der Auftrag, längst nicht mehr die Neigung band; nicht um den Preis, seinem im Westen aufgewachsenen Sohn die Errungenschaften des Arbeiter- und Bauernstaats als überlegen verkaufen und das Doppelleben der Eltern als besonders ehrenhaft erklären zu müssen. Und er wollte nicht weg von Willy Brandt – obwohl er an dessen Seite nach menschlichem Ermessen keine Zukunft haben konnte. »Über das politische Schicksal des Bundeskanzlers machte ich mir damals schon keine Illusionen mehr«, schreibt er, bezogen auf den Herbst 1973 und den offenkundigen Niedergang des zweiten Kabinetts Brandt. Aber selbst wenn der Kanzler sich wieder gefangen, selbst wenn er 1976 noch einmal die Wahlen gewonnen hätte – mit einem übergelaufenen Spion hätte er bestimmt nichts mehr zu tun haben wollen. Dem Agenten blieb im Grunde nur der Rückzug, den er nicht antreten wollte.

Im Oktober 1973 drängelte er sich gegen den Widerstand seines Dienstvorgesetzten Wilke in die Mannschaft, die den Kanzler zu einem Kurzurlaub nach Südfrankreich begleitete; Guillaume musste dafür seinen Resturlaub verwenden und durfte seine Spesen nicht mit dem Kanzleramt, sondern musste sie mit der Partei abrechnen. Aber er logierte in La Croix-Valmer mit den Sicherheitsbeamten im selben Haus, zechte auch kräftig mit ihnen. Dabei soll ihm einmal ein Notizbuch entglitten sein, und als einer der BKA-Leute es ihm wieder in die Tasche stecken wollte, sei er aufgeschreckt: »Ihr Schweine kriegt mich doch nicht.« Offenbar fand keiner der Anwesenden dies besonders auffällig. Brandt erfuhr erst viel später davon.

Die Observanten vom Verfassungsschutz wussten gar nicht, dass Guillaume an der Côte d'Azur dabei war. Sie hätten ihn sonst bei einem konspirativen Treff mit einem als Tourist auftretenden Agentenführer aus der »Zentrale« beobachten können, im Picasso-Museum von Vallauris. Dort »bot der *hohe Mann* mir ohne Umschweife an, uns sofort abzuziehen, solange der Rückweg noch offen war«. Aber Guillaume lehnte ab. Es gelang ihm, den Abgesandten zu überzeugen, dass dies nicht nötig und auch nicht ratsam sei. Die Begründung, die er dafür in der *Aussage* gibt, ist bezeichnend: Auf der »Bonner Bühne würde uns, da die Ursachen zutage treten mussten, ein politischer Skandal nachhallen, dessen Folgen nicht absehbar waren« – Folgen vor allem für Willy Brandt. Dessen Regierung sollte aber nicht gefährdet werden.

Hans-Dietrich Genscher hätte da gewiss applaudiert. Dem Innenminister, der die Causa Guillaume längst nicht so gut verdrängen konnte wie Brandt, war die offenkundige Erfolglosigkeit seiner Abwehrleute längst unheimlich. Ende Januar 1974 ließ er Nollau kommen, der die bisherigen Ergebnisse der Observation selbst »höchst bescheiden« nannte, und machte ihm klar, dass dem Kanzler die Ungewissheit nicht länger zuzumuten sei. Entweder der Fall sei in vier Wochen reif für eine Strafverfolgung oder die Ermittlungen müssten eingestellt werden. Das Ergebnis dieses Ultimatums war ein zusammenfassender Bericht der Spionageabwehr, der die Beweisnot zwar nicht beseitigte, aber immerhin die Möglichkeit eröffnete, den Fall endlich loszuwerden.

Am 1. März war Nollau mit diesem Bericht und dem Vorschlag bei Genscher, das vorhandene Material an den Generalbundesanwalt abzugeben und diesen entscheiden zu lassen, ob es ausreiche, ein Gerichtsverfahren einzuleiten. Dies wolle er auch dem Bundeskanzler vortragen. Genscher stimmte zu. Am Abend desselben Tages, um 21 Uhr, waren beide beim Kanzler. Nollau trug vor, wiederholte seinen Vorschlag und fügte hinzu – so erinnert sich jedenfalls Brandt –, in »zwei bis drei Wochen werde die Verhaftung erfolgen«.

Brandt gab abermals sein Plazet – was sonst hätte er tun sollen? Überzeugt war er nicht. Er wollte immer noch nicht glauben, dass Guillaume zur Spionage fähig sei. Als die von Nollau genannten drei Wochen verstrichen waren und niemand Guillaume verhaftet hatte, sagte der Kanzler bei einem Spaziergang im Park des Palais Schaumburg zu seinem Büroleiter, vielleicht sei an der Geschichte eben doch nichts dran – »vielleicht« im Sinne von »hoffentlich«. Reinhard Wilke schrieb in sein Tagebuch: »Wie zwei Männer im dunklen Wald, die ihre Zuflucht zum Pfeifen nehmen, meinten wir, man habe wohl keine Beweise gefunden; denn andernfalls wäre schon seine Verhaftung erfolgt. Ich habe Willy Brandt noch in dieser Meinung bestärkt; denn ich wollte der ungeheuren Möglichkeit, ein Spion habe uns seit Jahren genarrt, nicht ins Auge sehen.«

In der Tat hätte die Bundesanwaltschaft auf der Basis der Unterlagen, die am 7. März von Nollaus Abwehrleuten übergeben worden waren, einen Haftbefehl beantragen können. Man habe sich der Meinung angeschlossen, dass es sich mit an Sicherheit grenzender Wahrscheinlichkeit um einen Spion handle, so Nollau, aber bewiesen war das eben nicht: »Die Mitarbeiter des Generalbundesanwalts, in deren Händen die Beweismittelsammlung jetzt lag, suchten daher das Material durch polizeiliche Ermittlungen anzureichern« – nun also auch mithilfe des Bundeskriminalamts.

Dabei dürfte ihnen aufgefallen sein, dass Guillaume vier Wochen später, am 8. und 9. April 1974, als des Kanzlers Reisemarschall wieder eine jener Informationsreisen organisierte, die Brandt vor Landtagswahlen – diesmal in Niedersachsen – anzutreten pflegte. Der Kanzler reiste in einem Salonwagen, den einst der Reichsmarschall Hermann Göring hatte bauen lassen (heute steht er im Bonner Haus der Geschichte der Bundesrepublik Deutschland), den aber auch die meisten deutschen Bundeskanzler, von Adenauer bis Schmidt, gern genutzt haben. Guillaume hatte darin ein Schlafabteil, das von dem des Bundeskanzlers nur durch ein beiderseits begehbares Bad getrennt war. Außerdem gab es, analog dem »Meldekopf« in Norwegen, einen Funkwagen für den Kontakt zum Kanzleramt, einen Wagen für die Sicherheitsleute und Zugbegleiter, einen Schlafwagen für die mitreisenden Journalisten (darunter auch ich) und einen Speisewagen, in dem – besonders spätabends – die ganze Reisegesellschaft zu lockeren Gesprächen zusammentraf. Oft war auch der Kanzler dabei, wenn er nicht im Salonwagen Interviews gab oder ein Hintergrundgespräch führte – auf dieser Reise zum Beispiel mit einer blonden und auch sonst nicht gerade unauffälligen Journalistin vom schwedischen Fernsehen, die eine Sendung über Brandt vorbereiten wollte und die Guillaume ihm »zugeführt« hatte, wie das später hieß.

Generalbundesanwalt war damals noch Ludwig Martin; sein Nachfolger Siegfried Buback, der drei Jahre später von Terroristen der Roten Armee Fraktion ermordet wurde, übernahm das Amt am 1. Mai 1974. Die Hauptlast der

Anklagevertretung im Fall Guillaume trug ohnehin Bundesanwalt Ernst Träger. Er wurde später einer der wichtigsten Mitarbeiter von Buback und hätte dessen Nachfolger werden können, aber das wollte er nicht. Die konservative *FAZ* lobte seine »unauffällige Hartnäckigkeit und unprätentiöse Menschlichkeit«. Im Oktober 1977 wurde er zum Richter des Bundesverfassungsgerichts gewählt und gehörte zwölf Jahre dem Zweiten Senat an. Als jener Beschluss vom 15. Mai 1995 erging, der ehemalige DDR-Agenten außer Verfolgung setzte, war Träger nicht mehr im Amt. Sein Nachfolger Klaus Winter war einer der drei Richter, die den Beschluss kritisierten. Träger hätte das gewiss auch getan.

Anfang April erfuhr die Spionageabwehr des BfV, dass Guillaume über Ostern nach Südfrankreich fahren wolle – »ganz offiziell mit Urlaubsgesuch«, wie Bürochef Wilke notierte, der darüber verärgert war, dass Guillaumes Mitarbeiter, ein Oberamtsrat Wambach, zur selben Zeit nach Sardinien wollte, und der dessen Urlaub fast gestrichen hätte. Guillaume aber konnte fahren.

An der Côte d'Azur, das glaubten die Verfassungsschützer zu wissen, wurden viele DDR-Agenten mit ihren Führungsleuten zusammengebracht und bei Bedarf moralisch aufgerüstet. Bei einem solchen Treffen wollte man Guillaume endlich erwischen. Mit dem Einverständnis des Generalbundesanwalts und mit massiver Unterstützung der französischen Spionageabwehr sollte der Agent daher auf dieser Reise lückenlos observiert werden.

In der Morgendämmerung des 11. April, am Donnerstag vor Ostern, fuhr Guillaume los, im Auto seiner Frau, dem silbergrauen Opel Kadett, aber allein. »Aus familiären Gründen hatten sich Christel und ihre Mutter Erna Boom entschlossen, den etwas strapaziösen Ausflug nach

Südfrankreich nicht mitzumachen«, heißt es in der *Aussage*. Soll wohl heißen: Zu diesem Zeitpunkt war an einen gemeinsamen Urlaub der Eheleute gar nicht mehr zu denken. Günter Guillaume wollte allein sein. Vielleicht wollte er sogar fliehen. Er wusste es wohl selbst nicht. Ein paar Tage zuvor, beim letzten Treff mit seinem Betreuer »Arno«, hatte er sich aus einer Werbung für Muscheids ländliche Gaststätte einen Spruch des Balladendichters Hölty abgeschrieben: »Oh, wunderschön ist Gottes Erde / und wert, darauf vergnügt zu sein; / drum will ich, bis ich Asche werde, / mich dieser schönen Erde freun.«

Bereits in Bonn, auf der Brücke zur Autobahn, »war ich mir schon ziemlich sicher, dass schlagartig eine Observation großen Stils eingesetzt hatte«. Eigentlich hätte er die Reise abbrechen und sofort seinen Rückzug in die Wege leiten müssen. Aber er fuhr weiter. In Frankreich ließ ihn »das riesige Aufgebot an Observanten« zu der Überzeugung kommen, dass »an eine bloße Routineüberwachung nicht mehr zu denken« war. Aber er fuhr weiter. »Je näher ich der Küste kam, umso ruhiger wurde ich.« Nach den Verfolgern sah er sich gar nicht mehr um, betrachtete stattdessen die sinkende Sonne und das Land, »das ungerührt war in seiner Milde und Freundlichkeit. Mich überkam eine große Ruhe und ein großer Ernst. War es das letzte Mal in meinem Leben, dass ich auf dieser hinreißend schönen Trasse fahren würde?«

Guillaume nahm in Sainte-Maxime Quartier, in einem Ferienzentrum namens Résidence de France, das ihm die Chefin von Les Tourelles vermittelt hatte, jenes Feriendorfs der IG Bau, Steine, Erden, das er durch seinen Mentor Georg Leber kennen gelernt hatte. Die französischen Observanten blieben auf Distanz, und Guillaume vermied jeden konspirativen Umgang. Nur einmal, so behauptet er

Adjutant, Reisemarschall – Chef Brandt, Referent Guillaume vor dem Kanzler-Sonderzug, April 1974

Mikrofilme in Brasil-Zigarren – Die »Kaffeeklappe« der Schwiegermutter des Agenten in Frankfurt, 1957

»Bei ihr lief alles dynamischer.« – Agentin Christel Guillaume, unterwegs zum Oberlandesgericht Düsseldorf, August 1975

Gratulation zum zweiten Mann – Christel und Günter Guillaume mit »Oma« Erna Boom und Sohn Pierre, 1960

Scharfer Beobachter – Chefleibwächter Kriminalhauptkommissar Ulrich Bauhaus, Redner Brandt, 1972

Groteske Widersprüche – Der Präsident des Verfassungsschutzamtes Günther Nollau und sein Dienstherr Innenminister Hans-Dietrich Genscher

»Government for journalists« – Staatssekretär Günter Gaus, Chef Brandt

»Government by journalists« – Sonderminister Egon Bahr, Freund Brandt

Der Speisewagen als Intimsphäre? – Brandt mit Journalisten beiderlei Geschlechts im Kanzler-Sonderzug

Stets zu Diensten – Guillaume mit Rut Brandt und dem Chef in Norwegen 1973

Verehrt und bespitzelt – Das Ehepaar Brandt im Sommerurlaub, dahinter der Agent Guillaume, Norwegen 1973

„Das lässt sich doch auf einer Backe absitzen!« – Außenminister und Vizekanzler Walter Scheel mit dem Regierungschef

Parteifreunde in des Wortes schrecklichster Bedeutung – SPD-Vorsitzender Brandt, Widersacher Herbert Wehner

»Unzufrieden mit sich selbst und anderen.« – Willy Brandt und sein persönlicher Referent Reinhard Wilke

Der Nachfolger – Kanzler Helmut Schmidt und sein Amtsvorgänger, sechs Monate nach Brandts Rücktritt

Schluss machen? – Kanzler Brandt auf Helgoland am 1. Mai 1974

»Es ist vorbei.« – Der Bundespräsident hat Brandts Rücktritt angenommen, Bonn, 7. Mai 1974

Blumen von Wehner – Willy Brandt nach dem Rücktritt vor der SPD-Fraktion, 7. Mai 1974

jedenfalls in der *Aussage,* »schlüpfte ich auf kleinen unübersichtlichen Straßen aus dem Netz. Die Stunde der letzten Entscheidung war da: Flucht oder Auslieferung?« Die Stunde verstrich. Guillaume fuhr zurück ins Netz nach Sainte-Maxime, beschickte unterwegs in St. Tropez nur einen »toten Briefkasten« mit der Warnung, keinen Kontakt zu ihm zu suchen. Was wollte er wirklich? Nur sich »dieser schönen Erde freun«?

Ich bin in jenem April 1974 Zeuge eines Anrufs von Guillaume aus Sainte-Maxime bei einer gemeinsamen Bekannten geworden, der diese völlig verblüfft hat. Der Mann habe geredet wie ein Aussteiger, wie einer, dem alles über den Kopf wächst, sein Job und seine Familie, und der am liebsten da bleiben würde, wo er gerade ist – nur eben nicht allein. Ein Hilferuf? Die Ankündigung eines geplanten Rückzugs? Eines Rückzugs wohin?

Wenige Tage später setzte sich Günter Guillaume ins Auto und fuhr »in einem Ritt« nach Bonn zurück. Auch jetzt hätte er noch fliehen können, denn »die Ablösung durch die Herren vom Bonner Staatsschutz« versagte in Fontainebleau, und bis zur belgischen Grenze fuhr er ohne Verfolger durch die Nacht. Aber er fuhr weiter. »Mein Entschluss stand prinzipiell fest. Ich musste durch, und es würde einfacher sein im Vorwärtsgang.«

Das ist schwer zu entschlüsseln. In den Jahren nach der Wende hat Guillaume Besuchern aus der Bundesrepublik den Eindruck vermittelt, er hätte gar nicht abhauen können, selbst wenn er gewollt hätte. Einen Befehl zum Rückzug habe es auch nicht gegeben; er habe im Gegenteil den Auftrag gehabt, nichts zu unternehmen und die nächste Order abzuwarten. Sollte man bei der HVA zu dem Schluss gekommen sein, es sei weniger gefährlich für die Regierung Brandt, wenn man Guillaume vor Ort lasse und weiterhin hoffe, er werde nicht erwischt, als wenn man ihn abzöge und dadurch den unvermeidlichen Skandal auslöse? Oder war man einfach unschlüssig?

Auch Christel Guillaume wusste von keiner eindeutigen Order ihrer Auftraggeber. Sie wusste noch nicht einmal, dass ihr Mann massiv observiert wurde, denn bei ihr hatte er aus Sainte-Maxime kein einziges Mal angerufen. Die Rückkehr nach Bonn sei wohl »sein eigener Entschluss« gewesen, sagt sie, und sie glaubt auch, dass er Frau, Schwiegermutter und Sohn, diesen vor allem, »nicht Knall auf Fall hat sitzen lassen wollen«. Aber darüber geredet haben die beiden nicht mehr.

Den Ausschlag hätten »Erwägungen moralischer Art« gegeben, hat Guillaume in der *Aussage* mitgeteilt – was immer Moral in einem solchen Fall bedeuten mag. Aber dann kommt ein Satz, den Willy Brandt ein paar Tage später, als ihm die Unausweichbarkeit seines Rücktritts bewusst wurde, fast genauso gesagt hat: »Ich wollte eigentlich noch nicht abtreten von der Bonner Bühne, aber wenn es denn sein musste, dann nicht so schmählich …«

Markus Wolf hat diesen Satz am Rande des Manuskripts ungnädig kommentiert: »Verständlich, aber falsch«. Autor Guillaume parierte – zähneknirschend? – und ergänzte seinen Text so: Er habe sich da wohl eine »Sentimentalität geleistet, die wir uns nicht leisten können«. Aber »hatte ich nicht auch Recht, indem ich an das mir subjektiv Gemäße dachte?«

Operation Tango

Der Agent, die Leibwächter und das Privatleben

Als Günter Guillaume nach Bonn zurückfuhr, war die Falle schon zugeschnappt. Wissen konnte er das nicht. Geahnt hat er es wohl. Nach Markus Wolfs Informationen ging er gar nicht direkt nach Hause, sondern kehrte erst bei einer seiner Bonner Freundinnen ein. Sei's drum. Als er schließlich in der Ubierstraße 107 ankam, »weckte ich Christel nicht«, sondern saß »mit einem Topf Bier spätabends in der Küche und überlegte: ›Du hast in Frankreich keinerlei verdächtige Aktivitäten entfaltet, also können sie auch keine beobachtet haben. ... Folglich werden sie die Observation in Bonn fortsetzen. Du kannst also erst einmal schlafen gehen.‹«

Das war ein Fehlschluss. Die Observation galt mit Guillaumes Rückkehr aus Frankreich als beendet. Im BKA dachte man schon seit dem 26. März über einen Zugriff nach. An diesem Tag versammelten sich – auf Veranlassung des Generalbundesanwalts, der den Fall am 7. März übernommen hatte – die Experten der Abteilung Staatsschutz im Bundeskriminalamt, angeführt vom Gruppenleiter Landesverrat, dem Kriminaldirektor Günther Scheicher, einem Spezialisten in Sachen Innere Sicherheit und Spionageabwehr. Die Staatsschützer trafen sich mit dem zuständigen Abteilungsleiter vom Verfassungsschutz, dem

Abwehrmann Hans Watschounek, und dem Bundesanwalt Ernst Träger, der von Generalbundesanwalt Martin mit der Führung des Falles beauftragt war. Als Watschounek mitteilte, dass Guillaume demnächst nach Südfrankreich in Urlaub fahre und dass eine flächendeckende Observation mit Genschers Genehmigung und in Kooperation mit den französischen Sicherheitskräften bereits veranlasst sei, beschloss man, das Ergebnis dieser Observation der Verfassungsschützer noch abzuwarten.

Träger hätte einen sofortigen Zugriff vorgezogen. Er war schon seit er vom Verfassungsschützer Nollau – mit einiger Verzögerung – die Guillaume zugeordneten Funksprüche aus den Jahren 1956 bis 1959 zur Prüfung bekommen hatte, der Meinung: »Wir müssen zugreifen, dann werden wir sehen, was rauskommt.« Aber nun gab er der hoffnungsvollen Erwartung des BKA nach, dem Agenten bei der Observation in Südfrankreich auf die Schliche zu kommen.

Das Bundeskriminalamt hätte nur dann sofort zugegriffen, wenn Guillaume sich nicht Richtung Frankreich, sondern Richtung DDR bewegt hätte. Dann hätte man versuchen müssen, ihn zur Not mit regulären Polizeikräften aufzuhalten – wegen »Gefahr im Verzug« sogar ohne Haftbefehl. Denn einen solchen hatte der Generalbundesanwalt noch nicht beantragen mögen; die Beweislage ließ das nicht zu. Das BKA hatte lediglich den Auftrag, Guillaumes Wohnung zu durchsuchen und das Ehepaar zur Vernehmung vorzuführen.

Die Leitung dieser Aktion übertrug Kriminaldirektor Scheicher dem Kriminalhauptkommissar Nikolaus Federau. Dieser, geboren in Ostpreußen als 16. Kind eines wohlhabenden Gutsbesitzers, begann seine Karriere nach dem Krieg als Streifenpolizist in Kiel und diente sich dann mit zweijähriger Spezialausbildung zum Kriminalbeamten hoch. 1960 kam er zur Sicherungsgruppe Bonn des BKA, konzentrierte sich auf das Thema Spionageabwehr, wurde in die Ermittlungsabteilung versetzt und war zum Beispiel mit von der Partie, als 1962 in Hamburg die Redaktionsräume des Nachrichtenmagazins *Der Spiegel* auf den Kopf gestellt wurden.

In einer Lagebesprechung am 11. April 1974, dem Gründonnerstag, an dem der Verdächtige frühmorgens gen Frankreich abgefahren war, bereitete Federau den Guillaume-Einsatz vor. Man ging von fünf Beschuldigten aus – die Familie Guillaume und ein befreundetes Ehepaar, plus eventuell drei weiteren, mit denen die Guillaumes Umgang gehabt hatten, an maximal sechs Durchsuchungsorten. Rund fünfzig Beamte wurden bereitgestellt, ein Codename wurde festgelegt: Operation Tango. Für den Fall, dass Guillaume unmittelbar nach Ostern zur Rückreise aufbrechen sollte, wurde die Einsatzbesprechung auf Ostermontag, 15. April, angesetzt. Da er aber länger blieb, verschob sich die Besprechung auf Dienstag, 23. April. Zugriff: 24. April, in aller Frühe. Diese Operation Tango war also beschlossene Sache und hatte nur insofern mit Guillaumes Verhalten an der Riviera zu tun, als er sich nicht in flagranti erwischen ließ. Am 22. April erfuhr Innenminister Genscher von dem bevorstehenden Zugriff, und auch Verfassungsschützer Nollau wusste: »Am 24. April sollte Guillaume vernommen und seine Wohnung durchsucht werden.« Aber Nollau verließ Bonn. »Ich hatte an jenem Tag in Brüssel zu tun.« Erst als er abends wieder zu Hause war, erkundigte er sich bei dem für die Sicherungsgruppe zuständigen BKA-Abteilungsleiter Karl Schütz, wie es denn gelaufen sei. Bestens, meldete Schütz, der Spion habe auch schon gestanden. Hatte er das wirklich? Und was?

Wie häufig bei solch dramatischen Ereignissen erinnern sich die Beteiligten ganz unterschiedlich. Guillaume will, als es um 6.32 Uhr an der Haustür klingelte, nur schnell einen Bademantel über den Schlafanzug gezogen haben und, als er sich dann einer »Amtshandlung« konfrontiert sah, von einem »Gefühl der eigenen Lächerlichkeit« angefallen worden sein, sich »schutz- und wehrlos preisgegeben« gefühlt haben. »Ich öffnete, sah eine Gruppe von Männern und eine Frau mit äußerlich unbewegten, aber innerlich erregten Gesichtern und wusste, was die Glocke geschlagen hat.« Er sei rückwärts in den Flur gedrängt und umringt worden, heißt es in der *Aussage*, habe sich »gestellt und bedroht« gefühlt. »Ich sagte: ›Ich bitte Sie‹, rief es mehr, als dass ich es einfach sagte: ›Ich bin Bürger der DDR und ihr Offizier – respektieren Sie das!‹« Der Autor Guillaume (oder sein Federführer Günter Karau) macht sich ziemlich viel Mühe, diesen Satz – den ein gelernter Agent, geschweige denn ein Meisterspion, nie hätte sagen dürfen – zu erklären als »ein völlig spontanes Wort, niemals zurechtgelegt für diesen Fall, herausgeschossen wie eine Stichflamme aus einer Explosion …«

Der Einsatzleiter Nikolaus Federau hat die Operation Tango so dramatisch nicht in Erinnerung. Er sei mit dem Kriminaloberkommissar Horst Schernich und noch vier oder fünf Mann angerückt, ohne Bundesanwalt, auch an eine Frau im Einsatzkommando erinnert er sich nicht. »Ich hatte nicht mal eine Pistole dabei.« Schließlich hatte er ja nur einen Durchsuchungsbefehl. Die vier Personen in der Wohnung – das Ehepaar Guillaume, Sohn Pierre und Christels Mutter Erna Boom – mussten sofort »separiert« werden. Das sei Vorschrift bei solchen Aktionen – »die sollen sich ja nicht irgendwie verständigen oder noch was verstecken können«. Christel habe geschwiegen oder »sich über uns lustig gemacht«, Günter Guillaume aber sei sehr nervös gewesen und habe »viel zu viel« geredet.

Federau »separierte« den Verdächtigen zunächst in der Küche, weil Guillaume einen Schluck kalten Tee trinken wollte. Als er das Glas nahm, zitterte seine Hand so stark, dass Federau dachte: Na, Freundchen, haben wir dich! »Immer wieder ritt Guillaume auf seiner Eigenschaft als Offizier der Nationalen Volksarmee herum.« Federau würde »auch heute noch auf meinen Eid nehmen«, wie er mir im Mai 2002 sagte, dass der Agent sich als Offizier der NVA bezeichnet habe. So ist der Satz damals auch kolportiert worden: Guillaume habe gebeten, seine Offiziersehre zu respektieren. In Nollaus Memoiren steht sogar, der Spion habe verlangt, nach der Haager Landkriegsordnung behandelt zu werden.

Alles Unsinn, behauptet Guillaume. »Da ich kein Offizier der Nationalen Volksarmee war, konnte ich nie auf den Gedanken kommen, mich als solcher auszugeben«, steht in der *Aussage*. Die Verhörprotokolle vom 24. April 1974 widerlegen das. Guillaume hat beides gesagt: dass er Offizier der NVA sei »und dies auch heute noch bin«, und dass er Offizier des MfS sei: »Da gibt es eine Identität.« So war es in der Tat. Aber so genau wollte Guillaume das gar nicht gewusst haben. Er sei immer ein Mann des »Außendiensts« gewesen, also ein OibE, ein Offizier im besonderen Einsatz. Mit den »inneren Strukturen unseres Ministeriums«, nämlich des Stasi-Ministeriums, und dessen Rangordnungen will er während der ganzen Zeit nie in Berührung gekommen sein. »Ich wusste nicht einmal von der Existenz einer ›Hauptverwaltung Aufklärung‹.« Bei seinen Kontakten sei immer nur von der »Zentrale« die Rede gewesen.

Wenn das wirklich so gewesen sein sollte – warum hat

er dann jenen Satz gesagt, der einem Geständnis gleichkam und den ihm seine Auftraggeber in der DDR nie verzeihen konnten? Guillaumes *Aussage* dazu: »Zuerst war da der Junge. Er hatte die Tür zu seinem Zimmer einen Spalt breit geöffnet. Ich sah nur seine großen verschlafenen Augen. ... Was ich dann sagte, sagte ich auch zu ihm.« Der siebzehnjährige Pierre konnte das damals nicht verstehen, so viel war seinem Vater klar. »Aber es war doch eine Botschaft, und er hatte Stoff zum Nachdenken.«

Diese Formulierung – sie stammt aus dem Jahr 1986 – lässt nicht erkennen, was Guillaume damals von der schweren, manchmal qualvollen Suche seines Sohnes nach einer neuen, eigenen Identität gewusst hat. Der Bruch zwischen Vater und Sohn, den Günter Guillaume gewiss immer gefürchtet hat, kam ein Jahr später. Da stellte Pierre, der seit 1975 mit der Großmutter in der DDR lebte und die Stasi-Betreuung dort nie wirklich loswurde, zum Jahreswechsel 1987/88 einen Ausreiseantrag – und das obwohl er inzwischen die Tochter eines HVA-Offiziers geheiratet und mit ihr einen Sohn hatte. Er wollte wieder in die Bundesrepublik, auch aus Protest gegen den Vater, den er – in der Paraderolle des herumgereichten Meisterspions – nun als »knallharten Stalinisten« sah. Vor allem aber: »Ich wollte auf keinen Fall, dass mein Sohn in diesem System zur Schule geht.«

Im April 1974 aber war der damals Siebzehnjährige wohl nur ratlos, konfrontiert mit einem Konflikt, den er, der eher links orientierte Godesberger Oberschüler, der »bei den Jusos mitgemacht« hat, unmöglich bewältigen konnte. Dieser Gedanke hat seinen Vater »bis zur Schlaflosigkeit in der Untersuchungshaft bewegt«, so die *Aussage*. Wenige Monate nach seiner Verhaftung, nämlich am 7. Oktober 1974, hat mir Günter Guillaume aus dem

Untersuchungsgefängnis in Köln-Ossendorf einen Brief geschrieben. Darin steht unter anderem: »Dankbar wäre ich, wenn der Halbsatz von der Offiziersehre, den ich nie ausgesprochen habe, von Ihren Kollegen begraben würde. Der eigentliche Adressat für meine Identitätsangabe war an dem bewussten Morgen übrigens Pierre. Der Junge sollte mit diesem Vater weiterleben können. Vielleicht verstehen Sie das.«

Zu verstehen war dieser Wunsch durchaus. Aber er hat nicht geholfen. Pierre Guillaume hat die Botschaft seines Vaters überhaupt nicht gehört – Christel übrigens auch nicht; die hörte sie von Federau. Erst am Nachmittag, so hat Pierre später erzählt, habe ein forscher junger BKA-Beamter, nämlich Schernich, ihn über den Tatverdacht gegen seine Eltern informiert. Fassungslosigkeit war die Reaktion und Unglaube. Der Vater, dieser rechte Sozialdemokrat und Antikommunist, ein DDR-Agent? So richtig geglaubt hat Pierre dies erst, als Mitarbeiter der Ständigen Vertretung der DDR in Bonn sich um ihn zu kümmern begannen.

»Ich weiß durch Gespräche mit meinen Eltern«, sagte Pierre in einem 2002 veröffentlichten Interview, »dass sie dieses Leben im Westen wirklich gelebt haben und dass diese Existenz, also das Alltagsleben und die Arbeit, nicht nur manchmal wichtiger oder echter wurde als die Arbeit für die HVA. Es gab wohl auch Phasen, in denen die Spionage geruht hat. Sie sind Bundesbürger geworden, zum Teil wirklich auch Sozialdemokraten, und haben auch in Gesprächen untereinander sozusagen die eigene Spionagetätigkeit völlig ausgeblendet.«

Mag sein. Aber Guillaumes »Identitätsangabe« am 24. April 1974 ermöglichte den Kriminalbeamten, ihn dem Ermittlungsrichter des Bundesgerichtshofs vorzuführen, noch am selben Tag einen Haftbefehl »aufgrund seiner eigenen Angaben« zu erwirken und am 25. April auch Christel Guillaume zu verhaften. »Wie ich bei meiner Vernehmung durch Beamte der Sicherungsgruppe bereits zum Ausdruck gebracht habe«, gab Guillaume zu Protokoll, »bin ich Offizier des Ministeriums für Staatssicherheit (MfS) in Ostberlin. In dieser Eigenschaft bin ich im Jahre 1956 in die Bundesrepublik eingereist.« Über seinen Dienstrang – er war damals Major – wollte er sich nicht äußern, ebenso wenig über Einzelheiten seiner Tätigkeit für das MfS. Aber: »Ich habe alles gemacht, was für meine Tätigkeit erforderlich war. Einzelheiten gebe ich nicht an.«

Das war das Geständnis – und das war auch schon fast alles. Die Durchsuchung der Wohnung in der Ubierstraße 107, erster Stock rechts, hatte nichts wirklich Beweiskräftiges erbracht: einen für Dokumentenaufnahmen präparierten, aber noch unbenutzten Super-8-Schmalfilm zum Beispiel. Und die Zugriffe an den übrigen Durchsuchungsorten waren Fehlschläge. Das in Godesberg vorläufig festgenommene Ehepaar Förster – der frankophile Horst Förster arbeitete wie Christel in der Hessischen Landesvertretung und gab ihr manchmal Französischunterricht – musste ebenso wieder auf freien Fuß gesetzt werden wie ein Westberliner Zahnarztehepaar, mit dem die Guillaumes im holländischen Hotel Zuiderbad einmal Urlaub gemacht hatten. Jedenfalls bildeten sie nicht den Agentenring, von dem der Innenminister zwei Tage später im Bundestag sprach.

Immerhin: Der Parteireferent des Bundeskanzlers hatte gestanden, ein DDR-Spion zu sein. Brandt erfuhr es nicht sofort, er war auf dem Rückflug von einer Staatsreise: »Ich kam mittags mit dem Regierungsflugzeug aus Kairo, hatte mit Sadat beraten, in den Tagen zuvor mit Boumedienne in Algier.« Der Kanzler war in bemerkenswert guter Verfassung. Egon Bahr, der ihn begleitet hatte – auch Brandts Sohn Lars war mit dabei –, hatte den Eindruck, das Ende der einjährigen Schwächeperiode sei nun gekommen: »Dass Brandt Spannkraft und Spaß am Regieren wiedergefunden hatte, erwies sich spätestens auf dem Rückflug von Ägypten. Er wollte die Regierung umbilden, wir bastelten die neue Kabinettsliste und skizzierten die Linien der Regierungserklärung unter dem Arbeitstitel ›Neuer Schwung für Europa‹. Es war wie in alten Zeiten.«

Auf dem militärischen Teil des Köln-Bonner Flughafens erwarteten Innenminister Genscher und Kanzleramtschef Grabert das Regierungsflugzeug. Brandt: »Schon auf Abstand war ihnen anzusehen, dass sie mir etwas Besonderes zu sagen hatten.« Bahr: »Als wir landeten, amüsierten wir uns über das große Aufgebot zum Empfang; denn so bedeutend sei die Reise gar nicht gewesen. Als wir ausstiegen, ging Genscher auf den Kanzler zu, und Horst Grabert nahm mich beiseite: ›Heute Früh haben wir Guillaume verhaftet. Er hat schon gestanden.‹«

Brandts gelassene Reaktion verblüffte Genscher: »Er zeigte den Gleichmut, den ich oft in schwierigen Situationen bei ihm beobachtet und auch bewundert habe. Rückschlüsse darauf, wie sehr ihn etwas bewegte, konnte man bei Willy Brandt nur schwer ziehen.« So war es auch diesmal. Brandts scheinbare Gelassenheit aber war eine Art Flucht. Und seine Aufbruchsstimmung war dahin.

In den *Erinnerungen* schildert er seine Empfindungen so: »Die Nachricht war ein Hammer, wenn auch nicht einer, der mich hätte betäuben können.« Gewiss, er kannte den Verdacht seit einem Jahr, und »ich hatte die Mutmaßung nicht ernst genommen und meine Menschenkenntnis –

nicht zum ersten Mal – überfordert gesehen«. Nun aber hätte er reagieren müssen – und tat es nicht. »Die Vernunft hätte geboten, dass ich mich nach meiner Rückkehr aus Nordafrika auf den akuten Spionagefall konzentrierte, alle Fakten auf den Tisch bringen ließe, alle nicht zwingenden Termine absagte. Stattdessen ging alles seinen gewohnten Gang.«

Keine Krisensitzung, keine Terminänderung, nur ein kurzer Austausch mit den Vertrauten: »Gleich nach Ankunft im Amt Gespräch mit Grabert und Bahr«, der ja nicht über den Verdacht informiert war, aber, wie der Kanzler erst jetzt erfuhr, frühzeitig Bedenken geltend gemacht hatte. Brandt musste sich bittere Vorwürfe anhören: Da Bahr nicht informiert war, sei er immer in Gefahr gewesen, den Spion Einzelheiten über die Ost-Verhandlungen erfahren zu lassen.

Aber sonst ging eben alles seinen gewohnten Gang: »Am Tag der Rückkehr Fahrt ins Adenauer-Haus, um Kiesinger zum siebzigsten Geburtstag zu gratulieren«, dem ungeliebten Amtsvorgänger. Hier erfuhr Brandt, dass die CDU Richard von Weizsäcker als Kandidaten für das Amt des Bundespräsidenten nominieren wolle; Walter Scheel würde also einen ernst zu nehmenden Gegenkandidaten bekommen. Ferner: 14.30 Uhr Fraktion, 17 Uhr Börner. Im Bungalow Koalitionsrunde »über das, was jetzt zur Reform des Bodenrechts möglich ist« – nämlich zu wenig; de facto ein Begräbnis zweiter Klasse für eine Reform, die der SPD sehr wichtig war. Danach, etwa 21 Uhr, »Gespräch im Amt mit Wehner«. Zum Thema Guillaume scheint Wehner sich ausgeschwiegen zu haben: »Von ihm kein Hinweis auf besondere Meinungen oder Intentionen. Abends beginnen Meldungen zu laufen« – über den Spion im Kanzleramt.

Sah Brandt denn nicht voraus, was für Konsequenzen diese Meldungen haben würden? Erst mal empfand er »erheblichen Zorn« über die politische Instinktlosigkeit der Verhandlungspartner in der DDR, die er nun wieder den »SED-Staat« nannte. »Was sind das für Leute«, schrieb er in *Über den Tag hinaus,* »die das ehrliche Bemühen um den Abbau von Spannungen – auch und gerade zwischen den beiden deutschen Staaten – auf diese Weise honorieren! Wäre es in der gegenwärtigen Großwetterlage wahrscheinlich, dass sich Breschnew und Nixon der Spitzelei im Vorzimmerbereich bedienen?« Offenbar war Brandt der Meinung, er bleibe von solchen Praktiken ausgenommen. Aber war er denn nicht gewarnt worden? »Gewiss muss ich mich fragen, ob ich leichtgläubig gewesen sei. Ein solcher Eindruck wird sich vermutlich festsetzen.« Das immerhin ahnte er.

Am nächsten Tag Routinetermine, lustlos. Morgens flog Brandt zur Eröffnung der Hannover-Messe. Um 13.30 Uhr tagte in Bonn die SPD-Fraktion, »vor der ich mich nicht äußere«, obwohl sie auf die Nachricht von Guillaumes Verhaftung mit tiefer Niedergeschlagenheit reagierte. Brandt fuhr auch nicht zurück ins Amt, sondern arbeitete in seinem Bundeshaus-Büro an einem Beitrag zur Parlamentsdebatte über die Reform des Paragrafen 218 am folgenden Tag.

Offenbar noch kein Gedanke an Rücktritt. »Ich habe die Sache von Anfang an nicht ernst (genug) genommen und unterbewerte (unterbewusst?) jetzt ihre Auswirkungen«, heißt es in den bald nach dem Rücktritt entstandenen *Notizen.* »Dafür, dass ich das Ausmaß des Eingetroffenen jedenfalls vor mir herschob, spricht auch, dass ich im Laufe des Freitagvormittag im Bundestag eine längere Rede zur Reform des Par[agrafen] 218 hielt (der ich in der Nacht zuvor den letzten Schliff gegeben hatte).« Eine sehr differenzierte Rede übrigens. Brandt war ursprünglich gegen die von seiner Partei favorisierte Fristenlösung und stimmte ihr auch nur *contre cœur* zu – vielleicht weil es ihn gar nicht gegeben hätte, wenn seine neunzehnjährige ledige Mutter damals hätte abtreiben lassen.

Auch dass »ich mich während der ›Aktuellen Stunde‹ ohne Vorbereitung äußere, spricht nicht dafür, dass ich mich unter gefährlichem Druck gefühlt hätte« – das schreibt er volle fünfzehn Jahre später in den *Erinnerungen*. Und »dass ich zu einem wichtigen Punkt eine unrichtige Auskunft gebe, die auch nicht gleich korrigiert wird, zeigt nicht nur, wie einen das Gedächtnis im Stich lassen, sondern auch, wie peinlich sich eine unzulängliche bürokratische Begleitung auswirken kann.« Das ist wohl wahr. Nur stimmt es nicht, dass Brandt völlig unvorbereitet gewesen sei. Er hat alle entscheidenden Punkte seiner Erklärung in dieser »Aktuellen Stunde« vorher selbst von Hand aufgeschrieben, etwas ungeordnet und mit Kringeln und Pfeilen verbunden wie viele seiner Notizen. Man kann diese Notizen im siebten Band der *Berliner Ausgabe* seiner Schriften im Faksimile nachlesen, allerdings nicht die Stelle, an der er die Feststellung, der Agent sei nicht mit Geheimsachen befasst gewesen, mit den Worten »von mir« ergänzt.

Aber auch fünfzehn Jahre nach dem Ereignis hat Brandt die – wirklich unglaubliche – Behauptung wiederholt, er habe Guillaumes Anwesenheit in Norwegen einfach vergessen: »Und, subjektiv korrekt, doch in der Wirkung fatal, da mir Guillaumes Anwesenheit an meinem Urlaubsort im zurückliegenden Sommer völlig entfallen ist: Der Agent sei von mir nicht mit Geheimsachen befasst worden, dies habe nicht zu seinen Aufgaben gehört.«

Das sei »noch nicht geklärt«, rief der CSU-Landesgruppenchef Richard Stücklen an dieser Stelle dazwischen. Die parlamentarische Opposition wusste wohl schon in der »Aktuellen Stunde« besser Bescheid als der Kanzler und zeigte sich auch in den folgenden Tagen erstaunlich gut über die Affäre Guillaume informiert. Dass die Opposition im Kölner Verfassungsschutzamt und vor allem beim Bundesnachrichtendienst in Pullach Sympathisanten sitzen hatte, die Franz Josef Strauß lieber mochten als Willy Brandt, war weder neu noch besonders verwunderlich. Da würden alte Rechnungen beglichen, meinte damals ein Vertrauter des Kanzlers: Rache für Horst Ehmkes Versuche, bei der Regierungsübernahme 1969 die CSU-Zellen in den Diensten zu »knacken«.

Brandt begann zu schwanken. Die geplante Regierungsumbildung, jedenfalls die von ihm favorisierte »kleine Lösung«, wollte er nicht aufgeben. Sie war am Nachmittag dieses 26. April Thema eines Treffens mit den SPD-Ministern im Kanzlerbungalow. Aber auch hier drängte sich der Fall Guillaume nach vorne. Ehmke referierte die Umstände der Einstellung Guillaumes und hob dabei die Empfehlungen von Leber und Ehrenberg hervor. Danach sprach Brandt allein mit Helmut Schmidt, der das Revirement nicht mitmachen, sondern in den Fraktionsvorsitz zurück oder ganz aus der Regierung ausscheiden wollte. Über die Spionageaffäre sagte Brandt »mehr instinktiv – wir werden es hier vielleicht mit einem ›Naturereignis‹ zu tun bekommen«. Kommentar dazu in den *Erinnerungen:* »Also scheine ich schon nicht mehr sicher gewesen zu sein, ob die Turbulenz heil zu überstehen sei.« Auch seine Gesundheit ließ ihn jetzt im Stich. Eine Magen- und Darmverstimmung, die er sich am Nil eingefangen hatte, und zwei heftig schmerzende Backenzähne zwangen ihn zur Bettruhe.

Bereits in den ersten Tagen der Vernehmung des verhafteten Agenten äußerte dieser – außerhalb des Protokolls – den verblüffenden Wunsch, mit dem Kanzler sprechen zu wollen. Man muss für möglich halten, dass Guillaume deutlicher erkannte als Brandt, was für ein skandalträchtiges Problem die Einschaltung des »Adjutanten« beim Vermitteln privater Kontakte des Kanzlers war. »Wenn es stimmt«, schrieb Rudolf Augstein damals Brandt ins Stammbuch, »dass er auch dann noch ein ›Privatleben‹ hatte, als Guillaume ihm schon als verdächtig gemeldet war, ... und wenn es weiter stimmt, dass Teile dieses Privatlebens sich unter den Augen des verdächtigten Referenten abgespielt haben, dann war ihm nicht zu helfen«, dem Kanzler nämlich. Guillaume wollte ihm aber helfen, er wollte ihm wahrscheinlich sagen: Keine Sorge, Chef, von mir erfährt niemand was – wirklich niemand; auch den Genossen in der DDR habe ich's nicht gemeldet.

Den ihn vernehmenden Kriminalbeamten Federau und Schernich hat er nichts darüber gesagt. Auf den Hauptkommissar Nikolaus Federau, den er als missmutigen und galligen Menschen beschrieben hat, wirkte er wie ein »Volksschüler«, dem es vor allem darauf ankam klarzumachen, dass er nicht so ein mieser kleiner Schnüffler, sondern ein politischer Intimus des Kanzlers sei. Vor allem außerhalb des Protokolls habe der Agent sich »um Kopf und Kragen geredet«, so Federau, aber eben nur was seine vermeintliche Bedeutung als Adlatus des Friedenskanzlers anging. Das Protokoll führte Oberkommissar Schernich, den Guillaume schon in Frankfurt als einen der Leibwächter Georg Lebers kennen gelernt hatte und dem er nun übel nahm, dass er sich abends gelegentlich um Pierre bemühte.

Zu diesem Zeitpunkt hegte Guillaume noch die Hoffnung auf einen schnellen, diskret arrangierten Austausch mit West-Agenten und er will in den Vernehmungen deshalb »eine gewisse Bereitwilligkeit des Antwortens« angedeutet haben. Als seine Bitte, den Kanzler zu sprechen, ignoriert wurde, schickte er am 1. Mai aus dem Untersuchungsgefängnis einen Brief an den SPD-Genossen Friedhelm Merz, der in der »Schreibstube« des Bundeskanzleramts tätig war: »Ich würde gern mit Euch und dem Chef Willy Brandt über alles diskutieren, denn ich bin nicht mehr und nicht weniger als Euer politischer Gegner.« Außerdem habe er auf der letzten Niedersachsen-Reise 250 Mark Spesen verauslagt, die er nun seinem Sohn Pierre auszuhändigen bitte. »Helft dem Jungen!«

Nicht verheimlicht hat Guillaume nur seine eigenen Affären, denn die traten ohnehin schon bald zutage (manchmal wussten die Christdemokraten und die mit ihnen paktierende Presse so etwas schneller als die amtlichen Ermittler): besonders jene Beziehung zu der damals 27-jährigen Marieluise M., der Sekretärin des Staatssekretärs Gaus, die davor im Sekretariat des Ost-Unterhändlers Egon Bahr tätig war, und zu der noch deutlich jüngeren Blondine Ellen K., mit der Guillaume schon während seiner Zeit als Bonner Junggeselle angebandelt hatte und die dann ins Vorzimmer seines Förderers Herbert Ehrenberg kam (und alsbald heiratete).

Die Damen waren geständig, jedenfalls was die amourösen Beziehungen zu Guillaume betraf, beharrten aber darauf, mit ihm nicht über Dienstliches gesprochen zu haben. Viel mehr als einen Verdacht gaben diese Verhältnisse nicht her. Man musste mehr erfahren. Man erfuhr auch mehr. Aber nicht über den Agenten und seine Amouren, sondern über den Bundeskanzler.

Am Tag der Verhaftung Guillaumes und auch noch einen oder zwei Tage später war der für das Verfahren verantwortliche Bundesanwalt Ernst Träger bei der Sicherungsgruppe des BKA in Bad Godesberg. Am Abend des 25. April, einem Donnerstag, sah er noch Licht im Büro des Abteilungsleiters Karl Schütz und ging hinein. Schütz saß über ein Papier gebeugt und murmelte etwas wie: »Ein Sumpf, ein Sumpf!« Viel deutlicher wurde er dem Bundesanwalt Träger gegenüber nicht, machte nur vage Andeutungen über des Kanzlers Leibwächter und dessen Privatleben. Aber er sagte, der Chef des Bundeskriminalamts, Dr. Horst Herold, müsse von der Sache wissen, denn so etwas müsse aufgeklärt werden.

Was auf dem Papier stand, das Schütz vor sich hatte, bleibt ungewiss. So gut wie sicher ist, dass um die fragliche Zeit der Kriminalrat Gernot Mager bei der Sicherungsgruppe angerufen und sich nach Details des Falles Guillaume erkundigt hat. Mager hatte seine Oberen, den Personenschützer Wolfgang Steinke zum Beispiel, früher schon einmal auf lockere Sitten im so genannten Kanzlerkommando hingewiesen und angeblich sogar die Versetzung des Kommandoführers Ulrich Bauhaus empfohlen. Gernot Mager war Referatsleiter in der Sicherungsgruppe – es gab dort drei Referate: Bundespräsident, Bundeskanzler, Rest der Regierung –, war bei Kanzlerreisen häufig als Vorauskommando unterwegs, hatte also mit Bauhaus direkt zu tun. Dessen Lebensweise war ihm offenbar ein Dorn im Auge. Mager soll es gewesen sein, der angebliche Bauhaus-Sprüche wie »Willy, du musst jetzt ins Bett« kolportierte und erzählte, dass Bauhaus auf Reisen gelegentlich von »Schnepfen« rede, für deren Bezahlung »der Referent«, also Guillaume, zuständig sei.

Dieser Mager nun meldete sich telefonisch von einem

Lehrgang an der Bundessprachenschule bei den Kollegen in Godesberg und fragte, ob es denn stimmen könne, was er eben in den Nachrichten gehört oder in der Zeitung gelesen habe: dass der Kanzler seit längerer Zeit von dem Verdacht gegen Guillaume gewusst habe. Das sei doch nicht zu fassen, sagte er, als man ihm dies bestätigte, denn Guillaume habe dem Kanzler noch vor vierzehn Tagen, auf der Niedersachsen-Reise, Mädchen »zugeführt«.

So wurde an jenem 26. April, an dem Willy Brandt dem Bundestag morgens »subjektiv korrekt, doch in der Wirkung fatal« die Unwahrheit gesagt hatte, eine zweite dramatische Handlungsebene sichtbar, deren Dramatik aber kaum einer erkannte. Bundesanwalt Träger, der auch von Kriminaldirektor Scheicher zu erfahren versuchte, was denn eigentlich los sei im Kanzlerkommando, aber wieder nur vage Antworten bekam, hielt das Ganze zunächst für ein internes Problem der Dienstaufsicht des BKA.

Um 15 Uhr wurde BKA-Chef Herold in Wiesbaden vom damaligen Leiter der Sicherungsgruppe Bonn, Dr. Hans Wilhelm Fritsch, angerufen und um Aussagegenehmigung für Brandts Chefbewacher, Kriminalhauptkommissar Ulrich Bauhaus, gebeten. Die Genehmigung solle sich auch auf den Komplex »Amouren« erstrecken, denn Bauhaus kenne Guillaume und die »Intimverhältnisse« ganz genau. Herold ließ die Genehmigung sofort ausstellen. Er bezog die Intimverhältnisse auf Guillaumes Umgang mit den Vorzimmerdamen. Aber das war wohl ein Missverständnis.

Dass es auch darum ging, was Guillaume über Brandts Intimverhältnisse wissen könne, das will Herold erst ein paar Tage später erkannt haben, nachdem er selbst einige Beamte aus dem Kanzler-Begleitkommando angehört hatte. Am 1. Mai rief er in dieser Angelegenheit Fritsch an und warf ihm vor, verschwiegen zu haben, dass es auch um Brandts Privatleben ging. Fritsch räumte ein, dies nicht ausdrücklich erläutert zu haben. Aber dass es Amouren des Kanzlers gebe, das habe »doch jeder gewusst«.

Nun sind Horst Herold und Hans Wilhelm Fritsch ohne jeden Zweifel ehrenwerte Männer, und wer sie beide, wie ich, kennen gelernt hat, wird sie nicht leichthin verdächtigen, eine politische Intrige zum Schaden des Kanzlers angezettelt zu haben. Herold, der die »Rasterfahndung« erfunden, also die elektronische Datenverarbeitung in den Dienst der Verbrechensbekämpfung gestellt hat, ist Sozialdemokrat und hat Willy Brandt damals verehrt. Und Fritsch, Mitglied der FDP, hätte wohl kaum Polizeipräsident in Wuppertal und in Bonn werden wollen (und ist es dann auch geworden), wenn er darauf aus gewesen wäre, der sozialliberalen Koalition das Leben sauer zu machen.

Außerdem stimmte es ja, dass Willy Brandts *womanizing* kein Geheimnis war. Vielleicht war es nicht »jedem« bekannt, doch ein großer Teil des Bonner Pressekorps wusste seit langem davon, schrieb aber nicht darüber. Im Oktober 1973 kursierten dann Gerüchte, dass »Schmutzjournalisten an einer Story über Frauenaffären des BK arbeiten«, wie Brandts Bürochef Reinhard Wilke vermerkte. Und Klaus Harpprecht notierte im März 1974 nach einem Gespräch mit der Korrespondentin Stéphane Roussel vom *France Soir*, es würden »offensichtlich auch Zettel oder Flugblätter mit Weibergeschichten von WB herumgereicht«. Brandt selbst tat wenig, das zu verhindern. Er war in solchen Dingen fast so leichtsinnig wie weiland John F. Kennedy im Umgang mit seinen *liaisons dangereuses*.

In der Godesberger Sicherungsgruppe, die Fritsch unterstand, machten des Kanzlers Vorlieben für weiblichen Umgang hinter vorgehaltener Hand seit geraumer Zeit die Runde. Gewiss kannte Hans Wilhelm Fritsch solche

Geschichten und nahm an, Herold kenne sie auch. Immerhin hatte er ihn schon vor Monaten einmal angerufen und ihm die Frage gestellt: »Geht uns das Privatleben unserer Schützlinge etwas an?« Auch Verfassungsschutzchef Nollau behauptet in seinen Memoiren, dass Fritsch ihm 1973 diese Frage gestellt habe, was der gegenüber dem *Spiegel* freilich bestritten hat. Herold hingegen erinnert sich an Fritschs Frage, will damals aber nicht Lunte gerochen, sondern schlicht mit »Nein« geantwortet haben.

Dr. Wolfgang Steinke, später Herolds persönlicher Referent, war von 1968 bis 1970 in der Sicherungsgruppe für Personenschutz zuständig, und schon damals kam ihm zu Ohren, dass der für Brandt verantwortliche Kommandoführer, eben jener Ulrich Bauhaus, seinem Chef »Frauen zuführe«. Bauhaus hatte Willy Brandt schon bewacht, als dieser noch Außenminister war, hielt sich seither, nicht ohne Grund, für einen Vertrauten seines Schützlings und verbarg das auch nicht. Kollegen, denen er imponieren wollte, zeigte er zuweilen ein kleines, nach Städten gegliedertes Telefonbuch mit den Nummern von Frauen, darunter auch Journalistinnen, die Brandt, wenn er unterwegs war, manchmal gern anrufen ließ. Steinke, der dieses Büchlein zu sehen bekam, verbat Bauhaus die Herstellung solcher Kontakte, obwohl er dazu vom BKA-Chef (Herolds Vorgänger Paul Dickopf) nicht ermächtigt worden war und auch nicht annahm, dass Bauhaus sich an die Order halten werde.

Dieser Ulrich Bauhaus, der im Mai 1996 gestorben ist, war schon wegen seiner hünenhaften Gestalt ein guter Leibwächter und seinem Chef bedingungslos ergeben. Er liebte den Kanzler und wollte von ihm geliebt werden. Dass Brandt, bei aller gelegentlichen Kumpanei, zu einer solchen »Männerfreundschaft« nicht bereit, wohl auch gar nicht fähig war, dürfte Bauhaus ebenso wenig begriffen haben wie Günter Guillaume. Brandt ärgerte sich oft über die Omnipräsenz der Sicherheitsleute und beschwerte sich zuweilen bei Reinhard Wilke über diese »Nichtstuer« (zum Beispiel nach dem Norwegen-Urlaub) und deren Benehmen. Was Bauhaus als Kommandoführer der etwa zwanzigköpfigen Kanzler-Begleitmannschaft auf die Dauer zum Problem werden ließ, war vor allem seine Neigung, mit der Nähe zum Kanzler anzugeben – zum Beispiel bei feucht-fröhlichen Zusammenkünften mit Journalisten beiderlei Geschlechts – sowie seine in den Jahren der Gemeinsamkeit gewachsene Überzeugung, er könne sich alles erlauben, denn Brandt werde ihn auf jeden Fall decken. Es gab Streitereien im Begleitkommando, auch mal eine Prügelei, an der Bauhaus beteiligt war. Und Brandts Fahrer Hans Simon fiel damals auf, dass Bauhaus spätestens 1973 »stark abbaute«; er habe im Auto oft so hemmungslos geredet, dass Rut Brandt nach einer solchen Fahrt einmal gefragt habe, ob der Mann Alkoholiker sei.

Bauhaus also wurde in den folgenden Tagen zunächst von Regierungskriminaldirektoren des BKA, den Herren Schütz und Roemelt, dann auch von Günther Scheicher vernommen – was dafür spricht, dass es sich vor allem um eine »dienstrechtliche Anhörung« und nicht um Ermittlungen im Strafverfahren Guillaume handelte. Bei mindestens einer dieser Vernehmungen muss der Leibwächter sich – immer außerhalb des Protokolls – in Rage geredet haben, weil er wütend darüber war, dass Guillaume seit einiger Zeit in eine Tabuzone eindrang, die Bauhaus für sich reklamierte: die Herstellung von Kontakten zwischen dem Kanzler und den Frauen, die er zu sehen wünschte. Die BKA-Direktoren beschlossen, ihren Chef ins Bild zu setzen.

Am Samstagmorgen, 27. April, 11 Uhr, waren Schütz

und Roemelt ohnehin bei Herold in Wiesbaden zu einer Routinesitzung, vor deren Beginn Schütz darum bat, Herold allein zu sprechen; es gehe, seiner Meinung nach, um ein Staatsgeheimnis. Schütz referierte, was er von Mager und nun auch von Bauhaus gehört hatte. Mager solle sofort anreisen. Außerdem müsse der Generalbundesanwalt »über diesen Anfangsverdacht eines weiteren Verratsumfangs« (Herold) unterrichtet werden.

Nun sind auch die BKA-Herren so »elektrisiert« wie weiland Genscher. Die Situation erinnert an einen Fernsehkrimi, wenn die Ermittler plötzlich losbrausen und diese mobilen Blaulichter auf ihre zivilen Autos stellen, von deren Dächern sie dann auch in den schärfsten Kurven nicht mehr herunterfallen. Jedenfalls sind die Zutaten für einen richtigen Krimi nun komplett: Sex and Crime im Milieu der Mächtigen. Der Ablauf der Ereignisse gewinnt eine Eigenbeschleunigung, die anders kaum zu erklären wäre.

Montag, 29. April, BKA-Chef Herold ist um 7.45 Uhr bei der Sicherungsgruppe in Bad Godesberg. Er will Genscher berichten, ruft ihn an. Genscher ist auf einer Verwaltungsratssitzung des ZDF in Mainz, muss aber um 12.15 Uhr dort weg. Herold soll sofort per Hubschrauber nach Mainz kommen. Die Ankunft des einbestellten Gernot Mager verzögert sich, Herold trifft ihn erst auf dem Weg zum Hubschrauber, befragt ihn in aller Eile, ob es stimme, dass Guillaume dem Kanzler Frauen zugeführt habe. Mager bestätigt, er habe selbst mehrmals erlebt, wie Guillaume zur Nachtzeit an den Sicherheitsbeamten vorbei »Frauen in das Sonderzugabteil des Kanzlers geschleust und anschließend im Nebenabteil geruht habe« (Herold).

Der Hubschrauberflug dauert wegen Nebels etwas länger. Als Herold in Mainz landet, ist die ZDF-Verwaltungsratssitzung bereits beendet. Eher zufällig trifft er den Innenminister in einem Nebenzimmer noch an – in außerordentlich vertrautem Gespräch mit dem CDU-Vorsitzenden Helmut Kohl, der auch dem Verwaltungsrat des ZDF angehört. Wieder in großer Eile, denn Genscher muss um 14 Uhr auf Schloss Gymnich bei Bonn eine Innenministerkonferenz eröffnen, schildert Herold ihm, dass Guillaume sich offenbar »Kompromate« beschafft habe, also von kompromittierenden Situationen wisse, und schlägt vor, sofort den Generalbundesanwalt zu verständigen. Genscher sagt, nichts solle vertuscht werden, er übertrage es Herold, das Notwendige zu tun – und fliegt ab.

Wieder in Wiesbaden versucht Herold um 12.50 Uhr, den designierten Generalbundesanwalt Buback zu erreichen, vergebens. Kurz darauf ruft Genscher an. Er habe während des Fluges nachgedacht, die Sache sei schwerwiegend, es müsse unbedingt geklärt werden, ob es sich um Fakten oder bloß um Redereien handle. Genscher schlägt Herold vor, »die Vermutungen zu untermauern«, überlässt ihm aber die Entscheidung. Der BKA-Chef stimmt dem Vorschlag zu und verspricht einen Bericht bis 19 Uhr. Er bestellt Schütz und Scheicher, die Mager noch weiter befragt haben, für 15 Uhr nach Wiesbaden, dann Mager selbst. Dieser gibt ihm eine »detaillierte und mit Namen und Zeitpunkten belegte Darstellung von zahlreichen Fällen«, die Herold in einem Aktenvermerk festhält. Um 19.15 Uhr berichten Herold und Schütz dem Innenminister auf Schloss Gymnich über Magers Aussagen.

Bei dieser Gelegenheit wird »abgewogen, ob weitere Beamte angehört werden sollten« – so Herolds Erinnerung. Genscher sei der Meinung gewesen, man solle noch den Sicherheitsbeamten Karl Willeck anhören, den Mager in seinen Erzählungen offenbar als den Mann bezeichnet hat, der morgens in einem Hotelbett des Kanzlers ein Collier gefunden habe. Willeck wird noch am selben Abend von Günther Scheicher nach Godesberg einberufen und angehört. Er schildert »zahlreiche Fälle, in denen Beamte des Begleitkommandos dem Kanzler Frauen zugeführt hatten«, so Herold. In keinem dieser Fälle aber ist ein direkter Zusammenhang mit Guillaume herzustellen, schon gar nicht im »Collier-Fall«.

Kriminalhauptkommissar Karl Willeck, Oberschlesier, Polizist »von der Pike auf«, hat mir im April 2002 versichert, er selbst habe dem Kanzler nie »Frauen zugeführt«. Er ist überzeugt davon, sauber geblieben zu sein – im Unterschied zu dem Kommandoführer Bauhaus zum Beispiel, der ja eben kein gelernter Polizist gewesen sei, sondern aus dem Passkontrolldienst komme, aber gleich in dic SPD eingetreten sei. Willeck, der Stellvertreter von Bauhaus, hat aber nicht verhindern können, dass die hohen Chefs – er nennt sie »die Sirs« oder, wenn sie promoviert sind, »Herr Doktor« – einen rechtschaffenen kleinen Mann wie ihn zuweilen instrumentalisierten. Im »Collier-Fall« zum Beispiel. Der ereignete sich im Herbst 1969; Guillaume war noch gar nicht im Kanzleramt. Schauplatz: Hotel Interconti Hannover. Willeck räumt des Kanzlers Zimmer auf, findet im Bett das Collier. Als er dem Kanzler davon erzählt, nennt der ihm völlig gelassen einen Namen, vielleicht auch eine Zimmernummer – eine Stewardess, meint Willeck. Er habe dem von Brandt genannten jungen Mädchen das Geschmeide zurückgebracht – mit ein paar ermahnenden, von der Sorge um die Sicherheit des Kanzlers diktierten Worten.

Genscher erfährt von der Willeck-Aussage am nächsten Morgen in Wiesbaden, als er um 10.45 Uhr zur Präsentation des INPOL-Systems eintrifft – einer von Herold eingeführten Computer-Innovation, die es seit 1972 ermöglicht, Informationen in Sekundenschnelle aus der BKA-Zentrale an die Ermittler weiterzugeben. Am Rande dieser Veranstaltung schlägt Herold dem Innenminister vor, nur jene bisher bekannt gewordenen »Fälle« dem Generalbundesanwalt zu melden, die sich auf Guillaume beziehen, denn nur sie seien strafrechtlich von Bedeutung. Willecks Aussage hat dazu nichts beigetragen.

Auch deshalb wohl entschließt man sich, weitere Sicherheitsbeamte zu befragen. Wie und auf wessen Initiative dieser Entschluss zustande kommt, ist bis heute umstritten. Sicher ist nur, dass etwa vier weitere Beamte aus dem Kanzler-Begleitkommando von BKA-Direktoren »informatorisch angehört« worden sind, ohne Protokoll, die Herren machten sich allenfalls Notizen. Und so begann, ausgelöst durch ein paar außerprotokollarische Bemerkungen, jener Teil der Ermittlungen, den Willy Brandt als Ausforschung seiner Privatsphäre empfunden hat; der ihn hat argwöhnen lassen, es gehe den Staatsschützern mehr um den Kanzler als um den Spion.

An diesem Wochenende des 27./28. April lag er zu Hause krank im Bett. »Banalitäten des eigenen Wohlbefindens schieben sich störend ins Bild«, so beschrieb er selbst die Situation. Gespräche mit politischen Freunden führte er trotzdem und arbeitete im Rahmen des Möglichen weiter, auch am geplanten Revirement.

Frühmorgens am Montag ging er zum Zahnarzt. Zwei Backenzähne wurden gezogen, rechts oben, ganz hinten. Brandt erschien dennoch »mit dicker Backe« bei der morgendlichen »Lage« im Kanzleramt, was er nicht allzu oft tat. Der Fall Guillaume dominierte die Diskussion. Im Amt waren inzwischen nicht nur die Umstände der Einstellung

Guillaumes noch mal durchdekliniert, sondern mithilfe der Registratur auch einige der Geheimsachen ermittelt worden, die dieser in Norwegen vom Ticker genommen und gelesen hatte. Brandt wurde langsam aber sicher klar, von wie vielen falschen Annahmen er ausgegangen war und wo er sich anders hätte verhalten müssen. »Ich Rindvieh«, notierte er unter dem Datum des 29. April, »hätte mich auf den Rat eines anderen Rindviehs nie einlassen dürfen!« Das andere Rindvieh war wohl Genscher, auch wenn der Rat von Nollau kam; der aber durfte den Innenminister damals nicht zum Kanzler begleiten. Offenbar wuchsen Brandts Zweifel, dass er sein Verhalten überhaupt werde verständlich machen können.

Grundlos war sein Zorn auf das »andere Rindvieh« gewiss nicht. Genscher agierte in diesen Tagen offenbar am Rande einer Panik. Seine Angst, der Fall Guillaume könne ihm kurz vor dem fest vereinbarten Aufstieg aus dem Innenministerium ins Amt des Außenministers und Vizekanzlers doch noch die Karriere verhageln, muss gewaltig gewesen sein. Als der mit erheblich besseren Nerven ausgestattete Verfassungsschutz-Chef Nollau sich bei ihm zu Beginn jener Woche in eine – seit längerem geplante – Kur verabschiedete, versuchte Genscher, die Verantwortung für die Spionageaffäre von seinem Zuständigkeitsbereich weg und auf das Kanzleramt zu lenken. Wie *Der Spiegel* unwidersprochen berichtet hat, ließ Genscher »in seinem Ministerium eine Vier-Punkte-Erklärung mit dem maschinengeschriebenen Kopf ›Bundesamt für Verfassungsschutz‹, aber ohne Unterschrift verfassen und ohne Wissen des Kanzlers ... ausstreuen«. Knackpunkt: Der damalige Kanzleramtschef Ehmke habe Guillaume eingestellt, obwohl sein Amt, zumindest mündlich, über die Verdachtsmomente gegen diesen unterrichtet worden sei. Außerdem sei das Kanzleramt für Guillaumes Sicherheitsüberprüfung zuständig gewesen, das BfV habe nur »Amtshilfe« geleistet. Man könnte das eine Denunziation nennen, hätte Genscher nicht wenig später vor der FDP-Fraktion behauptet, die Vier-Punkte-Erklärung sei mit Kanzleramtschef Grabert »abgestimmt« gewesen.

Der bereits in die Kur aufgebrochene Nollau wurde, kurz bevor er Bad Tölz erreichte, von Genscher per Autotelefon angerufen und nach Köln zurückbeordert – aber nicht deswegen, sondern weil seine Kur in einigen Blättern nun als maskierter Hinauswurf interpretiert wurde. Nach Rückkehr ins Amt ließ Nollau ein Dementi los, das die Vier-Punkte-Erklärung stark abschwächte. Deren Echo in der oppositionsfreundlichen Presse war dennoch beträchtlich. Besonders *Bild* nahm Ehmke ins Visier.

Am frühen Abend des 29. April rief Brandt Horst Ehmke in Stuttgart an und bat ihn, trotz lokaler Wahlkampfverpflichtungen sofort zu ihm nach Bonn zu kommen. Brandts *Notizen* zufolge traf Ehmke etwa um 22.30 Uhr am Kiefernweg ein. Kanzleramtschef Grabert war entweder schon dort oder kam später dazu; da erinnern die Beteiligten sich unterschiedlich. Wie auch immer: In dieser Nacht war zum ersten Mal ernsthaft von Rücktritt die Rede.

Rückblickend hat Brandt in einem langen Gespräch mit mir im Mai 1978 diesen Abend als entscheidend zumindest für die Erkenntnis dargestellt, er werde nicht ungeschoren bleiben: »Ich habe Ehmke kommen lassen. Grabert war zunächst bei mir, als mein damals formal engster Mitarbeiter im Kanzleramt. Ehmke ist am späteren Abend gekommen, und ich bin mit ihm den Fall G. durchgegangen. In diesem freundschaftlichen Gespräch bin ich zu dem Ergebnis gekommen: Die Verantwortung wird formal bei mir hängen bleiben – und es gibt keine oder kaum eine

Möglichkeit, dies durch Rücktritte anderer zu heilen. Ich habe ja dann allerdings auch niemanden getroffen, der dazu bereit gewesen wäre.«

Das entspricht der Schilderung, die Brandt erheblich früher in den *Notizen* aufgeschrieben hat: »Ich überrasche meinen (meine) Gesprächspartner damit, dass ich unter Zurückweisung jeden Widerspruchs sage, a) ich hätte meine eigene Verantwortung für die Einstellung G., insbesondere in meinem engeren Bereich zu übernehmen« – obwohl der damals zuständige Ehmke vom Verfassungsschutz grünes Licht bekommen hatte – und »b) ich fühle mich insbesondere verantwortlich dafür, dass G. ab Frühsommer '73 in seiner Funktion belassen wurde« – in seiner Funktion als Reisemarschall zum Beispiel, der nächtens im Salonwagen sein Abteil neben dem des Kanzlers hatte.

»Es lief auf ihn zu«, so Arnulf Baring im *Machtwechsel* über Brandts Empfindungen an diesem Abend. »Seine dunklen Vorahnungen nahmen allmählich Gestalt an: die eigene. Und warum? Weil der couragierte Ehmke, der sonst keinen Konflikt scheute und nicht leicht aufgab, Brandt in dieser Unterredung voraussagte, er werde da niemals heil durchkommen.« Ehmke artikulierte, was Brandt im Laufe des Tages schon begriffen hatte: Niemand werde ihm so viel Naivität abnehmen, keiner werde seinen großzügigen Umgang mit geheimen Staatspapieren verständlich oder gar entschuldbar finden. Dem beschwichtigenden Grabert fuhr Ehmke barsch über den Mund. »Ich hätte ihn auf den Mond schießen können.« Aber Ehmke ließ es nicht beim Schimpfen, er offerierte dem Kanzler auch Konsequenzen. »Ich bot ihm meinen Rücktritt an. Davon hielt er nichts, ebenso wenig wie später Wehner, da die Versäumnisse bei der Einstellung im Wesentlichen beim Verfassungsschutzamt gelegen hatten ...«

Ohne Zweifel hat Brandt auch an den eigenen Rücktritt gedacht, hat den Gedanken aber abgewiesen. Ehmke bestätigt das in seinen Memoiren *Mittendrin:* »Brandt dachte zum ersten Mal an Rücktritt. Für diesen Fall müsse Helmut Schmidt übernehmen. Noch wolle er aber kämpfen.« Brandt selbst notiert: »Ehmke stellte zur Diskussion, ob nicht ein Rücktritt gegenüber der zu erwartenden Erosion vorzuziehen sei. Grabert widersprach lebhaft und plädierte für ein ›muddle-through‹; in einigen Tagen werde man klarer sehen. Ich war zu diesem Zeitpunkt noch entschieden gegen Rücktritt. Hatte allerdings Herbert Wehner am Nachmittag gefragt, ob er meine, dass ich durchkommen werde (ohne eine Antwort darauf zu bekommen).« Nein – so wollte er nicht abgehen, nicht wegen eines Agenten, dessen Adjutantendienste er gedankenlos in Anspruch genommen hatte. So schmählich nicht.

»Bemerkenswert: von der sog.[enannten] ›Privatsphäre‹ war in diesen Erörterungen und Überlegungen noch nirgends die Rede«, so Brandt am Ende seiner *Notizen* über die Nacht vom 29. auf den 30. April. Doch, es war die Rede davon, im Bundeskriminalamt zum Beispiel; nur wusste der Kanzler das noch nicht.

Am 30. April, um 9 Uhr, Kabinettssitzung, Brandts letzte. Er äußerte sich zu dem Spionagefall nun problembewusst, aber unbestimmt, was die Folgen angeht. Deutlicher wurde er beim Koalitionsgespräch um 13.15 Uhr, einem Routinetermin, gegenüber Schmidt, Wehner, Scheel, Genscher und Mischnick: dass er sich wegen seiner eigenen Verantwortung zu prüfen habe, vor allem was Guillaumes »unveränderte Weiterverwendung ab Frühsommer '73« angehe. Dies hatte gewiss auch damit zu tun, dass dem Kabinett und den Koalitionären nun mitgeteilt werden musste, welche geheimen Papiere in Norwegen durch die Hände des Spions gegangen waren. Es musste entschieden werden, »in welcher Form welche Alliierten, besonders die Amerikaner, zu unterrichten sein würden« (Brandt) – in jedem Fall eine Peinlichkeit.

Am frühen Nachmittag dann erste Anzeichen für die drohende Verknüpfung von Intimsphäre und Spionageaffäre. Gerhard Jahn, der Justizminister, erschien allein bei Brandt, sehr besorgt: Er habe aus der Bundesanwaltschaft gehört, Guillaume könne dem Kanzler »Mädchen zugeführt« haben. Gehört hatte Jahn das bereits am Donnerstag von Bundesanwalt Träger, der ihn am späten Abend angerufen und dabei gesagt hatte: »Da braut sich was zusammen, es kommt was auf uns zu«, der aber ausdrücklich hinzugefügt hatte, das laufe »im Verantwortungsbereich von Genscher«, sei also wohl ein Problem des BKA und nicht der Strafverfolgung des Agenten.

Der Kanzler reagierte ungewöhnlich heftig, allerdings ohne den Justizminister anzuweisen, er möge »diesen Unfug« schleunigst stoppen: »Ich sage Gerhard Jahn, dies sei lächerlich«, und er könne dem betreffenden Bundesanwalt ausrichten, Brandt lasse sich wegen dieser Vermutungen keine zusätzlichen grauen Haare wachsen. So leichtfertig diese Antwort war, so groß war Brandts Empörung über das Interesse an seiner Intimsphäre – und so tief saß sie. Immer wieder, auch noch lange nach seinem Rücktritt hat er befreundeten Gesprächspartnern gesagt, er sei zu der Überzeugung gekommen, dass die Vernehmungspraxis damals »illegal« gewesen sei; Bauhaus hätte nicht von Angehörigen seiner eigenen Behörde und schon gar nicht ohne Rechtsbeistand vernommen werden dürfen. In einem 1988 geschriebenen Artikel für den *Spiegel* spricht Brandt von den »arg neben der Sache liegenden Reaktionen kränkelnder Staatsschutzhirne bei der Enttarnung des ›Kanzlerspions‹ im April ’74«. In seinen 1989 erschienenen *Erinnerungen* geht er noch einen Schritt weiter: »Ich zweifle nicht daran, dass bei einigen der Beteiligten politisch und persönlich bedingte Böswilligkeit hineingespielt hat.« Und er fragt sich, ob man nun wohl gelernt habe, »wie leicht ein Verfassungsorgan fast komplottartig auszuhebeln war, wenn Sicherheitsintriganten mit dem Blick durchs Schlüsselloch spielten und hysterische Reaktionen auslösten«.

Das sind massive Vorwürfe. Aber niemand hat es unternommen, gegen die »kränkelnden Staatsschutzhirne« und die »Sicherheitsintriganten« eine Klage anzustrengen, auch Brandt nicht. Allerdings hat Generalbundesanwalt Ludwig Martin schon wenige Monate nach seinem Ausscheiden aus dem Amt in einem Artikel für die *FAZ* vom 24. September 1974 *sine ira et studio* festgestellt, dass der Innenminister seine Befugnisse überschritten habe, als er anordnete beziehungsweise anregte, Brandts Bodyguards anzuhören. Der Innenminister, so Martin, sei zwar Disziplinarvorgesetzter der Sicherungsgruppe und könne in dieser Eigenschaft Weisungen erteilen. »Er ist aber nicht ›Herr‹ eines vom Generalbundesanwalt geführten strafrechtlichen Ermittlungsverfahrens, das ein Justizverfahren ist, und muss sich deshalb jeder sachbezogenen Einflussnahme auf ein solches Verfahren und die darin eingesetzten Polizeibeamten enthalten.«

Hans-Dietrich Genscher hat sich in seinen 1995 erschienenen Memoiren aus der Verantwortung für die Befragungen der Sicherheitsbeamten in einer Manier verabschiedet, die später gern »Genscherismus« genannt worden ist: Erst lobt er Buback und Herold als Garanten sachbezogener Ermittlungen, fährt dann aber fort: »Das änderte nichts daran, dass die Befragungen nach meiner Überzeugung unangemessen und für die Ermittlungszwecke nicht erforderlich waren. Was der Anlass der Befragungen wirklich war, ist mir infolge des Wechsels zum Amt des Auswärtigen nicht bekannt geworden.«

Als Herold diese Memoiren las, war er begreiflicherweise »sehr getroffen«. Brieflich erinnerte er Genscher daran, dass er auf dessen Weisung gehandelt habe. Der schrieb zurück, er habe Herold doch über die Maßen gelobt; die Einschränkungen bezögen sich gar nicht auf ihn. Herold verzichtete auf eine Auseinandersetzung, weil er Genscher immer noch dankbar war für die Chance, das Bundeskriminalamt zu einer Zentrale der modernen Verbrechensbekämpfung umzukrempeln. Eine Hand wäscht die andere.

Hatten die Befragungen der Sicherheitsbeamten also gar nichts mit dem Justizverfahren zu tun? Guillaumes Geständnis, Bürger der DDR und ihr Offizier zu sein, hatte ausgereicht, um beim Ermittlungsrichter einen Haftbefehl zu erwirken. Dem vorrangigen Ziel der Bundesanwaltschaft, den Agenten als Landesverräter nach § 94 des Strafgesetzbuches anklagen zu können, war man zu diesem Zeitpunkt aber noch nicht näher gekommen. Zum Beweis des Landesverrats nämlich bedarf es nicht nur der formalen Zugehörigkeit zur Agentenzentrale einer fremden Macht; der Verdächtige muss auch Kenntnis von Staatsgeheimnissen und diese nachweislich weitergegeben haben. Den Vorwurf der nachrichtendienstlichen Tätigkeit, § 99 StGB, dachte die Bundesanwaltschaft beweisen zu können. In puncto Landesverrat hingegen war sie in Schwierigkeiten. Nollaus Observanten hatten keinen einzigen im Sinne der DDR erfolgreichen Agententreff schlüssig nachweisen können.

Die Angaben der Sicherheitsbeamten sollten dabei helfen herauszufinden, welche Verabredungen und Gespräche des Kanzlers der Agent bei welchen Gelegenheiten mitbekommen hatte. Mithilfe ihrer Aussagen stellten die Ermittler einen detaillierten Zeitplan aller Kanzlerbewegungen zusammen, bei denen Guillaume den Kanzler begleitet hatte. In dieses Stundenbuch trugen sie drei Kategorien von Besuchern und Gesprächspartnern ein – in Kategorie drei die Journalisten und vor allem die Journalistinnen, deren Aufenthalt in den Separees des Kanzlers die Fantasie der Bewacher besonders beflügelt hatte. Für die Anklage Guillaumes wegen Landesverrats aber waren solche Fantasien nicht relevant. In den Akten der Bundesanwaltschaft kommen sie nicht vor.

Am Dienstag, dem 30. April, um 14 Uhr, brachte Herold die bei den Anhörungen gewonnenen Erkenntnisse zu Papier. Er fertigte den Bericht PR 1/74. Dieser, von Genscher bei der INPOL-Veranstaltung erbetene Bericht beschränkte sich »auf strafrechtlich relevante Fälle und legt erneut die Notwendigkeit dar, den GBA zu unterrichten«. Herold zitierte wiederholt Aussagen Magers, zum Beispiel: Dieser habe erklärt, »es sei ein offenes Geheimnis im Begleitkommando wie auch unter den begleitenden Mitarbeitern des SPD-Parteivorstandes, dass G. dem Kanzler ›Frauen zugeführt‹ habe. Davon wüssten acht bis zehn Personen. ... Im Begleitkommando werde offen davon gesprochen, dass G. solchen Aufgaben häufig nachkomme.«

Der Bericht ging sofort per Kurier an Innenminister Genscher. Der reagierte auf seine unnachahmliche Weise. Er ließ um 22.30 Uhr seinen Bürochef Klaus Kinkel bei Herold anrufen und ausrichten, er habe den Brief bekommen, Herold möge »seine Pflicht tun«. Der verstand dies als Auftrag, den Generalbundesanwalt zu verständigen, rief dort um 22.45 Uhr an und verabredete sich mit ihm für den folgenden Morgen. Es war Siegfried Bubacks erster Arbeitstag im Amt des GBA.

Brandt war um 15.45 Uhr zu einer Kundgebung nach Saarbrücken gestartet – »etwas angeschlagen«, wie er notierte. Dies bezog sich auf seine physische Verfassung, aber auch auf seine Stimmung. Unterwegs begann er sich Vorwürfe zu machen, dass er in dem Gespräch mit Justizminister Jahn »nicht mit der Faust auf den Tisch geschlagen« habe. Aber »ob es noch genutzt hätte?« Ein berechtigter Zweifel. Von Saarbrücken flog Brandt nach Hamburg, wo er am nächsten Vormittag auf der zentralen Kundgebung der Gewerkschaften zum 1. Mai die Festrede zu halten hatte.

Herolds Bericht PR 1/74 brachte Genscher nun erst recht in Bedrängnis, wie er in seinem Erinnerungsbuch einräumt. »Der Inhalt des Schreibens alarmierte mich. Herold unterrichtete mich über Vernehmungen von Angehörigen der Sicherungsgruppe des Bundeskriminalamts, die sich mit dem Privatleben des Bundeskanzlers befasst hatten. Sie sollten ermitteln, ob Guillaume, der Willy Brandt vor allem auf Urlaubsreisen begleitet hatte, kompromittierende Tatbestände erfahren haben könnte. Besonders alarmierte mich Herolds Mitteilung, er habe Nollau informiert.« Was sollte Genscher nun machen? Dass es nicht genügte, Herold ausrichten zu lassen, er möge seine Pflicht tun, war ihm wohl klar. Sollte, musste, durfte er das brisante Papier Brandt zeigen, an den es nicht gerichtet war? Genscher brauchte Rückendeckung.

Am Morgen des 1. Mai fuhr Genscher »zu Walter Scheel, der mich in seinem Haus auf dem Venusberg, Schleichstraße 6, empfing. Er nahm die Angelegenheit so ernst wie ich und bestärkte mich in meiner Absicht, den Brief sofort durch einen vertrauenswürdigen Boten an Willy Brandt weiterzuleiten, der sich gerade in Hamburg aufhielt.«

Walter Scheel, der keine Memoiren schreibt, hat mir im Oktober 2001 den Besuch Genschers bestätigt, aber darauf bestanden, dass er das Herold-Papier bei dieser Gelegenheit nicht selbst gelesen, sondern nur von Genscher habe referieren lassen und dann dessen Meinung zugestimmt habe, Brandt müsse das sofort zu sehen bekommen. Die »Angelegenheit« selbst hat Scheel nicht für besonders dramatisch gehalten. Genscher habe sich vor allem Sorgen darüber gemacht, dass Guillaume in der Nähe des Kanzlers belassen worden sei, und zwar mit seiner, Genschers, Zustimmung. Dies und nicht Bettgeschichten dürfte an jenem Morgen des 1. Mai das Hauptthema zwischen Genscher und Scheel gewesen sein.

Genschers Anruf aus Scheels Haus erreichte den Kanzler beim Frühstück im Hamburger Hotel Atlantic, in Anwesenheit von Reinhard Wilke. »Anruf von Genscher. Sein PR [persönlicher Referent] komme mit Hubschrauber und bringe mir ein Schriftstück, dessen Inhalt unverzüglich zu erwägen er mir rate. Wir vereinbaren, miteinander zu telefonieren«, notierte Brandt.

Während der Kanzler sich für die Maikundgebung vor dem Hamburger Gewerkschaftshaus am Carl-Legien-Platz rüstete, versammelten sich in Wiesbaden bei Herold im BKA um 10 Uhr der zuständige Bundesanwalt Träger, Abteilungspräsident Schütz und Kriminaldirektor Scheicher. Hätte Herold gewusst, dass sein an Genscher adressierter Bericht gerade an den Kanzler auf den Weg gebracht wurde, wäre er wohl noch deprimierter gewesen, als er ohnehin war. Die Erzählungen der Sicherheitsbeamten hatten ihn, einen Bewunderer Willy Brandts, geschockt. Scheicher erinnert sich, dass Herold mit den Händen vor dem Gesicht dagesessen und gemurmelt habe: »Für mich stürzt ein Denkmal ein.« Dann trug er anhand seines Berichts für Genscher den Sachverhalt vor.

Buback kam (es war, wie schon gesagt, sein erster Amtstag) etwas später. Träger holte ihn am Parkplatz ab und bereitete ihn unter vier Augen auf die Geschichten vor, die er gleich zu hören bekommen sollte. Das war angebracht, denn Buback hatte bis zu diesem Zeitpunkt von den Verdachten, die des Kanzlers Privatleben betrafen, nichts gewusst. Nachdem er die Situation mit Herold erörtert hatte, kam man überein, die Beamten des Begleitkommandos nun durch Kriminalbeamte des BKA vernehmen zu lassen. Als Ermittlungsführer wurde einvernehmlich Günther Scheicher bestimmt. Die Vernehmungsprotokolle sollten direkt an den Generalbundesanwalt gehen. Herold sagte, er wolle sie gar nicht sehen. Buback und Träger machten sich auf den Weg zu Justizminister Jahn nach Marburg, um dort das weitere Verfahren abzusprechen.

Brandts Rede zum 1. Mai war keine Glanzleistung, sie war defensiv und pathetisch zugleich. Sie klang über weite Strecken so, als wolle er sich vor allem selbst Mut machen: »Depressiv – das heißt: verzweifelt – wäre eine Gesellschaft, die sich aufgäbe. Wir denken nicht daran.« Tonfall und Formulierungen hatten etwas Beschwörendes. Brandt faltete beim Sprechen ständig die Hände und schlug damit aufs Rednerpult. Er redete, immer noch mit dicker Backe, 29 Minuten vom Balkon des Gewerkschaftshauses vor rund 20 000 Zuhörern und etwa 2000 linken Störern, die sich gegen Ende der Kundgebung verkrümelten.

Dann ging er mit Wilke »in ein mir zur Verfügung gestelltes Büro« im so genannten Besenbinderhof, dem Gewerkschaftshaus. Dort wartete bereits Genschers

Sonderkurier Klaus Kinkel. Brandt in den *Notizen:* »Ich nahm Kenntnis und ließ Wilke Kenntnis nehmen von dem Schriftstück, das der PR verschlossen brachte und verschlossen wieder mit nach Bonn zurücknahm.« Der Kanzler erfuhr erst später, dass der ihm hier zur Kenntnis gebrachte Brief des BKA-Präsidenten an den Innenminister von diesem angefordert worden war. Das nur an Genscher gerichtete Schreiben enthielt keinen solchen Hinweis.

Brandt merkte sich, wie er seinen *Notizen* anvertraut hat: aus den Befragungen der Sicherheitsbeamten »habe sich ergeben, dass ich mit einer namentlich erwähnten Journalistin ein Verhältnis habe bzw. mich wiederholt mit ihr während politischer Reisen getroffen hätte« – zum Beispiel in eben jenem Atlantic, in dem er auch jetzt wieder abgestiegen war, wo Guillaume es, zuletzt im Februar 1974, zu arrangieren gewusst habe, so stand es in Herolds Bericht, dass besagte Journalistin ein Zimmer der Kanzlersuite bewohnen und jederzeit zu ihm gelangen konnte. Auch merkte sich Brandt, »dass ich zuletzt bei meiner Niedersachsen-Reise Anfang April im Sonderzug den Besuch einer Schwedin gehabt hätte« und dass es »auch bei anderen Gelegenheiten bzw. an anderen Orten Frauengeschichten gegeben habe«, die ihm größtenteils »umgedeutet« vorkamen. Obendrein: »Wilke meinte sich zu erinnern, in dem Schriftstück sei die Möglichkeit der ›Erpressbarkeit‹ angedeutet worden.«

Die Lektüre muss auf Brandt gewirkt haben wie ein Schlag in die Magengrube. Auch noch in den *Erinnerungen* nennt er das Papier »ein Produkt blühender Phantasie. Erstens eine klebrige Mischung von Vorgängen, die teils beobachtet und teils unterstellt worden waren; zweitens ging es um eine liebe Freundin, mit der ich mich seit Jahren und ohne die Spur von Geheimniskrämerei getroffen und die alles andere als verdient hatte, sicherheitspolizeilich ›erfasst‹ zu werden.« Das ging doch nun eindeutig gegen ihn, den Kanzler, und nicht mehr gegen den Spion! »Man nahm sich mein Privatleben vor und ließ es zur Karikatur werden. Überforderte Sicherheitsleute, unter ihnen politische Widersacher und seltsame Tugendwächter, produzierten ein Machwerk, das sich verselbständigte und demgegenüber ich mich rat- und machtlos fühlte.«

Das ist, bedenkt man Brandts Biographie, nur allzu verständlich. Denn es ist ja nicht so, dass den Frauen in dieser Biographie eine überdurchschnittliche Bedeutung zukäme, dass Frauen die entscheidenden Wendepunkte seines Lebensweges markierten. »Es gab«, so der gereifte Brandt über den jungen Brandt, »kein starkes Gefühl, dem ich mich rückhaltlos ausliefern konnte.« Da war ab und zu mal ein Mädchen, gewiss, und es gibt fünf oder sechs Frauen, die in seiner Vita wirklich wichtig sind – drei davon Ehefrauen. Aber: »Wenn ich versuche, mich selbst zu durchleuchten«, hat Brandt der Interviewerin Oriana Fallaci gesagt, »komme ich zu dem Schluss, dass mein Leben mehr vom Lesen beeinflusst worden ist als von Menschen. Mit Ausnahme meiner Mutter [Martha Frahm] natürlich.« Diese nämlich hat weiland einen Sozialisten aus ihm gemacht, sie war schon mit achtzehn Jahren in der Gewerkschaftsjugend, und so wurde ihr Sohn da »hineingeboren. Verstehen Sie«, hat Brandt zu Oriana Fallaci gesagt, »das ist nicht mein Verdienst, sondern ihres.«

Alle Frauen, zu denen Brandt eine enge Beziehung hatte, waren auf irgendeine Weise mit der Sozialdemokratie verbunden. Sie wären ihm sonst wohl gar nicht über den Weg gelaufen. Durch den Kopf ging die Liebe bei ihm ohnehin, aber dort eben vorzugsweise durch »linke« Gehirnwindungen. Willy Brandt im Garn einer reaktionären

Salondame – das wäre selbst dann schwer vorstellbar gewesen, wenn seine hohe Reizempfänglichkeit durch die äußeren Vorzüge dieser Dame auf eine harte Probe gestellt worden wäre. Brandt näherte sich den Menschen, also auch den Frauen, über die Sache; und wenn es keine gemeinsame Sache gab, dann wurde nicht viel aus der Annäherung. Henry Kissingers Spruch, Macht sei das größte Aphrodisiakum, hätte der Kanzler Brandt nicht übernommen; der Spruch traf so simpel auf ihn nicht zu. Sein Image hatte eher eine seelsorgerische Qualität. Er weckte – und befriedigte zugleich – das Bedürfnis vieler Wählerinnen nach einer mitleidigen Macht und nach dem Versprechen von Geborgenheit in einer solidarischen Gemeinschaft. Umso härter musste es ihn treffen, dass nun ausgerechnet »Weibergeschichten« seine politische Existenz gefährden sollten.

Den versprochenen Rückruf bei Genscher aus jenem Gewerkschaftshausbüro brachte Brandt noch einigermaßen gelassen hinter sich. »Ich erwähnte kurz, dass es im Vermerk tatsächlich Richtiges neben Quatsch gebe, aber dass auch nicht andeutungsweise strafbare Handlungen vorlägen und auch keine Rede davon sein könne, G. habe über ein mich belastendes Wissen verfügt.« Aber das reichte dem ängstlichen Genscher nicht. Er riet dringend, doch wenigstens Buback anzurufen und diesem zu helfen, die Dinge »richtig einzuordnen«. Brandt lehnte ziemlich schroff ab: »Das fand ich denn doch zu viel und wies darauf hin, dass ich mich überhaupt nicht zu einem derartigen Schriftstück zu äußern gedächte.« Er werde erst mal den Justizminister anrufen. Was er auch gleich tat.

Jahn war zu Hause in Marburg und dort ohnehin schon mit dem Generalbundesanwalt verabredet. Brandt stellte ihm anheim, zusammen mit Buback am nächsten Montag zu ihm zu kommen, wenn es denn sein müsse auch schon Freitagnachmittag oder Samstagfrüh. Dies zeigte, nach Brandts eigener Einschätzung, »dass ich insgesamt nicht (schon nicht mehr) kämpferisch eingestellt war, denn sonst hätte ich sowohl den Innen- wie den Justizminister zu einem anderen Verhalten zu veranlassen gesucht«.

Oder er hätte gleich mit Buback geredet – was er wirklich hätte tun sollen, auch wenn der Rat von Genscher kam. Dann hätte er sehr wahrscheinlich erfahren, dass ihm wegen der so genannten Weibergeschichten keine Gefahr drohe, jedenfalls nicht von Guillaumes Strafverfolgern. Als nämlich Buback in Begleitung Trägers bei Justizminister Jahn in Marburg eintraf und den Kasus erörterte, wurden die Versammelten sich relativ schnell einig, das Strafverfahren mit diesen Dingen nicht zu belasten. Es gehe um das Verhalten des Beschuldigten Guillaume und um nichts anderes. Damit war grundsätzlich klar, dass Niederschriften des BKA über die Anhörung der Sicherheitsbeamten nicht in die Verfahrensakten gehörten. Sie sind dort auch nicht zu finden. Buback hat den Komplex »Frauenzuführungen« nicht in die Anklage gegen Guillaume aufgenommen. Im Prozess ist er folglich auch nicht erörtert worden.

Nach Brandts Telefonat mit Genscher meldete sich dieser bei Herold und bestätigte, dass er den bewussten Bericht bekommen habe. Herold erwiderte, Kinkel habe ihm ausgerichtet, er möge seine Pflicht tun; deshalb habe er am Morgen den Generalbundesanwalt unterrichtet. Ausgezeichnet, sagte Genscher, genau das sei auch die Meinung des Bundeskanzlers, dem er Herolds Brief weitergereicht habe. Nun möge Herold den Generalbundesanwalt doch noch mal anrufen und ihn bitten, sich alsbald einen Termin beim Kanzler geben zu lassen. »Sie sehen ja, dass ich Ihnen aus guten Gründen sagen ließ, Sie möchten Ihre

Pflicht tun und nach dem Gesetz verfahren«, sagte Genscher, so Herolds Erinnerung. »Ich glaube, wir haben das korrekt abgewickelt.« Willy Brandt sah das natürlich anders. »Warum verschweigen, dass mich die Hamburger Lektüre einigermaßen schockierte«, heißt es in den *Erinnerungen.* Anfang der achtziger Jahre sagte er zu Arnulf Baring, er glaube damals erkannt zu haben, dass alles für ihn schief ausgehen werde.

Nach der Mai-Kundgebung flog Brandt mit Wilke im Hubschrauber zu einer Wahlkundgebung nach Cuxhaven. Wilke hatte ein Vorausexemplar der aktuellen Ausgabe des *stern* aufgetrieben, das der Kanzler nun zu sehen bekam. Auf dem Titel die Zeile »Drei Jahre Spion bei Willy Brandt« und ein Hinweis auf das, was Guillaume »wirklich verraten hat«. Zum ersten Mal in diesen dramatischen Tagen sagte Brandt: »Das steh' ich nicht durch.« Und Wilke ertappte sich bei dem Gedanken: Wenn wir jetzt abstürzen würden, hätte alle Qual ein Ende.

Am Klippenrand

»Wie schrecklich das schwankt von Stunde zu Stunde«

Willy Brandts Reise nach Helgoland an jenem 1. Mai hatte noch Günter Guillaume geplant. Dass er sie nicht mehr organisierte, war zu spüren. Der Inselrundgang des Kanzlers war planwidrig hinausgezögert worden, sodass die günstig gestimmten Tagesgäste bereits abgereist waren und die Einheimischen vor den Fernsehern saßen und sich das zeitversetzt ausgestrahlte Fußball-Länderspiel Deutschland – Schweden anschauten. Nun schien hier einer Regie zu führen, der bloß kaputtes Kino kannte – High noon am Nachmittag und bei Nebel, ausgestorbene Straßen, die Geschäfte geschlossen, die meisten Kneipen verlassen, als wäre Polizeistunde.

Dabei war dies der erste Besuch des Bundeskanzlers auf der knapp einen Quadratkilometer großen Felseninsel in der Nordsee – keine Wahlreise, denn Helgoland gehört zum schleswig-holsteinischen Kreis Pinneberg, nicht zu Niedersachsen, sondern die Einlösung eines Versprechens, das er dem Parteifreund und Bürgervorsteher Peter H. Botter schon 1970 gegeben hatte. »Ja, ich gehöre zu den Deutschen, die eher auf Sansibar als auf Helgoland gewesen sind«, gestand Brandt nun einem Lokalblatt. »Aber der Tausch Sansibar gegen Helgoland (1890, in einem deutsch-britischen Vertrag, der koloniale Einflusssphären neu ordnete) hat sich ja gelohnt.« Ein Freundschaftsbesuch also, Sympathiewerbung. Und jetzt das. Der Kanzler und ein paar Getreue marschierten durch eine Art Geisterstadt. Die Besichtigung der Meerwasserentsalzungsanlage, wo wegen des Feiertags nur eine Sparbesetzung tätig war, wurde zur Zumutung. Der Gast schwieg steinern.

Schließlich ein paar Schritte entlang der Steilküste. Brandt mit Prinz-Heinrich-Mütze hoch auf dem roten Felsen. Nur kärgliches Geländer und Warntafeln, über die der Kanzler hinwegsah, markierten die Grenze zwischen Gipfel und Abgrund. Symbolik, so billig wie aus dem Schlussverkauf, drängte sich selbst solchen Begleitern auf, die nicht ahnten, was Brandt am Mittag dieses Tages zu lesen bekommen hatte, und nur einer oder zwei hörten, was er murmelte, als er hinunter in die Brandung sah: »Wäre auch kein Verlust, wenn man da runterfiele.«

Abends im Kurhotel dann die heile Welt der Honoratioren, Sonntagsgesichter, Spesenaufwand: das obligate Essen für den hohen Gast. Der hielt eine Tischrede, in der nichts Außerordentliches zur Sprache kam. Aber Brandts Intonation, die beinah bebende Intensität seines Vortrags verlieh ihr einen Hauch von Endgültigkeit. Sie hörte sich an wie eine Rede vom Klippenrand.

Nebenan im Festsaal warteten seit geraumer Zeit die 66 Mitglieder des Helgoländer SPD-Ortsvereins, fest entschlossen zu feuchter Fröhlichkeit und bereits auf gutem Wege dorthin. Eine auf solche Veranstaltungen spezialisierte Allroundkapelle mit dem unpassenden Namen »Rock 2000« lieferte provinzielle Stimmungsmusik. Vergnügt war Brandt bestimmt nicht, als er endlich dazustieß, nicht mal heiter, angeheitert eigentlich auch nicht; der Alkohol sedierte eher, schuf fließende Übergänge. Keine Reden mehr; der Gast ging auf eine Begrüßungsrunde von

Tisch zu Tisch und dazu spielte die Kapelle »Ich tanze mit dir in den Himmel hinein«.

Dann als Darbietung des Abends die »Helgoländer Karkfinken«, eine Art Mainzer Hofsänger auf Plattdeutsch, Schifferklavier-Folklore und immer wieder diese Stimmungsmusik: »Nur nicht den Kopf hängen lassen! Sei munter, dann hast du auch Glück. Drum halte stets wahre Freundschaft, dann kriegst du sie doppelt zurück.« Brandt am Ehrentisch hörte mit ausdruckslosem Gesicht zu. Als ihm ein wohlmeinender Genosse die *stern*-Reporterin Wibke Bruhns als Tischdame zuführte, stutzte er eine Sekunde, ließ es dann aber geschehen.

Der mitgereiste Verkehrsminister Lauritz Lauritzen, mit dem Lokalkolorit bestens vertraut, war als Erster bei den »Karkfinken« auf der Bühne, das Mikrofon in der Hand wie ein Schlagersänger, und gab die Jagd frei auf Shanties: »Rolling home«, den »Hamborger Veermaster« und auch »dem Herrn Pastor sin Kau« (die sich dann als Bulle entpuppt). Davon kannte Willy Brandt viele Strophen. Mit einem Ruck stand er auf, marschierte zum Podium, die Schultern zurückgenommen, den Kopf hoch, so etwas wie Trotz im Blick, und sang mit. Bald sangen alle, auch als das Waterkant-Repertoire erschöpft war – sangen, was deutsche Menschen, wenn sie saufen, eben singen: »Erika« und »O du schöner Westerwald«.

Willy Brandt machte das alles mit – auch die Landsergesänge und das Bierzeltgeschunkel. Aber seine Stimmung hatte Löcher, wie gestanzt. Fröhlichkeit fiel durch, löste sich auf im Alkohol. Einmal murmelte er, nur den nächsten Nachbarn vernehmlich: »Scheißleben.« Gegen Mitternacht, nach einer weiteren Runde durch den Saal, brach er auf, schwer angeschlagen. Mit ihm ging, auch nicht mehr nüchtern, der Leibwächter Bauhaus, der von der Sicherungsgruppe Order hatte, früh am nächsten Morgen zur Vernehmung in Sachen Guillaume, nun offiziell im Auftrag des Generalbundesanwalts, nach Bonn zurückzufliegen.

In dieser Nacht auf Helgoland dachte Willy Brandt daran, seinem Leben ein Ende zu machen. Er hat das, als er 1989 seine *Erinnerungen* veröffentlichte, nicht mehr wahrhaben wollen; es passte einfach nicht in das neue Bild seines Lebens: »Geschwätz gab es auch über Selbstmordgedanken. Dies war eine beträchtliche Überzeichnung der Tatsache, dass ich sehr deprimiert war.« Es war wohl doch mehr. In den *Notizen* hat Brandt über die Helgoländer Genossenfete vermerkt: »Davor und danach düstere Gedanken, die ich auch in einem dann aber in Bonn vernichteten Brief festhielt.« Als er diese Passage 1981 Arnulf Baring vorlas, fügte er ausdrücklich hinzu, er habe »Schluss machen« wollen. Dem Parteifreund Holger Börner hat er es einige Zeit später noch deutlicher gesagt: »Wenn ich in dieser Nacht einen Revolver gehabt hätte, dann hätte ich mich erschossen.«

Wegen seiner Affären? Sicher nicht. Was ihn tiefer getroffen hat, war – auch das steht in den *Notizen* – das »Empfinden, dass ich mich nach den vielen Pannen, Versäumnissen und Anfeindungen seit dem Nov. '72 nicht mehr auf solidem Grund befände. Ahnung, dass die *Bild*-Kampagne mit dem ›Kanzlerspion‹ nur der Auftakt einer neuen großen Hetze sein würde.« Die Ahnung trog ihn nicht. In der Illustrierten *Quick* zum Beispiel stand am 16. Mai der unglaubliche Satz: »Der deutschen Abwehr liegen sichere Hinweise dafür vor, dass der Kanzlerspion in seiner biedermännischen Emsigkeit den größten Erpresserkatalog zusammengestellt hat, von dem man je hörte.« Eine solche Kampagne, die auch vor seiner Intimsphäre nicht Halt machte, konnte und wollte Willy Brandt nicht mehr ertragen.

Das hat mit Selbstgerechtigkeit nicht das Geringste zu tun. Brandt hat über sein Innenleben nur sehr ungern nachgedacht, aber Illusionen darüber hatte er nicht. Er wisse sehr wohl, hat er in einem kurz vor dem Rücktrittsentschluss geführten, am 8. Mai in den *Evangelischen Kommentaren* erschienenen Interview gesagt, »wie notwendig, aber auch schwierig es ist, den Menschen vor sich selbst zu schützen; anmaßend natürlich auch ein wenig, weil man das, was man von Menschen zu wissen glaubt, nicht von sich selbst abstrahieren kann«.

Was er jenem Brief, den Baring einen »Abschiedsbrief an seine Familie« nennt, anvertraute, hat niemand erfahren. Vernichtet hat er ihn erst in Bonn, hatte ihn also noch bei sich, als er am Morgen des 2. Mai während der Rückfahrt von Helgoland auf der Fregatte Köln, mit der er auch hergekommen war, ein »Einzelgespräch mit Hermann Schreiber und Wibke Bruhns über mein Empfinden von dem sich zusammenbrauenden Druck« *(Notizen)* führte. In diesem Gespräch sagte er Sätze wie diese: »Was man doch manchmal für ein Leben führen muss! Da kommt so was auf einen zu wie ein Naturereignis – und man kann nichts machen.« Ein Stück Realität war ihm abhanden gekommen. »Jetzt können Sie mich für einen Idioten halten« – aber er habe in diesem Guillaume wirklich nie den Agenten gesehen, vor dem irgendetwas zu verheimlichen sei. »Wenn man weiß, wie etwas ausgegangen ist, sieht man im Rückblick Situationen, von denen man sich sagt: Das kann doch wohl so nicht gewesen sein.« Aber es war so. Entgangen war dem Kanzler auch, dass er an diesem Morgen eine Hose angezogen hatte, die nicht zum Sakko und zur Weste seines Dreiteilers gehörte.

Anschließend Wahlkampf in Friesland, wieder im

Sonderzug, »eine Vielzahl von guten Veranstaltungen von Wilhelmshaven bis Nordhorn«, notierte Brandt – obwohl die Veranstaltungen keineswegs alle gut waren. Guillaume fehlte hinten und vorne. In Aurich zum Beispiel ließ man Brandt das ausgestorbene Gartengelände eines Altenheims besichtigen, während drinnen die Senioren vor kaltem Kaffee und trockenem Kuchen auf ein Gespräch mit ihm warteten. Auf der Rückfahrt nach Bonn stieg abends in Hamm Kanzleramtschef Grabert zu. Man erörterte »die Möglichkeit, ein unabhängiges Gutachtergremium einzusetzen, das die sicherheitsmäßig beachtlichen, wenn auch strafrechtlich nicht oder weniger relevanten Aspekte des Falles G. zu beurteilen haben würde« – die später so genannte Eschenburg-Kommission. Trübe Stimmung auch hier. Ergebnisse einer Blitzumfrage: 63 Prozent der befragten Bürger meinten, durch den DDR-Spion sei großer Schaden entstanden; 47 Prozent waren für den Rücktritt der Verantwortlichen. Grabert versuchte, wie immer, abzuwiegeln: Man habe schließlich nur zwei »läppische« vertrauliche Vorgänge gefunden, die im Amt über Guillaume gelaufen seien – abgesehen allerdings von den geheimen Norwegen-Dokumenten.

Um dieselbe Zeit wurde in Bad Godesberg der Leibwächter Ulrich Bauhaus vernommen, und zwar von Kriminaldirektor Günther Scheicher, der ihn mit den Erzählungen der Kollegen aus dem Kanzlerkommando konfrontierte. Bauhaus war verunsichert, wollte erst gar nichts mehr sagen. Da kam, eher zufällig, Bundesanwalt Träger dazu und belehrte den Sicherheitsbeamten, was die von BKA-Chef Herold erteilte uneingeschränkte Aussagegenehmigung bedeute, nämlich dass er alles sagen müsse, was mit dem Fall Guillaume zu tun habe, widrigenfalls könne er dem Ermittlungsrichter vorgeführt werden. Als Drohung wollte Träger diese Erklärung nicht verstanden wissen. Bauhaus wiederum versuchte, dem Bundesanwalt begreiflich zu machen, dass er jede Aussage ohne die ausdrückliche Genehmigung Brandts als Vertrauensbruch empfinde. Das half ihm aber nicht. Er wurde mit Schilderungen konfrontiert, die ihn überraschten, weil sie nur aus der engsten Umgebung des Kanzlers kommen konnten, und musste sich dazu äußern.

Vier Tage nach Brandts Rücktritt hat Bauhaus sich in einem Brief an den ehemaligen Chef nach Kräften bemüht, seine Kollegen vom Begleitkommando in Schutz zu nehmen und sich selbst als einen Mann darzustellen, der nur dem Druck von oben gewichen sei. Den vernehmenden Beamten unterstellte er, sie hätten auf höhere Weisung gehandelt, ohne das zu präzisieren. Was er nicht erwähnte, war, dass Träger gesagt hatte, die Aussagegenehmigung erstrecke sich zwar auf den Komplex Amouren, aber die Bundesanwaltschaft interessiere sich nicht für diesen Komplex. Bauhaus schrieb vielmehr, er werde sich vorbehalten, Strafantrag gegen die eigene Behörde, also das BKA, zu stellen, da er zu Aussagen genötigt worden sei. Außerdem habe er den Verdacht, dass die zunächst nur handschriftlich protokollierten Aussagen zur Privatsphäre des Kanzlers dann doch unter »Streng geheim« aktenkundig geworden und zumindest den beteiligten Nachrichtendiensten in Kopie zugänglich gemacht worden seien.

Richtig ist, dass vom BKA als streng geheim gekennzeichnete Aufzeichnungen der Bundesanwaltschaft übergeben worden sind. Der für das Guillaume-Verfahren zuständige Bundesanwalt Träger hat aber dafür gesorgt, dass sie nicht zu den Akten genommen, sondern in einer besonderen Kassette aufbewahrt wurden – das war seinerzeit nach den so genannten VS-Vorschriften der für solche Fälle vorgesehene Aufbewahrungsort. Registriert worden sind diese Eingänge nicht, auch nicht unter »Streng geheim«. Die besagte Kassette ist in den Tresoren der Bundesanwaltschaft nicht mehr vorhanden.

Über die Vernehmung des Leibwächters Bauhaus durch Kriminaldirektor Scheicher am 2. Mai gibt es kein Protokoll; sie war demnach eher eine »dienstrechtliche Anhörung«. Scheicher hat Bauhaus noch einmal am 4. Mai vernommen. Darüber existiert ein Protokoll. Es enthält keinerlei Hinweise auf Affären des Bundeskanzlers. Die weiteren Zeugenvernehmungen sind von Kriminalkommissaren, nicht mehr von BKA-Direktoren, vorgenommen worden. Der Komplex Amouren kommt darin nicht vor. Es wird auch nicht danach gefragt. Die Zeugen, auch die Sicherheitsbeamten, werden im Gegenteil auf § 55 Strafprozessordnung hingewiesen, also darauf, dass sie nichts aussagen müssen, was sie belasten könnte. Wer diese Protokolle heute nachliest, wird keinen Nervenkitzel empfinden, eher schon Mitgefühl mit der Anklagevertretung.

Günther Scheicher fand die Vernehmungen der Sicherheitsbeamten damals auch nicht besonders ergiebig, jedenfalls nicht im Sinne der Ermittlungen gegen Guillaume. Die Leibwächter, die bei des Kanzlers Liebesleben, vielleicht nolens volens, eine Rolle gespielt hatten, gingen nun, da sie mit disziplinarrechtlichen Konsequenzen rechnen mussten, in Deckung, manche entrüsteten sich moralisch. Scheicher verdross das. Er habe, wie er mir gesagt hat, die regulären Protokolle nur in jeweils einer Ausfertigung schreiben lassen, die sofort an den Generalbundesanwalt gegangen sei. Herold wollte sie ja nicht sehen.

Die Verschlusssache PR 1/74, also der Brief Herolds an Genscher und der Aktenvermerk für den Generalbundesanwalt, in dem es ausschließlich um die so genannten Weibergeschichten ging, ist im BKA 1981 vernichtet worden – so Herold. Das hat *Focus* freilich nicht daran hindern können, diese Papiere im Februar 1994 auszugsweise und mit oberflächlich verschlüsselten Namen abzudrucken. *Der Spiegel* hat im März 1995 unter Berufung auf einen »gut informierten Anonymus aus dem Dunstkreis der SPD« berichtet, in einem geheimen Depot mit Papieren Brandts zum Kanzlersturz 1974, das im Archiv der Friedrich-Ebert-Stiftung aufbewahrt werde, befänden sich auch Verhörprotokolle über die »Damenbekanntschaften«; Brandt habe sie von Herold geschickt bekommen – was dieser vehement bestreitet. Wie auch immer: Wenn noch irgendwo Kopien existieren, dann wird man sie eines Tages kennen lernen.

Am 3. Mai erschien BKA-Chef Herold bei seinem Kollegen vom Verfassungsschutz, um ihn zu fragen, »ob ich schon etwas von den peinlichen Details wisse, die ans Tageslicht gekommen seien«, so Nollau. Herold hielt das für seine Pflicht. Brandt hingegen hielt es für einen Teil jenes Komplotts, das er gegen sich am Werk sah. Der »tüchtige Präsident des Wiesbadener Kriminalamts« habe den »für tüchtig gehaltenen Präsidenten des Verfassungsschutzes« aufgesucht, so formulierte er in den *Erinnerungen,* und beide, »die während der Observation nicht hatten zusammenfinden können«, hätten nun »die Geschicke des Vaterlandes in ihre Hände genommen«.

Herold informierte Nollau »an Hand meiner Notizen«, hinterließ aber keine Abschrift davon, sondern übergab lediglich eine Liste der genannten Personen zur »Abklärung« durch den Verfassungsschutz. »Die Aktennotiz«, schrieb Nollau in sein Tagebuch, »enthielt Namen von Journalistinnen, die in das Zimmer Brandts oder in seinen

Salonwagen gebracht worden seien. Auch eine neunzehnjährige Stewardess habe der Bundeskanzler mit auf sein Zimmer genommen.« Nollau erfuhr also eben jenen »Klatsch, der in den Vernehmungen der letzten Tage zusammengetragen worden« war, notierte Brandt.

Was tun? Die moralische Seite der Angelegenheit, darin waren die beiden Dienstmänner sich einig, gehe sie nichts an. Wenn Guillaume allerdings »diese pikanten Details« in dem ihm drohenden Verfahren wegen Landesverrats auftischen würde, dann, so Nollau, »wären die Bundesregierung und auch die Bundesrepublik selbst blamiert bis auf die Knochen. Sage Guillaume dagegen nichts, dann habe die Regierung der DDR – der Guillaume auch über das Privatleben Brandts berichtet hat – es in der Hand, jedes Kabinett Brandt und die SPD zu demütigen.«

Da wurde sie zum ersten Mal vernehmlich intoniert, die Weise von der Erpressbarkeit des Bundeskanzlers, die in den folgenden Tagen immer lauter variiert werden sollte. Hatte der Spion die kompromittierenden Situationen womöglich sogar »lauschoperativ dokumentiert«? Für Geheimdienstler mag das eine legitime Frage gewesen sein. Seltsam aber, dass offenbar nur der Spion selbst die nahe liegende Frage gestellt hat, wie eine solche Erpressung denn hätte funktionieren sollen. »Etwa so«, heißt es in Guillaumes *Aussage,* »dass bei einem deutsch-deutschen Treffen der DDR-Gesprächspartner die Verhandlungen mit dem drohenden Satz eröffnet: ›Herr Bundeskanzler, ich muss mich doch sehr wundern! Was sind das für Geschichten, von denen ich da hören muss?‹ Wem traut man so viel Geschmacklosigkeit und Dummheit zu?«

Niemand hatte dergleichen vor. Das behauptet Markus Wolf und der müsste es eigentlich wissen: Man sei auf solche Informationen im Stasi-Ministerium nicht sonderlich scharf gewesen, auch nicht auf die Berichte über Brandts Verhältnisse mit Journalistinnen. Wolfs Nachfolger als HVA-Chef Werner Großmann sieht es ähnlich: »Wenn sich die Gelegenheit ergibt«, erinnert er sich, »nutzen wir persönliche Dinge auch als Kompromat, also als Druckmittel. Doch wir erkennen, im Gegensatz zum KGB, dass so eingegangene Verpflichtungen auf Dauer nicht funktionieren«, schon gar nicht bei einem Regierungschef. Der ehemalige Desinformationsspezialist Günter Bohnsack, Referatsleiter HVA im Rang eines Oberstleutnants, hat mir erzählt, dass Aktennotizen, in denen Einzelheiten solcher Intimgeschichten festgehalten wurden, meist in besonderen Mappen verwahrt worden seien. Manchmal hätten sich Wolf und auch Mielke an deren Lektüre ergötzt. Den Kanzler Brandt jedenfalls wollte damals niemand erpressen, zumindest nicht in der DDR. In der Bundesrepublik vielleicht?

Der vertrauliche Informationsaustausch zwischen Herold und Nollau hatte ein bemerkenswertes Nachspiel, allerdings erst nachdem Nollau 1987 sein Tagebuch in der Illustrierten *Quick* öffentlich gemacht hatte. Dort nämlich erweckte er den Eindruck, er sei mit Herold darin einig gewesen, Brandt müsse weg. »Wir kommen zu dem Schluss, jemand müsse den Bundeskanzler drängen zurückzutreten. Herold oder ich können das nicht. Da muss einer mit politischer und moralischer Autorität her: Herbert Wehner. Als ich Herold vorschlage, Wehner zu unterrichten, sagte er: ›Das hatte ich von Ihnen erwartet.‹« Außerdem hätten Nollau und Herold sich darüber verständigt, so zitiert der ehemalige Chefredakteur des *stern*, Peter Koch, in einer 1988 erschienenen Brandt-Biographie den Verfassungsschutzchef, sie wollten den Zweck ihres Gesprächs nötigenfalls vertuschen: »Über Guillaumes Verhältnisse zu den Sekretärinnen haben wir gesprochen, so kommen wir überein ...«

Herold empörte sich über diese Darstellungen, die ihn zum Konspirateur machten, und verlangte Widerruf von Nollau. Der verschanzte sich hinter der absurden Behauptung, er kenne Kochs Text nicht. In seinem Tagebuch stehe lediglich, er sei mit Herold übereingekommen, die Dinge so darzustellen, »wie sie sich eben ereignet haben«. Herold fand das ziemlich schäbig, zumal der zitierte Satz in der *Quick*-Version nicht zu finden war, verzichtete aber auf einen Rechtsstreit. Als dann Brandts *Erinnerungen* auf den Markt kamen, empörte Herold sich abermals, nun vor allem über die Anspielungen des Ex-Kanzlers auf ein mögliches Komplott (»... Verfassungsorgan fast komplottartig aushebeln ...«), und verlangte eine Ehrenerklärung. Brandt wand sich; er könne nach eingehender Prüfung nicht zu der Ansicht kommen, dass sich die monierten Textstellen eindeutig auf den damaligen BKA-Chef bezögen. Das reichte Herold aber nicht; mit Brief vom 12. August 1990 gab er »den äußersten Minimalinhalt einer Ehrenerklärung« vor, andernfalls werde er auf Unterlassung und Widerruf klagen. Dazu ließ Brandt es nicht kommen. Am 25. Oktober 1990 schrieb er, mehr oder weniger wunschgemäß, an Herold: »Nach Ihrer Darstellung der Ereignisse vom April/Mai 1974 habe ich keinen Anlass, Zweifel an Ihrem ordnungsgemäßen amtlichen Vorgehen zu haben.«

Wirklich? Brandt war schließlich der Einzige, der wegen der Befragungen der Leibwächter zu leiden gehabt hatte. Für alle anderen Beteiligten blieben die Schnüffeleien und auch deren Anlässe folgenlos. Auch den »Bullen«, die angeblich bei der »Schnepfenjagd« geholfen hatten, tat keiner etwas zu Leide. Eine von Herold gewünschte disziplinarrechtliche Prüfung, ob die beteiligten Sicherheitsbeamten pflichtwidrig gehandelt hätten, wurde vom Bundesinnenministerium gestoppt, wie der ehemalige Kriminaldirektor der Stabsstelle Interpol beim BKA, Dieter Schenk, zu berichten weiß – wohl mehr aus politischen als aus juristischen Erwägungen. Nur Bauhaus verschwand aus dem Begleitkommando. Er wurde in den Innendienst versetzt.

Eines aber steht zweifelsfrei fest: Günther Nollau begab sich an jenem 3. Mai 1974 unverzüglich zu seinem Mentor. »Nach vierzig Minuten saß ich Herbert Wehner in seiner Wohnung gegenüber«, schreibt er in seinen Memoiren *Das Amt*. »Ich berichtete, was ich von Dr. Herold gehört hatte. Dabei erwähnte ich die Namen und Details, deren ich mich erinnerte. Das fiel mir leicht, weil ich einige der Namen schon kannte.« Warum und woher er diese Namen kannte und vor allem seit wann – das hat er für sich behalten. Aber er hat ausdrücklich erwähnt, dass er Wehner keine »Protokolle oder Notizen« übergeben habe, »weil ich von Dr. Herold nichts Schriftliches erhalten hatte«. Wehner hingegen schrieb mit – in seiner alten, kursiven Gabelsberger Kurzschrift, die später von der deutschen Einheitskurzschrift überholt wurde.

Nollaus Tagebuchschilderung in der *Quick* war viel dramatischer. »Gegen 17.30 Uhr bin ich dort. Greta [Burmester, damals noch Wehners Stieftochter, später seine Frau] führt mich in ein kleines Nebenzimmer und sagt, in der Bibliothek säßen andere Leute. HW kam herüber. Ich berichtete ihm in allen Einzelheiten, was ich von Herold gehört hatte. Wehner ist erschüttert. Er sinkt förmlich in sich zusammen und stößt hervor: ›Das bricht uns das Rückgrat.‹ Man müsse, rate ich, den Bundeskanzler bearbeiten, dass er zurücktrete. ›Ich sehe ihn morgen in Münstereifel‹, sagt er, erwähnt aber nicht, was er vorhat.«

In der Urfassung von Nollaus Memoiren lautete das Wehner-Zitat: »Ich sehe ihn morgen in Münstereifel, da werde ich was tun.« Aber diesen Halbsatz musste Nollau streichen, und zwar auf Veranlassung des Genscher-Nachfolgers im Innenministerium, Werner Maihofer, dem der Memoirenschreiber – auch als Pensionär noch ein weisungsgebundener Beamter – sein Manuskript vor der Veröffentlichung vorlegen musste. Dass Maihofer der Veröffentlichung überhaupt zugestimmt hatte, das hat Brandt ihm damals sehr übel genommen.

Wehner begleitete Nollau noch zum Wagen und machte ihm dabei eine erstaunliche Eröffnung: »In der Bibliothek sitzt Honeckers Bote, eine Vertrauensperson aus Ostberlin. Er hat mir erklärt, er habe heute Früh noch mit Honecker gesprochen und solle mir ausrichten, er, Honecker, habe nicht gewusst, dass im Bundeskanzleramt ein Spion sitze. Der Minister für Staatssicherheit habe ihm, Honecker, versichert, Guillaume sei abgeschaltet worden, als er in die Funktion bei Brandt gekommen sei.« Und da Nollau Anstalten machte, seine Zweifel an dieser Botschaft zu artikulieren, fügte Wehner hinzu: »Sie brauchen mir nicht zu sagen, was Sie von diesen Erklärungen halten.«

Der Mann in der Bibliothek war jener Ost-West-Anwalt Professor Dr. Wolfgang Vogel. Er war ohne Zweifel ein Vertrauensmann Honeckers, er wurde später sogar als »persönlicher Beauftragter des SED-Generalsekretärs und Staatsratsvorsitzenden in humanitären Angelegenheiten« bei der Bundesregierung akkreditiert. Aber dass Honecker von dem DDR-Agenten in der Regierungszentrale nichts gewusst habe – das mochte in Bonn damals niemand glauben, besonders Brandt nicht, der sich betrogen fühlte und mit solchen Leuten nicht mehr über Entspannungspolitik verhandeln wollte.

Kaum war Vogel weg, rief Wehner nach Holger Börner. Der war gerade zu einer Parteiveranstaltung im heimischen Kassel unterwegs, machte aber sofort kehrt und war gegen 20 Uhr zur Stelle. Wehner referierte Nollaus Bericht und fragte Börner nach den möglichen Reaktionen in der Partei auf die drohenden Enthüllungen. Musste der Kanzler wirklich das Handtuch werfen? Wehner blieb kryptisch, Börner plädierte erschrocken dagegen – und fuhr wieder ab nach Kassel.

Kann es wirklich sein, dass Honecker von Guillaume keine Ahnung hatte? Brandt hat ihm das auch zehn Jahre später nicht geglaubt, als er zum ersten Mal wieder in die DDR reiste und Honecker dort traf. Der sagte mit feierlicher Miene und tief Luft holend, auch er erfahre »solche Geschichten« erst aus der Zeitung – während »ich in mich hineinlache« (Brandt). Immerhin hat der Kasus den Ex-Kanzler so umgetrieben, dass er Egon Bahr 1992 bat, bei Markus Wolf nachzufragen, ob Honecker Bescheid gewusst habe. Wolf mochte die Frage damals nicht beantworten. Mir hat er im Januar 2002 gesagt, er halte nach wie vor für denkbar, dass die Eitelkeit und die grundsätzliche Geheimnistuerei des Stasi-Ministers Erich Mielke diesen gehindert haben könnten, Honecker zu informieren – von der Angst vor einer Rüge ganz zu schweigen. Von Honeckers Behauptung, er habe Guillaume »abgeschaltet«, als er von dessen Platzierung im Kanzleramt erfuhr, hält Markus Wolf überhaupt nichts, »denn eine derartige Order Honeckers ist mir nie zu Ohren gekommen« – und Guillaume galt in der HVA als Chefsache.

Aber nachdem der Spion enttarnt war, schickte Honecker nicht nur Wolfgang Vogel los, sondern bat auch Valentin Falin, damals Botschafter der Sowjetunion in Bonn, um Hilfe bei der Schadensbegrenzung: Er möge doch sofort Kontakt zu Brandt aufnehmen und ihn davon abbringen, »das Vorgefallene zu dramatisieren«. Aber Falin tat ihm den Gefallen nicht, denn, so fand er, »Brandt nahe zu legen, der DDR-Führung Ablass zu erteilen, hieße, Feuer gegen uns selbst heraufzubeschwören«. Hingegen empfahl er seinem obersten Dienstherrn in Moskau, Brandt einen persönlichen Brief zu schreiben. Das Schreiben traf einen Tag nach Brandts Rücktritt ein. Leonid Breschnew bedauerte die Agentengeschichte zutiefst und versicherte, die sowjetische Seite habe nichts von der Existenz dieser Zeitbombe geahnt, sonst hätte man empfohlen, sie zu entschärfen. Das wiederholte er, als er Brandt im Sommer 1975 in Moskau traf, aber, so erinnert sich Brandt, er »musste sich erst einen Ruck geben, bevor er einige wenige Sätze herausbrachte«. Aus Breschnews Umgebung hörte der Ex-Kanzler, Breschnew sei »zornig aufgebracht« gewesen, als man ihn im Frühjahr 1974 unterrichtet habe. Brandts Kommentar in den *Erinnerungen:* »Ich meinte nicht, diese Äußerungen grundsätzlich verstehen zu sollen.«

Der 3. Mai 1974 war für Willy Brandt ein Tag, an dem seine Stimmung großen Schwankungen unterworfen war. Zu Helmut Schmidt sagte er nach einem Gespräch über die Finanzmisere, »dass die Kanzlerschaft möglicherweise rasch auf ihn zukommen könnte« (*Notizen*). Schmidt sei »überrascht« gewesen – was dieser später relativiert hat, denn er habe solche Brandt-Sätze schon häufiger zu hören bekommen. Und kurz zuvor hatte ihn auch sein französischer Amtskollege und Freund Giscard d'Estaing angerufen und gesagt, er habe das Gefühl, sie beide würden bald an die Spitze ihrer Regierungen vorrücken.

Am späten Nachmittag unternahm Brandt einen Spaziergang im Park des Palais Schaumburg mit Conny Ahlers, dem verstoßenen Freund, den er nicht im Amt des Regierungssprechers gehalten hatte. Der Journalist Ahlers hat auf die Frage, was ihn im Dienste der Kanzler Kiesinger und Brandt am meisten überrascht habe, einmal geantwortet: »… wie schrecklich das schwankt von Stunde zu Stunde, zwischen dem Drang nach Aktion um der Aktion willen und dem Hang zum Treibenlassen, weil man plötzlich erkennt, dass man im Grunde gar nichts machen kann«. Ahlers plädierte wohl ein wenig zu drastisch gegen Rücktritt. Brandt in den *Notizen:* »Er sieht nicht den Ernst, mit dem ich die Frage der Verantwortlichkeit stelle.« Jedenfalls war es nicht Ahlers, den er für den Abend zu sich nach Hause bat, sondern Egon Bahr und Günter Gaus.

Aktion schien geboten. In der Villa am Kiefernweg 12 redeten Brandt, Gaus und Bahr ab 20.30 Uhr zwei Stunden lang detailliert und konzentriert über die Kabinettsumbildung, die nun zum rettenden »Durchmarsch« werden sollte: Die Verantwortlichen der Affäre Guillaume, also Genscher, Ehmke und Nollau, sollten abgelöst und die beiden gefährlichsten Gegenspieler Brandts in den eigenen Reihen, Wehner und Schmidt, neutralisiert werden. Wehner sollte mit einem Ministeramt in die Kabinettsdisziplin eingebunden und Schmidt mit dem Fraktionsvorsitz betraut werden. Bahr sollte Chef des Kanzleramts werden, Gaus das Bundespresseamt übernehmen. Aber, so Egon Bahr, es sei ihm schon, während der Kanzler sich noch an der Diskussion beteiligte, klar geworden, dass Brandt nicht mehr an den »Durchmarsch« glaubte. Woran hat er das gemerkt? »Das ist schwer zu sagen. An der Wortwahl, am Tonfall. Man spürt so was eben, wenn man so befreundet ist.« Bahr in seinen Memoiren: »Ich bekam das Gefühl, ohne das auch nur auf ein einziges Wort beziehen zu können, dass im Innersten des Freundes Resignation keimte.«

Das ganze Vorhaben war ohnehin eher eine Utopie als ein seriöser politischer Plan. Allein schon der Rauswurf Genschers hätte das Ende der sozialliberalen Koalition bedeuten können; die drei Gesprächspartner wussten das genau. Und welches Ministeramt sollte Wehner bekommen, welches würde er akzeptieren? Plötzlich brach denn auch der ganze Aktionismus in sich zusammen. Brandts Stimmung kippte. »Jetzt hört mal zu«, sagte er und redete dann eine Dreiviertelstunde über seine Verantwortung für den Fall Guillaume. Bahr und Gaus schwiegen.

Was Brandts Stimmungsumschwung an jenem Abend ausgelöst hat, weiß Günter Gaus bis heute nicht. Tatsache sei, sagt er, dass Brandt den »Durchmarsch« erst in allem Ernst erörtert und dann plötzlich für obsolet erklärt habe, da er selbst aus seiner Verantwortung nicht herauskomme. Völlig rational kann man das wohl gar nicht erklären – allenfalls so: Der Ertrinkende greift nach einem Strohhalm, merkt schließlich, dass der ihn nicht über Wasser halten kann, und lässt los.

Es mag sein, auch wenn Bahr und Gaus sich nicht präzise daran erinnern können, dass ein Anruf von Holger Börner die Stimmung Brandts hat kippen lassen. Börner jedenfalls weiß genau, dass er an diesem Abend bei Brandt angerufen und ihn vorgewarnt hat: Wehner sei von Nollau über die »Kanzleramouren« informiert worden und werde Brandt am folgenden Tag in Bad Münstereifel darauf ansprechen. Aber Börner hat mit diesem Anruf gewartet, bis er wieder in Kassel war, weil er die brisanten Neuigkeiten nicht über sein Autotelefon kommunizieren wollte. Mag also sein, dass der Anruf erst kam, als Bahr und Gaus gegen Mitternacht gegangen waren.

Völlig beerdigt wurde der »Durchmarsch« an diesem Abend freilich nicht. »Gaus war, als wir gingen, noch der

Meinung: Das wird der Willy jetzt machen«, so Egon Bahr. Deshalb habe er vorgeschlagen, noch einen Spaziergang zu unternehmen und die Dienstautos hinterherfahren zu lassen. Auf diesem Spaziergang dann habe er zu Gaus gesagt: »Es ist vorbei.« Was diesen überraschte.

Günter Gaus bestätigt das. Als Bahr »Es ist vorbei« sagte, sei er ziemlich erschrocken gewesen. Aber er habe »auf gar keinen Fall gegen Egon argumentiert«, denn Bahr kannte Willy Brandt viel länger und viel besser als er. »Stellen Sie sich das doch mal vor: Wir gehen da über den nächtlichen Venusberg, die Dienstautos schleichen abgeblendet hinterher, Egon sagt ›Es ist vorbei‹, und ich insistiere auf Weitermachen? Nein, das Ganze hatte eher was von Wagner: nicht *Tannhäuser*, aber *Götterdämmerung.*«

Am nächsten Morgen, dem 4. Mai, erschien die *Bild*-Zeitung, die das Thema seit Guillaumes Verhaftung kampagnenartig hochgespielt hatte, mit der Schlagzeile: »Machte Kanzler-Spion Porno-Fotos?« Im Text war nur die Rede von Guillaumes Liebschaften mit den Sekretärinnen. Zugleich erreichte den Kanzler die dringende Bitte der führenden Oppositionspolitiker Karl Carstens und Richard Stücklen um eine persönliche Aussprache in Sachen Guillaume. Dies nährte Brandts schwelenden Verdacht, die eigenen Geheimdienste hätten ihn bespitzelt und ihre Erkenntnisse an die Opposition und die Presse geliefert. Zwar versicherten Carstens und Stücklen kurz darauf dem *Spiegel*, sie hätten nur die Namen von zwei weiteren mit Guillaume verbandelten Sekretärinnen nennen und sich nach dem Wahrheitsgehalt des Gerüchts erkundigen wollen, dass auch in der CDU-Spitze ein Ost-Agent enttarnt werden solle. Aber Brandts Gefühl, von den »eigenen Leuten« verraten worden zu sein, saß inzwischen tief.

Um 10.30 Uhr kam Klaus Harpprecht auf den »Berg«, wie die Kanzlerresidenz im Insiderjargon hieß, und redete lange und eindringlich auf Brandt ein, der ihm – wie fast immer – gern zuhörte. Große Politik, internationale Perspektiven. Die Gefahr, dass Europa aus dem Leim gehen könnte. Gemeint war vor allem die Beziehungskrise zwischen dem werdenden, noch mitnichten einigen Westeuropa und dem globalstrategisch operierenden Bündnispartner USA, verschärft durch die Situation im Nahen Osten nach dem Yom-Kippur-Krieg und durch währungspolitische Turbulenzen. Harpprechts Notizen über das »lange Samstaggespräch« sind verloren, er erinnert sich aber, dass Brandt »zum ersten Mal ganz seriös die Möglichkeit eines Rücktritts andeutete«. Der Freund riet wortreich ab, beschwor »das schreckliche Risiko für den Staat, für die Demokratie, die Furcht, dass wir vor die Hunde gehen«. Brandt notierte über Harpprechts Argumente: »Dieser schiebt meine Sorgen wegen einer neuen Dreckkampagne beiseite, hält meine Auffassung von der Verantwortlichkeit in Sachen G. für übertrieben und beschäftigt sich stark mit meiner/unserer Verpflichtung gegenüber Europa.«

Nach einem warnenden Anruf von Justizminister Jahn, den Holger Börner ebenfalls über Wehners Absicht informiert hatte, fuhr Brandt nach Bad Münstereifel in die Tagungsstätte der Friedrich-Ebert-Stiftung, über die Arnulf Baring zu Recht bemerkt, dieses ehemalige Hotel lasse »in Zuschnitt und Stil allerdings eher an ein Heim für Krankenschwestern oder Kindergärtnerinnen« denken, sei jedoch »schön gelegen«, nur eine Autostunde von Bonn entfernt. Das Haus eignete sich hervorragend als Refugium der Genossen für vertrauliche Gesprächsrunden und Klausuren – beiläufig auch als gut getarnter Ort diskreter Rendezvous, die dem Kanzler in Bonn, wo nichts verborgen blieb, zu riskant waren. Wehner, der »Zuchtmeister« der Sozialdemokraten, dürfte davon erfahren haben.

Diesmal war eine Wochenendklausur führender Genossen aus den Gewerkschaften mit Spitzengenossen aus Partei und Regierung anberaumt. Es herrschte Krisenstimmung – kaum verwunderlich nach Fluglotsenstreik und überhöhten Tarifabschlüssen im Öffentlichen Dienst. Vor dem Abendessen an einer großen Tafel – etwa ein Dutzend Teilnehmer, wenig Alkohol, wenig Gelächter – hatte Wehner, wie erwartet, Brandt um ein Gespräch gebeten. Beide verließen die Runde etwa um 19.30 Uhr, was nicht weiter auffiel.

Das Gespräch unter vier Augen, zu dem die beiden aufbrachen, ist in manchen Darstellungen des Amtsverzichts von Willy Brandt als die Stunde der Entscheidung beschrieben worden: An dieser Stelle habe Herbert Wehner den Kanzler zum Rücktritt gedrängt, wenn nicht gar gezwungen. Das aber hat noch nicht einmal Brandt selbst behauptet. Im Gegenteil, er hat dieser Lesart in seinen *Erinnerungen* widersprochen: »Die Kunde ging, der Fraktionsvorsitzende habe mich in die Zange genommen und zum Rücktritt veranlasst. Begründung: Ich sei erpressbar. So war es nicht.«

Wie denn dann? Es gibt keine Zeugen des etwa einstündigen Gesprächs, wir sind also angewiesen auf das, was die beiden Dialogpartner darüber aufgeschrieben oder anderen erzählt haben. Und diese Schilderungen sind so eindeutig nicht, wie sie meist kolportiert worden sind.

Brandts Version in den *Notizen:* »Ich lege meine Sicht der von mir zu übernehmenden Verantwortlichkeiten dar. … Wehner bezog selbst nicht Stellung, sondern sprach von einer ›besonders schmerzlichen Nachricht‹, die er mir zu überbringen gehabt haben würde, wäre ich nicht selbst auf die diversen Aspekte eingegangen. Er deutete aber an, Nollau würde meinen Rücktritt empfehlen.« Ob dies nun die »besonders schmerzliche Nachricht« war oder nur das »Teilthema«, also die Frauengeschichten, blieb für Brandt zunächst unklar. Dann aber sprach Wehner »von einem ca. 10-seitigen Bericht und ›Damenbekanntschaften‹, der mindestens elf Personen bekannt sei, einschl[ießlich] Gui[llaume]. Laut Nollau sei die Möglichkeit von Erpressung auch nach einem späteren Austausch Gui[llaume]s gegeben. HW sagte, er habe sich keine Einzelheiten gemerkt bzw. wolle sie nicht erwähnen. Er sprach dann doch etwas von einem irgendwo ›liegen gebliebenen Collier‹.«

Man muss sich noch einmal vergegenwärtigen, was Wehner hier mitgeteilt hat. Vermutlich hatte er seine Gabelsberger Kurzschriftnotizen des mündlichen Berichts zur Hand, den Nollau ihm tags zuvor gegeben hatte. Nollau hatte sich dabei auf den – gleichfalls mündlichen – Vortrag von BKA-Chef Herold gestützt, der ihm lediglich eine Namensliste der »abzuklärenden Personen« schriftlich gegeben hatte. Herolds Bericht wiederum stützte sich nicht auf protokollierte Äußerungen der Beamten des Kanzler-Begleitkommandos, sondern allenfalls auf Notizen, die während der »informatorischen Anhörung« von einigen – vermutlich vier – Sicherheitsbeamten entstanden waren. Der Mitteilsamste von diesen war wohl der Kriminalrat Gernot Mager, der viele, wenn nicht die meisten Vorfälle, auch nur von seinen Kollegen gehört hatte – von Zeugen also, deren Platz draußen vor der Tür war, die jedenfalls nicht »die Lampe gehalten« hatten.

Von dieser Qualität waren Wehners Andeutungen in jener Schicksalsnacht von Münstereifel: Männerphantasien, die einen Mann wie Brandt, der in puncto Sexualität lieber konkret wurde, erheitert hätten, wenn der Anlass nicht so ernst gewesen wäre. Don Giovannis Diener Leporello hätte seinem Herrn mit einer solch wackligen Liste nicht kommen dürfen. Was Wunder, dass das bewusste Collier, dessen wahre Herkunft der ehrliche Finder Karl Willeck seinen Befragern doch korrekt mitgeteilt hatte, von Wehner weiterhin der falschen Frau angehängt wurde.

Aber es ging weiß Gott nicht nur um Weibergeschichten. Brandt mag zu Beginn des Gesprächs sogar noch gehofft haben, Wehner werde ihm um des Machterhalts willen helfen, einen Ausweg aus der politischen Krise zu finden, in der die Regierung steckte. Bestimmt hat er auch von der angedachten Kabinettsumbildung gesprochen. Doch davon wollte Wehner nichts mehr wissen; er schwieg verdrossen. »Als er dann auch noch hörte«, so zitiert *Der Spiegel* ein Mitglied des SPD-Vorstands, »dass sein Intimfeind Bahr Chef des Kanzleramts werden sollte, war bei Onkel Herbert erst recht der Ofen aus.«

Aber Brandts Rücktritt hat er nicht verlangt, nur eine Entscheidung binnen 24 Stunden. Und die wollte er dem Kanzler nicht abnehmen. Brandt in den *Erinnerungen:* »Wie immer ich mich entscheiden würde, er trage meinen Entschluss mit.« So hat sich dann auch Wehner geäußert, freilich mit deutlich mehr Pathos: Er habe »uneingeschränkte Treue für jede denkbare Entwicklung« bekundet. Das stimmt nicht ganz. Eine Einschränkung hat Wehner schon gemacht, aber dann nicht mehr erwähnt: Bei den Weibergeschichten könne er nicht helfen, da müsse Brandt selbst sehen, wie er davonkomme.

Arnulf Baring, der 1981 sowohl mit Brandt als auch mit Wehner über die Nacht von Münstereifel gesprochen hat, schreibt im *Machtwechsel*, Wehner habe nicht verborgen, dass er diese Affären als peinlich empfand. »Aber wichtiger war ihm, ihre Bedeutung für die Zukunft der SPD herauszustreichen. Er hielt ihre öffentliche Erörterung parteipolitisch für eine Katastrophe.« Und natürlich wusste Wehner, »wie es um Willy Brandts Willenskraft und Seelenstärke zu diesem Zeitpunkt bestellt war: Das sah ja jeder.« Er wusste also auch, dass sich Brandt ohne die volle Unterstützung Wehners und ohne dessen disziplinierenden Einsatz in der Fraktion den drohenden öffentlichen Auseinandersetzungen nicht gewachsen fühlte.

Es mag aber auch sein, dass Brandt ihm nicht mehr zugetraut hat, die Fraktion geschlossen hinter dem Kanzler zu versammeln – und das wäre Brandt bestimmt wichtiger gewesen als Wehners persönliche Unterstützung, mit der er ohnehin nicht mehr rechnen konnte. Brandt hat Wehner so tief misstraut, dass er ihm die Aufforderung, Kanzler zu bleiben, wahrscheinlich gar nicht abgenommen hätte. Er hätte ihm nicht geglaubt, dass Wehner den Rücktritt wirklich verhindern wolle – und der wollte das ja auch nicht, darüber war Brandt sich spätestens seit Wehners Ausfällen während der Russland-Reise im Klaren. Man darf sogar annehmen, dass Brandt einen Treueschwur Wehners eher beargwöhnt denn als Rettungsanker begriffen hätte – auch wenn er von allen hören wollte, dass er bleiben solle.

Spätestens seit diesem Abend war Wehner für Brandt der Hauptschuldige. Der von Wehner vermutlich geteilten These, er sei erpressbar geworden, hat Brandt in seiner ersten Fernseherklärung nach dem Rücktritt direkt widersprochen: »Es ist und bleibt grotesk, einen deutschen Bundeskanzler für erpressbar zu halten. Ich bin es jedenfalls nicht.« Bezeichnend auch, dass er in den *Notizen* dort, wo das Münstereifel-Gespräch erwähnt wird, nicht nur die politischen Pannen und Niederlagen der letzten anderthalb Jahre summiert, sondern auch seine Verdachte gegen Wehner (und dessen Ost-Kontakte). Beispiel: »Von zentraler Bedeutung die Rolle HWs seit dessen SU-Reise, Sept. '73.«

Und Wehner selbst? Weggefährten seiner späten Jahre, vor allem natürlich seine Frau Greta, wissen, dass er unter der Anschuldigung, der Kanzlerstürzer gewesen zu sein, für den Rest seines Lebens gelitten hat. Gewiss war er der Überzeugung, dass Brandts Amtsführung und Lebensweise den Machterhalt gefährdeten, dass der Kanzler Brandt zu einem Problem für die Regierungsfähigkeit der Partei geworden sei. Aber den Brutus geben und als solcher in den Geschichtsbüchern stehen – das wollte er nicht, das hielt er für eine der vielen Diffamierungen, mit denen er zu leben hatte und gegen die er sich nicht wehren konnte. Dem Interviewer Knut Terjung hat der fast achtzigjährige Wehner 1985 über seine Beziehung zu Brandt gesagt: »Wir haben keine. Das gibt's nicht. Ich kann nicht. Das geht nicht. Ich kenne Brandt. Ich kenne seine Art und Weise, wie er andere Leute behandelt hat, und so habe ich mich davon ferngehalten. ... Da ist überhaupt keine Fähigkeit bei mir zu sagen, also, lass uns jetzt Brüder werden. Das gibt's nicht.«

Nachdem Wehner an jenem Abend in Münstereifel gegangen war, ließ Brandt Holger Börner und Karl Ravens zu sich in das ziemlich triste Zimmer mit der kleinen Sitzgruppe, dem großen Doppelbett und dem langen Schleiflack-Kleiderschrank bitten. Er wollte jetzt nicht allein sein, und es wurde noch ein langer Abend bei viel Rotwein. »Zu nächtlicher Stunde sage ich, dass mein Entschluss zum Rücktritt nahezu feststehe«, schreibt er in *Über den Tag hinaus.* »Die beiden Freunde, denen ich dies sage, versuchen mich umzustimmen und meinen, die Frage der Verantwortung müsse differenzierter beantwortet werden. Sie vermuten wohl, es seien die seit Anfang des Vorjahres sich häufenden Widrigkeiten, die mich mürbe gemacht hätten. Ich will das nicht völlig ausschließen. Wer kann sich insoweit in vollem Umfang selber Rechenschaft geben? Jedenfalls kann ich, neben Fehlern, Konditionsschwächen nicht bestreiten.«

Natürlich hat Brandt den beiden Freunden von dem vorangegangenen Gespräch mit Wehner erzählt – deprimiert über die Schnüffeleien der Geheimdienste, aber vor allem wütend auf Wehner, auf dessen falsche Zitate aus dem Herold-Bericht und dessen Weigerung, einen eindeutigen Rat zu geben. Börner und Ravens taten das nun: Du darfst auf keinen Fall zurücktreten! Börner sagte sogar: »Wenn du willst, versammle ich 20 000 Leute auf dem Bonner Rathausmarkt, halte eine Rede über deine ›Weibergeschichten‹ und lasse abstimmen, ob du trotzdem Kanzler bleiben sollst. Da würden sogar die Impotenten für dich die Hand heben.«

Mag sein, dass der Kanzler noch Hoffnung hatte; die Hoffnung stirbt ja immer zuletzt. Holger Börner jedenfalls glaubt, dass Brandt an diesem Abend noch nicht wirklich zum Rücktritt entschlossen war. Er habe sich, so Börner im Gespräch mit mir, »noch etwas von Helmut Schmidt versprochen« – vielleicht dass dieser sagen würde, was Wehner nicht gesagt hatte: Du musst Kanzler bleiben, und ich werde dich in Zukunft nach Kräften unterstützen!

Am Morgen des 5. Mai ging zunächst das Gespräch mit den Gewerkschaftsbossen weiter. Als sie gegangen waren, versammelte sich, wie vereinbart, die engere SPD-Führung, also Brandt, Schmidt, Wehner, Börner und Schatzmeister Nau. Nur Heinz Kühn, einer der stellvertretenden Parteivorsitzenden, fehlte; er war noch in Afrika und kam erst am nächsten Tag zurück.

In dieser Runde nun sagte Brandt, er werde zurücktreten. Seine eigene Schilderung in *Über den Tag hinaus:* »Ich gebe meinen Entschluss bekannt, begründe ihn und nominiere Helmut Schmidt als meinen Nachfolger. Dieser rät mir besonders eindringlich ab. Dass ich Parteivorsitzender bleibe, steht nicht zur Diskussion.« In den *Notizen* wird Brandt kaum deutlicher: »Ich gebe Gründe für Rücktritt. Helmut Schmidt widerspricht, Herbert Wehner nicht. ... Es wird vereinbart, dass wir am kommenden Tag allein und mit der FDP weiterberaten.«

Das gibt weder die Inhalte noch die Atmosphäre dieser denkwürdigen Versammlung auch nur annähernd wieder, vor allem nicht Helmut Schmidts Reaktion. Der nämlich verlor, wie er später eingeräumt hat, die Fassung. Er schrie Brandt an: Sein Verhalten sei völlig »out of proportion«. Spionage gebe es alle Tage, deshalb trete ein Regierungschef nicht zurück. Und wegen ein paar läppischer Amouren lasse man doch die SPD nicht sitzen! Brandt zitiert Schmidt in den *Notizen* so: »Wenn doch, musst du Vorsitzender bleiben. Du kannst die Partei zusammenhalten, ich nicht!« Was da mitschwang, war ohne Zweifel Schmidts immer wieder artikulierter Ärger darüber, dass Brandt den linken Theoretikern in der Partei viel zu viel Leine gelassen habe. Als Brandt aber auf seinem Entschluss beharrte und ihn sofort, also am Sonntagnachmittag, verkünden wollte, explodierte Schmidt noch einmal: Weder der Bundespräsident noch der Koalitionspartner seien unterrichtet – da könne sich der Regierungschef doch nicht einfach aus dem Staub machen. Das gestand Brandt ihm zu. Die Form sollte gewahrt bleiben.

Hat Wehner in dieser Runde dem Rücktritt wirklich

nicht widersprochen? Die *Spiegel*-Leute Alfred Freudenhammer und Karlheinz Vater behaupten in ihrer Wehner-Biografie das Gegenteil: »Wehner protestierte ebenfalls. Als aber Nau rief: ›Wir werden das durchstehen!‹, kanzelte Wehner ihn ab: ›Nicht du wirst das durchstehen, sondern ich.‹« Wehner habe drei Möglichkeiten vorgetragen: Erstens, der Kanzler könne Grabert und Ehmke als verantwortlich für die Guillaume-Affäre entlassen, im Amt bleiben und kämpfen; zweitens, er könne zurücktreten; drittens aber müsse er, wenn er im Amt bleibe, mit der Möglichkeit rechnen, dass er irgendwann zum Rücktritt gezwungen werde. Doch Wehner sagte wieder nicht, für welche Lösung er sei. Brandt müsse entscheiden. Und dann, mit grimmigem Pathos: »Ich stehe zu dir, wie immer du dich entscheidest. Ich werde die Konsequenzen tragen und mich für dich in Stücke hacken lassen.«

Auch wenn das so gewesen sein sollte – es gibt keinen Zweifel, dass Brandt sich von Wehner im Stich gelassen fühlte. Horst Ehmke in seinen Memoiren: »Nach dem, was Brandt mir später berichtete, war für seinen Entschluss Wehners Verhalten ausschlaggebend gewesen.«

In einer solchen Situation das Kanzleramt übernehmen zu müssen, hat Helmut Schmidt erschreckt, wie er mir im Oktober 2001 noch einmal bestätigte. »Ich wollte das nicht. Ich hatte Angst davor.« Auch bestritt er nicht, Brandt angeschrien zu haben, und zwar in einer Weise, die er sofort bedauert habe. Aber dass er ihn ausdrücklich aufgefordert habe, den Parteivorsitz zu behalten, will er so nicht stehen lassen; sein Zorn über Brandts Nachsicht mit den Linken sei damals einfach zu groß gewesen. Schmidt erinnert sich, mit Alfred Nau zurückgefahren zu sein. In Naus Wohnung auf dem Heiderhof, so Schmidt, sei ihm dann klar geworden, dass er der Nachfolge nicht ausweichen könne, auch wenn er dadurch in den Ruch des Kanzlerkillers komme.

Zurück auf dem Bonner Venusberg schrieb Brandt sofort seine auf den 6. Mai vordatierte Rücktrittserklärung an den Bundespräsidenten, die er tags darauf auch nicht mehr änderte. »Ich übernehme die politische Verantwortung für Fahrlässigkeiten im Zusammenhang mit der Agentenaffäre Guillaume und erkläre meinen Rücktritt vom Amt des Bundeskanzlers.« Aber allein bleiben mit dem Demissionsschreiben wollte er nicht. Horst Grabert war der Erste, der den Brief zu sehen bekam, und er riet, wie nicht anders zu erwarten, dringend ab.

Brandt bat ihn, Scheel aufzutreiben. Der hatte den ganzen Tag auf Schloss Gymnich bei einem informellen Treffen mit den Außenministern der Europäischen Gemeinschaft verbracht, kam auf dem Heimweg etwa um 21 Uhr vorbei, beschwingt wie meistens, und fand starke Worte gegen den Rücktritt. »An Ihrer Stelle würde ich mir sagen, dass sich das auf einer Arschbacke absitzen lässt.« Zu Arnulf Baring hat er später gesagt, er habe lange mit dem Kanzler »gerungen« – wozu Baring treffend bemerkt, das sei ihm nicht schwer gefallen, denn ihm wäre nie in den Sinn gekommen, so wie Brandt auf dergleichen Indiskretionen zu reagieren. Auf keinen Fall, sagte Scheel, dürfe Brandt dem Bundespräsidenten sein Rücktrittsschreiben zugehen lassen, ehe man in der FDP-Führung und zwischen den Koalitionspartnern darüber beraten habe. Baring: »Scheel wollte Zeit gewinnen, Brandt am Montag nochmals ins Gewissen reden, wobei er auch an die eigene Partei dachte: An der Treue und Standfestigkeit der Freien Demokraten sollte nicht der geringste Zweifel erlaubt sein dürfen.«

Mir hat Walter Scheel im Herbst 2001 erzählt, Brandt habe ihm den Rücktrittsbrief gar nicht gezeigt. Wohl aber habe er ihm ein Papier hingehalten und gesagt: Hier, gucken Sie mal – zehn Seiten Weibergeschichten! Das würde voraussetzen, dass Brandt sich den Herold-Bericht oder den Aktenvermerk inzwischen beschafft hatte – was durchaus möglich ist. Gelesen habe er auch dieses Papier nicht, sagt Scheel. Am Ende des Gesprächs aber habe er die Hoffnung gehabt, den Partner umgestimmt zu haben.

Brandt war vielleicht beeindruckt, aber nicht überzeugt: »Scheel rät stark ab, engagiert sich aber weniger als am nächsten Tag (sagt, dass er gleich spätabends noch mit Genscher sprechen werde)«, heißt es in den *Notizen*. Jedenfalls rief Brandt weitere Gesprächspartner herbei: Bahr und Börner kamen, nachdem Scheel gegangen war. Börners Meinung war unverändert. Der Skeptiker Bahr riet, laut *Notizen*, die »endgültige Entscheidung von Gespräch mit Herbert Wehner und Helmut Schmidt abhängig zu machen und auch Herbert Wehner zu klarer Äußerung zu veranlassen«. Es fällt schwer zu glauben, dass Egon Bahr dies für möglich gehalten haben sollte.

Ausgeschlossen ist es aber nicht, dass Willy Brandt an diesem 5. Mai doch noch ans Weitermachen gedacht hat. Horst Ehmke jedenfalls berichtet in seinen 1994 erschienenen Memoiren *Mittendrin* von einem Anruf am Nachmittag, in dem Brandt ihn aufgefordert habe, am nächsten Tag in der Fernsehsendung *Report* die Einstellung Guillaumes im Kanzleramt zu verteidigen. Im Übrigen müsse er, Brandt, sich wegen anderer Personen »noch einiges überlegen«. Das klang nun wieder nach »Durchmarsch«. Ein Neustart um fünf nach zwölf?

Brandt hat sich später Baring gegenüber an diesen Anruf nicht mehr erinnern können; allenfalls sei denkbar, dass Ehmke ihn wegen des Fernsehauftritts angerufen habe und dass er diesen insoweit habe gewähren lassen. Dem widerspricht Ehmke mir gegenüber. Nicht er habe Brandt, sondern dieser habe ihn angerufen wegen der *Report*-Sendung, allerdings nicht in kämpferischer Stimmung. Im Grunde habe er nur den (schon am 29. April erteilten) Auftrag bestätigt: »Also, du machst das wie besprochen; ich muss mir personell noch einiges überlegen, das betrifft aber nicht dich.« Ehmke hat dies in der Tat als Hinweis auf ein Revirement verstanden. Von dem bereits geschriebenen Rücktrittsbrief hat Brandt kein Wort gesagt.

Geredet darüber hat er, »spätabends«, wie er notierte, nur noch mit seinem Sohn Lars. Der hatte, ähnlich wie der Vater, ein separates Apartment in dem Haus Kiefernweg 12, eine Art Einliegerwohnung im zweiten Stock. Dort rief Brandt über Haustelefon den damals 22-jährigen Lars etwa um ein Uhr nachts an – »Er wusste ja, dass ich meistens nachts arbeitete« – und bat ihn zu sich in seine Klause. Dann zeigte er ihm den Rücktrittsbrief.

Willy Brandt hat in diesen entscheidenden Tagen zweimal den Dialog mit Lars gesucht. Offenbar hatte er Grund zu der Annahme, von ihm besser verstanden zu werden als von anderen Menschen. Für Lars war es vor allem eine Demonstration der Verbundenheit, um nicht zu sagen der Solidarität – gewiss auch der Überzeugung, dass der Vater einen solchen Abgang nicht verdient habe, dass er sich mehr Verantwortung auflade, als er hätte müssen.

Lars reagierte so, wie Brandt es sich wohl gewünscht hatte. Er sagte: »Bitte, tu's nicht.«

»… aber diese Last muss ich loswerden«

Der Tag der Entscheidung

Den Termin bei Zahnarzt Dr. Amerling um 8.30 Uhr an diesem Morgen ließ Willy Brandt platzen. Bevor er das Haus verließ, ging er über den langen Flur ins Schlafzimmer seiner Frau, um sich zu verabschieden. Das tat er selten. Rut Brandt war verwundert: »Ich lag noch im Bett. Er stellte sich ans Fußende und sagte: ›Ich werde heute zurücktreten.‹« Die beiden hatten in den vergangenen Tagen kaum miteinander gesprochen, aber Rut war nicht überrascht. Sie sagte: »Das finde ich richtig. Einer muss die Verantwortung auf sich nehmen.«

Brandt ging ohne ein weiteres Wort, offenbar tief getroffen. War seine karge Mitteilung in Wahrheit eine Bitte um Widerspruch? Rut Brandt vermutet es. »Willy sagte später einmal zu mir«, schreibt sie in ihrem Erinnerungsbuch *Freundesland,* »dass Wehner *und* ich an seinem Rücktritt schuld seien. Meinen angeblichen Anteil daran wollte er nicht näher erklären.« Als Matthias Brandt an diesem Morgen zu seiner Mutter ans Bett kam, fand er sie in Tränen. Er glaubte, dass sie krank sei.

Um dieselbe Zeit hatte Herbert Wehner, wie seit längerem verabredet, Gäste zum Frühstück in seinem Reihenhaus am Weißdornweg auf dem Heiderhof: den Ost-West-Anwalt Dr. Wolfgang Vogel und einen weiteren Ost-West-

Grenzgänger, den Schweden Carl-Gustav Svingel, Mitwisser und Helfershelfer vieler Freikäufe von DDR-Häftlingen. Es war ein unruhiges, von Telefonaten unterbrochenes Frühstück. Offenbar wurde Wehner – wahrscheinlich von Holger Börner – über Brandts Rücktrittsentschluss ins Bild gesetzt. Jedenfalls fragte er seine Gäste, was sie sagen würden, wenn Willy morgen nicht mehr Kanzler wäre. Beide reagierten entsetzt.

Carl-Gustav Svingel, ein ehemaliger Opernsänger, der schon während der Großen Koalition die ersten Kontakte zwischen Wolfgang Vogel und dem damaligen gesamtdeutschen Minister Wehner vermittelt hatte, erzählte dem *Spiegel* 1992 eine ziemlich abenteuerliche Version der Ereignisse im Hause Wehner an diesem 6. Mai 1974: wie Helmut Schmidt sich weigerte, Kanzler zu werden, und wie Wehner deshalb auf die Idee kam, den Bundespräsidenten Heinemann zum Weitermachen und Walter Scheel zum Verbleib im Kabinett, sogar zur Übernahme des Kanzleramts zu überreden – und wie er diesen Plan »gegen Mittag« wieder fallen ließ.

Das kann schon deshalb so nicht gewesen sein, weil die *dramatis personae*, auch Wehner selbst, nachweislich anderswo auftreten mussten, zum Beispiel in mehreren Koalitionsgesprächen, die bereits um 9.30 Uhr im Kanzleramt begannen. Nur eine Stelle in Brandts *Notizen* vom 6. Mai deutet darauf hin, dass Wehner in dem behaupteten Sinne aktiv gewesen sein könnte: Demnach sagte dieser »abends, als die Besprechungen zu Ende gingen: er habe den Tag über an anderen Stellen im Sinne des Weitermachens gesprochen«. Dahinter setzt Brandt in Klammern ein dickes Fragezeichen.

Walter Scheel dachte gar nicht daran, seine Pläne zu ändern. Entweder noch in der Nacht oder früh am Morgen hatte er dem Kanzler einen sehr persönlichen, freundschaftlichen Brief geschrieben, den sein Referent Sepp Woelker ins Kanzleramt brachte. Scheel erinnert sich, wie er mir mitgeteilt hat, am Morgen des 6. Mai noch vor der ersten Koalitionsrunde allein in des Kanzlers Büro gegangen zu sein, und zwar in der Erwartung, von diesem nun zu hören, er habe es sich in der Tat anders überlegt und werde im Amt bleiben – was Brandt aber nicht sagte. Dies war für Scheel der Moment der Entscheidung.

Im Kanzleramt begann der Tag wie immer um 9 Uhr mit der »Lage«. Dort wollte Reinhard Wilke dem Redenschreiber Harpprecht die Neuigkeit von Brandts Rücktrittsbrief zuflüstern, Harpprecht mochte aber nicht hinhören. Nach der »Lage« wurde er zu Egon Bahr gebeten, der ihn in Brandts Auftrag mit dessen Rücktrittsentschluss konfrontierte und gegenüber Harpprechts verzweifelten Einwänden hart blieb: Brandt könne es nicht mehr durchkämpfen.

Zuvor schon hatte Bahr, den Tränen nah, Günter Gaus mit der Nachricht von Willys Rücktrittsbrief angerufen. In diesem Gespräch bat er auch darum, Gaus möge ihm einen Termin abnehmen: Es seien am Vormittag ein paar Chefredakteure überwiegend konservativer Tageszeitungen, der so genannte Schmelzer-Kreis, zu einem der üblichen Hintergrundgespräche im Kanzlerbungalow angemeldet. Bahr sagte, er sei jetzt einfach nicht in der Verfassung, mit diesen Leuten zu reden.

Gaus nahm den Termin wahr und tat damit Egon Bahr einen Gefallen, sich selbst aber nicht. An einem solchen Tag als ehemaliger *Spiegel*-Chefredakteur und nunmehr Eingeweihter ein Hintergrundgespräch mit Journalisten führen zu müssen – das konnte wohl nicht abgehen, ohne dass noch mehr Dampf in die schon brodelnde Gerüchteküche geblasen wurde. Robert Schmelzer, Namensgeber des Gesprächskreises und damals Chefredakteur der *Frankfurter Neuen Presse,* hat Gaus' Auftritt – ohne diesen beim Namen zu nennen, aber nicht ohne ironische Spitzen – in seinem Blatt beschrieben: »Punkt 11.35 Uhr ist er da, mit dem Auto die 200 Meter vom Palais Schaumburg zum Bungalow gefahren. ... Es gibt nur ein einziges Gesprächsthema: Guillaume.« Was Gaus dazu gesagt hat, wird unterschiedlich überliefert. Schmelzer: »Mit dringlicher Liebenswürdigkeit bittet Herr X, ein Kettenraucher, ihn über einen einzigen Punkt nicht zu befragen, sondern darüber eine offizielle Meldung abzuwarten. Wann? – Das kann sehr spät werden. – Heute noch? – Höchstwahrscheinlich.« Andere Teilnehmer des Schmelzer-Kreises verbreiteten in den Pressequartieren am Tulpenfeld, Gaus habe empfohlen, so lange wie möglich die halbe erste Seite in den Zeitungen freizuhalten, es werde heute noch was passieren. Dass er gesagt habe, es werde »eine Bombe hochgehen«, bestreitet er entschieden.

In der ersten Koalitionsrunde dieses Tages (Scheel, Genscher, Mischnick mit Brandt, Schmidt, Wehner) ging jedenfalls noch keine Bombe hoch. Wehner sagte anderntags vor der SPD-Fraktion: »Alle haben die Meinung vertreten, dass die Erwägung Willy Brandts von ihnen nicht nur bedauert, sondern dringend ihm angeraten würde, sie nicht zu vollziehen.« Ohne Frage war der Widerspruch der Freidemokraten gegen Brandts »Erwägung« noch lauter als der Helmut Schmidts. Und vor dem Koalitionspartner will nun auch Wehner in diesen Widerspruch eingestimmt haben: Er habe damals erklärt, hat er 1980 seinem Interviewpartner Jürgen Kellermeier gesagt, es gebe keinen Grund dafür, dass der Bundeskanzler zurücktritt. Wenn jemand gehen müsse, dann könne man auch an zwei andere denken, nämlich an den Kanzleramtschef Grabert und an den Innenminister Genscher.

Nach Wehners Darstellung (gegenüber Arnulf Baring) hat Brandt in der Morgenbesprechung des Koalitionskreises einfach seine Entscheidung mitgeteilt, das Palais Schaumburg aufzugeben, und trotz allen Zuredens der anderen fünf Koalitionäre eisern daran festgehalten. Folgt man Brandts Schilderung in den *Notizen,* dann hat Wehner orakelt, dass die »Beschränkung« Brandts auf den SPD-Parteivorsitz Sinn machen könne, wenn sie nicht »resignativ« begründet werde. Ein »offensiver« Rücktritt also? Zu Baring hat Wehner gesagt, vielleicht habe Brandt ja geglaubt, dass die Koalition zerbreche, wenn er bleibe, jedoch Genscher gehen müsse. Allerdings sei das nicht ausprobiert worden. Das ist wahr. Aber sollte Wehner es wirklich bedauert haben?

Die Koalitionsrunde vertagte sich. Wehner: »Es gab eine Bedenk- und Besprechzeit bis zum Abend dieses Tages.« Dies weckte bei einigen Getreuen Brandts, allen voran Klaus Harpprecht, die Hoffnung, es sei wieder alles offen: »WB [Willy Brandt] hat sich dazu entschieden, noch einmal alles zu bedenken«, so Harpprecht in seinem Buch *Im Kanzleramt.* »Gegen 12 Uhr: erste Gerüchte über den Ticker. Sie sind sehr ungenau. Ich bestelle mir die Ticker-Meldung. BK [Bundeskanzler] konferiert mit Egon Bahr, offensichtlich lange.«

So war es in der Tat. Es ging dabei noch immer um Wehners Rolle. Man kann das in den *Notizen* nachlesen: »Egon Bahr brachte am 6. 5. in Erfahrung: in den vorangeg[angenen] Tagen [bis 5. 5.] habe es zwischen Herbert Wehner und Honecker mehrere (vier) Kommunikationen gegeben.« Ein Brief an den Kanzler, den Honecker über Wehner geleitet hatte, habe ihn, Brandt, nie erreicht, und Honecker habe Helmut Schmidt bereits brieflich zu einem Besuch eingeladen, als er, Brandt, noch gar nicht offiziell zurückgetreten sei. »An diesem Montag ergab sich ferner: 1) es hatte mir gegenüber verheimlichte Kontakte mit Ostberlin gegeben (und gab sie auch an folgenden Tagen), 2) eine Kampagne setzte ein, war also seit Tagen vorbereitet worden, 3) es gab Hinweise auf Unkontrollierbares in Nicht-Rechtsblättern.« Diese seltsame Auflistung – der Greta Wehner, was die Honecker-Briefe angeht, später entschieden widersprochen hat – machte zumindest eines deutlich: Brandt fühlte sich gejagt.

Und Egon Bahr versuchte auch nicht mehr, ihm das auszureden: »Am Tag des Zweifels, in seinem Amtszimmer, riet ich zum Rücktritt. ›Sie werden dich jagen und in sechs oder acht Wochen zum Rücktritt zwingen; nur jetzt bestimmst du noch das Gesetz des Handelns.‹ Ich war überzeugt, dass der Freund nur durch diesen Schritt vor der Zerstörung oder Selbstzerstörung bewahrt werden könnte, obwohl mir der tiefe Einschnitt absolut bewusst war.«

Klaus Harpprecht schrieb in der Zwischenzeit flehentliche Durchhaltebriefe: an Brandt, aber auch an Schmidt und sogar an Wehner. Um 13.30 Uhr ließ der Kanzler bitten, und Harpprecht machte sich Hoffnungen: »Gestern stand sein Entschluss fest, jetzt scheinen die Dinge wieder in der Schwebe zu sein.« Brandt wirkte gelöst, ja fast heiter, sprach über Münstereifel und über Wehners Einlassungen. Unter den dort namentlich genannten Damen befanden sich offenbar auch Harpprechts Frau Renate und Susi von Wechmar, die Frau des Pressechefs. Harpprecht und Brandt lachten darüber. Und Brandt fügte hinzu: »Es ist ja nachgerade peinlich, ich muss nun andauernd beteuern, dass ich keine Verhältnisse hatte.«

Im politischen Bonn verbreitete sich unterdessen Gewitterstimmung. Es braute sich offenbar was zusammen, aber was? Einige Chefredakteure des Schmelzer-Kreises hatten nach dem Hintergrundgespräch mit Gaus ihre Bonner Korrespondenten alarmiert, und die klapperten nun alle möglichen Informanten ab, förderten aber nur die üblichen Verdächtigungen zutage – Gerüchte eben: Generalbundesanwalt Buback und Bundesanwalt Träger seien in Bonn eingetroffen; andererseits sei Verfassungsschutzchef Nollau zum zweiten Mal innerhalb weniger Tage in die Kur nach Bad Tölz abgereist. Um 12.30 Uhr sickerte durch, dass bei der Vorbereitung einer Regierungsdokumentation zum Fall Guillaume erhebliche Meinungsverschiedenheiten zwischen den Ministern Genscher und Ehmke aufgetreten seien. In der Routinepressekonferenz um 14.30 Uhr bestätigte der stellvertretende Regierungssprecher Armin Grünewald die bevorstehende Veröffentlichung dieser Dokumentation, wies aber alle Vermutungen von sich, Ehmke werde wegen der Guillaume-Affäre zurücktreten.

Seit dem Vormittag tagten die Parteipräsidien von CDU und CSU unter dem Vorsitz ihrer Chefs Helmut Kohl und Franz Josef Strauß im Konrad-Adenauer-Haus. Kohl, damals Ministerpräsident von Rheinland-Pfalz, hatte auf der Fahrt nach Bonn übers Autotelefon schon »was läuten gehört« von den Gerüchten über Ehmkes Rücktritt. In der Präsidiumssitzung aber ging es um die offizielle Nominierung des gemeinsamen Kandidaten für die Bundespräsidentenwahl, Richard von Weizsäcker, die um 14 Uhr dann von einer großen Versammlung der christdemokratischen Wahlmänner fast einstimmig bestätigt wurde. Für den Abend hatten sowohl Kohl als auch Strauß zum Umtrunk in die Bierkeller der rheinland-pfälzischen und der bayerischen Landesvertretungen in Bonn gebeten.

Auch der niedersächsische Ministerpräsidenten-Kollege Alfred Kubel, ein Sozialdemokrat, wollte am Abend in seiner Bonner Botschaft Hof halten.

Das Parteipräsidium der Sozialdemokraten tagte ebenfalls um 14 Uhr, allerdings ohne den Parteivorsitzenden Brandt. Von dessen drohendem Rücktritt als Bundeskanzler war mit keiner Silbe die Rede. Die zehn Spitzengenossen kamen im Gegenteil zu einer erstaunlich optimistischen Einschätzung der Folgen des Guillaume-Desasters für die am 9. Juni bevorstehenden Landtagswahlen in Niedersachsen. Und auch die Spitze der SPD-Parlamentarier, der Fraktionsvorstand, trat zusammen, etwa um 17 Uhr, unter Wehners Vorsitz, und beriet hinter verschlossenen Türen länger als erwartet. Wehner gestand den Genossen, dass Guillaume in Norwegen tatsächlich streng geheime Vorgänge in die Hand bekommen habe, und sprach dann auch von einem »dritten Komplex«, der in den Ermittlungen aufgetaucht sei; ins Detail ging er aber nicht.

Wehner war etwas verspätet gekommen, nämlich aus einem zweiten Koalitionsgespräch im Kanzleramt um 16.30 Uhr, in dem es um die von Brandt gewünschte überparteiliche Untersuchung der Rolle der Geheimdienste ging und um deren verstärkte Kontrolle. Brandt notierte eine »grundsätzliche Verständigung über Benennung unabhängiger Persönlichkeiten« (die spätere Eschenburg-Kommission), worüber noch am selben Abend die Fraktionsvorsitzenden – auch die der Oppositionsparteien, Carstens und Stücklen – informiert werden sollten, und zwar vom Kanzler persönlich.

Dachte Brandt um diese Zeit also wirklich ans Weitermachen, ging immer noch alles hin und her? Seine Getreuen hofften das wohl. Er selbst hat es – in *Über den Tag hinaus* – bestritten. Gewiss, er war vormittags, mittags und am frühen Abend »ganz eingebunden in Gespräche«, aber: »Neue Aspekte ergeben sich nicht – außer dass sich eine Kampagne, die auch Privates zum Gegenstand hat, deutlicher abzeichnet. ... Unterschiedlich vorgebrachte Argumente können mich nicht mehr umstimmen. Auch nicht des Außenministers Voraussage eines ›mittleren außenpolitischen Erdbebens‹.«

Harpprecht wiederholte unermüdlich sein Plädoyer gegen Rücktritt, verwies dramatisch auf Adenauer, der in einer solchen Lage nicht gewichen wäre: »Du bist nicht K. A. – gottlob nicht. Aber ein Kanzler muss sich auch an der Prägung dieses Amtes durch K. A. orientieren. ... Bitte erkenne in diesen Zeilen nichts anderes als Sorge, Respekt, Freundschaft. Dein getreuer Klaus.« Aber er musste begreifen, dass er sich vergebens mühte: »Börner und Bahr meinen beide sinngemäß: Ein Ende mit Schrecken sei nun besser. Dann könne man wenigstens mit der Solidarität der Partei und eines Teils der Bevölkerung rechnen.« Auf den Fluren des Palais Schaumburg mit ihren ewig knarrenden Dielen sagte Bahr zu Harpprecht, Brandt sei eben kein Adenauer, »das ist der Unterschied. Adenauer wurde respektiert, Willy Brandt wird geliebt.«

Um 18 Uhr dann die Begegnung mit Generalbundesanwalt Buback, der in Begleitung von Justizminister Jahn erschien; Bundesanwalt Träger wartete im Vorzimmer. Ist dem Kanzler in diesem Gespräch deutlich geworden, dass die Bundesanwaltschaft an der Ausforschung seiner Intimsphäre gar nicht interessiert war? Brandts *Notizen* lassen das nicht erkennen. Er habe, heißt es da, seine Verwunderung über das Interesse der ermittelnden Behörden an privaten Vorgängen ausgedrückt, an denen nichts Strafbares sei; die Ermittelnden fügten offenbar auch ganz Unsinniges zusammen; keiner der befragten Beamten oder auch

Guillaume könnten etwas anderes als die Tatsache von Besuchen angeben. Buback erwiderte, Feststellungen aus dem privaten Bereich seien nur insofern von Bedeutung, als zu klären sei, ob sich Guillaumes Verrat auch auf diesen Bereich erstreckt habe. Buback sagte, man stütze sich besonders auf Befragungen der Sicherheitsbeamten Bauhaus und Küpper und gab (so Brandts *Notizen)* »Hinweis auf ›Liaison‹ und auf Geschichten mit der Schwedin. Nennt einige andere Möglichkeiten einschl. Mystifikationen sowie einen feucht-fröhlichen Barbesuch im Hamburger Plaza-Hotel. Ich meine daraufhin, dass es unsinnig (auch illoyal) wäre, die weithin dubiosen Hinweise im einzelnen zu verifizieren.«

Darauf jedenfalls haben Kanzler und Generalbundesanwalt sich verständigen können. Im Grunde war Buback ja der Ansicht, dass Brandt Recht habe und dass die Frage, ob es nun »Kompromate« gebe oder nicht, in dem Verfahren gegen Guillaume nichts verloren hatte. Jedenfalls sagte er, was er ja vielleicht schon am 1. Mai geäußert hätte: Er werde veranlassen, dass die Befragung der Beamten über diesen Komplex sofort aufhöre. Und das tat er auch.

Um 19 Uhr war Brandt wieder allein mit Jahn und sagte ihm, er sei entschlossen, jetzt aus dem Amt zu gehen – sonst gebe es einen »Rücktritt auf Raten«. Dann rief er die Genossen der engeren Parteiführung zusammen: Schmidt, Wehner, Börner und den inzwischen aus Afrika heimgekehrten Heinz Kühn. »Ich bestätige meinen Entschluss, mache aber, ebenso wie in den nachfolgenden Gesprächen mit Scheel und dem Koalitionskreis klar, dass mich hierzu nicht die Unterhaltung mit Buback veranlasst habe. Ich gebe Helmut Schmidt den freundschaftlichen Rat, sich in der Folge nicht so zu äußern, als ob er von mir einen ›Scheißladen‹ übernommen hätte.«

Die letzte Zusammenkunft des Koalitionskreises um 20 Uhr war kurz, aber wohl nicht schmerzlos. Es war der Moment – um es mit Wehners Worten anderntags vor der Fraktion auszudrücken –, in dem »wir die Unwiderruflichkeit des Entschlusses, von dem wir gesagt haben, er ließe sich modifizieren, von Willy bestätigt bekommen«. Keinerlei Widerspruch mehr? Doch, behauptet Klaus Harpprecht: »Erst als der Entschluss zum Rücktritt unumstößlich geworden ist, hat er [Wehner] ihn lauthals für falsch erklärt und mit erhobener Stimme bedauert.«

Von alledem wusste man außerhalb des Palais Schaumburg um diese Zeit noch nichts. Zwei Meldungen allerdings hatten den Blutdruck der so genannten politischen Beobachter ansteigen lassen: Um 17.59 Uhr teilte das Presseamt mit, dass die Vorsitzenden der drei Bundestagsfraktionen für 21 Uhr zum Kanzler bestellt seien – Thema: der Fall Guillaume. Und um 19.30 Uhr wurde gemeldet, Außenminister Scheel werde nicht, wie vorgesehen, am nächsten Tag an einer Sitzung des EG-Ministerrats in Brüssel teilnehmen, weil seine Anwesenheit in Bonn »zwingend erforderlich« sei. Das bedeutete Alarmstufe Rot.

Die Unruhe drang bis in den Keller der rheinland-pfälzischen Landesvertretung, wo Helmut Kohl mit ungefähr zwanzig Journalisten beim Abendessen saß. Erst wurde er selbst hinausgerufen (Carstens teilte ihm den 21-Uhr-Termin beim Kanzler mit), dann rannten die Journalisten ständig ans Telefon, sodass Kohl schließlich frozzelnd sagte, die einzig vernünftige Neuigkeit an diesem Abend wären Neuwahlen. Ein Stockwerk höher zechten die rheinland-pfälzischen Sozialdemokraten, Kohls Mainzer Opposition, samt ihrem Vorsitzenden Wilhelm Dröscher, und machten sich lustig über die hektischen Journalisten.

Gemeinsam aber versammelte man sich nach der *Tagesschau* vor dem Fernseher, um Horst Ehmkes Auftritt in der Sendung *Report* zu begutachten. Ehmke tat, was Brandt ihm vor Tagen aufgetragen hatte: Er verteidigte die Regierung, clever und kaltschnäuzig wie immer. Als damaliger Kanzleramtschef habe er bei der Sicherheitsüberprüfung Guillaumes sogar mehr getan, als er hätte tun müssen, und sehe deshalb keinerlei Grund für einen Rücktritt. Niemand im Kanzleramt war offenbar in den Sinn gekommen, Horst Ehmke vor diesem Auftritt zu bewahren; niemand hatte ihm gesagt, dass Brandts Rücktritt um diese Stunde beschlossene Sache war.

Den Termin um 21 Uhr, der die Gerüchteküche neu angeheizt hatte, nahm Brandt nicht mehr wahr. Er bat Walter Scheel darum, den beiden Fraktionsvorsitzenden der Opposition die Idee mit der unabhängigen Expertenkommission zum »vorbeugenden Geheimschutz« zu verkaufen; die Koalitionäre Wehner und Mischnick kannten sie ja schon. Scheel entschuldigte den Kanzler mit einem »dringenden Termin«. Kein Wort über Rücktritt. Karl Carstens und Richard Stücklen lauerten vergebens. Scheel brachte das Versteckspiel etwa eine Stunde lang »mit großem Charme«, so Stücklen, hinter sich und ließ die Herren von der Opposition im Ungewissen darüber, warum immer noch so viele Autos vor dem Palais Schaumburg standen.

Herbert Wehner entschwand auf den Heiderhof, Wolfgang Mischnick in sein Bundeshausbüro, wo er Skat mit den Parteifreunden Victor Kirst und Alfred Ollesch spielte und für niemanden mehr zu sprechen war. Carstens und Stücklen eilten in die rheinland-pfälzische Landesvertretung, ließen ihren Parteichef Kohl aus dem Keller holen und berichteten ihm von Scheels unverhofftem Erscheinen und von der vorgeschlagenen Expertenkommission. Kohls

Reaktion: »Das ist doch Schwachsinn.« Stücklen zog weiter in den Bierkeller der Bayern-Vertretung, wo es inzwischen recht laut herging, und verschaffte sich Gehör mit einer großen Glocke und dem Ruf: »Wollt ihr jetzt wissen, ob die Bundesregierung futsch ist oder nicht?« Aber er wusste es ja auch nicht. Immerhin erfuhren die Bonner Beobachter jetzt, dass der Kanzler zu dem 21-Uhr-Termin nicht erschienen war. Was war mit Brandt?

Kurz nach 21 Uhr hatte Brandt seinem Amtschef Grabert den am Vortag geschriebenen Rücktrittsbrief und ein paar persönliche Zeilen mit dem Auftrag übergeben, beide Schreiben dem Bundespräsidenten auszuhändigen. Heinemann war nicht in Bonn, er absolvierte seinen siebten und letzten offiziellen Besuch als Bundespräsident in Hamburg. Dort war etwa um 18 Uhr vorsorglich Nachtlandeerlaubnis für ein Regierungsflugzeug erbeten worden; ein Jet der Bundeswehr stand in Bonn bereit. Horst Grabert fuhr zum Flughafen und startete etwa um 22 Uhr. Mit ihm flog – völlig unbemerkt von den Bonner Beobachtern – der designierte Bundeskanzler Helmut Schmidt.

In jenen Tagen befand sich Helmut Schmidt ohne Zweifel in einem Zustand permanenter psychischer Hochspannung. Als er nach dem letzten Vier-Augen-Gespräch dieses Tages mit Brandt das Arbeitszimmer des Kanzlers, sein künftiges Arbeitszimmer, verließ, kamen ihm auf der Treppe zum ersten Stock drei der Getreuen entgegen, die Brandt zu einem Abschiedsdrink hatte bitten lassen: Egon Bahr, Günter Gaus und Karl Ravens – nicht unbedingt Schmidts engste politische Freunde. Der künftige Kanzler stutzte einen Augenblick, dann umarmte er Bahr so fest, als suche er Halt. »Ich wollte das nicht, Egon«, sagte Schmidt heftig, »und ich weiß auch nicht, ob ich es kann.« Bahr, obwohl am Rande seiner Nervenkraft, bewahrte die Beherrschung. »Jetzt halt den Mund, Helmut«, sagte er. »Erstens wolltest du es. Und zweitens kannst du es auch.«

Schmidt eilte davon. Seit Stunden wartete sein Bürochef Klaus Dieter Leister auf den Chef und den Abflug nach Hamburg, wo Schmidt am folgenden Tag auf dem alljährlichen Überseetag die Festrede zu halten versprochen hatte und zur freudigen Überraschung des veranstaltenden Überseeclubs auch hielt, obwohl er eigentlich in Bonn sein musste. Auf dem Flug nach Hamburg schwieg Schmidt eisern. Leister erfuhr nicht einmal, warum auch Horst Grabert nach Hamburg flog, geschweige denn was der in seinem Aktenkoffer hatte. Erst nach der Landung um 23 Uhr sagte Schmidt beim Abschied beiläufig zu seinem Referenten: »Hören Sie um Mitternacht mal die Nachrichten.«

Den Freunden, die sich nach 21 Uhr bei Brandt versammelten – Klaus Harpprecht kam noch dazu, Reinhard Wilke und später auch Holger Börner –, eröffnete der Kanzler, dass Grabert auf dem Weg nach Hamburg sei. »Ich informiere euch erst jetzt, damit ihr mich nicht mehr davon abbringen könnt.«

»Es war irgendwie unheimlich«, hat ein Teilnehmer der Runde dem *Spiegel* später erzählt, »Brandt war so angespannt und zugleich heiter.« Harpprecht hat die Zusammenkunft offenbar anders erlebt, vor allem weniger harmonisch: »Willy Brandt ist scheinbar erleichtert. Man spricht ruhig, wiederholt ein paar Argumente. ... Die Unterstützung, vor allem durch Wehner, sei nicht klar gewesen.« Aber auch von den eigenen Schwächen sprach Brandt wieder: »Nach dem November 1972, der großen Wahl, habe es einen Bruch gegeben. Seine Krankheit, die Stimmbänderoperation – als ihn die Ärzte, wie er sagt, fast umgebracht haben ... Der Nikotinentzug: man könne das Rauchen schon aufgeben, das kann man, aber es sei wohl doch eine fast unerträgliche Nervenbelastung für jemanden, der seit seinem sechzehnten Lebensjahr geraucht habe.«

Nach einer Stunde etwa stand Brandt auf. Er müsse jetzt zu seiner Frau. »Der Abschied war sehr kurz, fast beiläufig. Er sagte, wir müssten uns in diesen Tagen länger und ausführlicher sprechen.« Harpprecht erfuhr von einer der beiden Kanzlersekretärinnen, Marga Lenzen, dass Brandt bereits gegen 20.30 Uhr mit Rut telefoniert habe. Und Wilkes Stellvertreter Schilling erzählte ihm, Hans-Dietrich Genscher sei im Vorzimmer gewesen – »kalkweiß und zitternd«; er bange wohl um die Präsidentenwahl, um das Schicksal seiner Partei und um sein eigenes. Genscher ging, ohne Brandt gesprochen zu haben.

»Sollte ich leugnen«, schreibt Brandt in *Über den Tag hinaus,* »dass ich an diesem Abend nicht ohne Rührung das Kanzleramt verlassen habe?« Reinhard Wilke brachte ihn zum Auto, Ulrich Bauhaus setzte sich wie immer neben den Chauffeur, der Polizei-Porsche fuhr wie immer voraus. Als die Kanzlerkolonne am Kiefernweg 12 angekommen war, folgte der Leibwächter dem Chef ins Haus und bat um ein kurzes Gespräch. Brandt hat das in seinen *Notizen* bestätigt: Bauhaus habe Tränen in den Augen gehabt, als er sagte, »er habe sich bei Vernehmung unter Druck gefühlt. (...) Er sei erstaunt gewesen, wie viel bereits ›gesammelt‹ war.« Brandts Fahrer Hans Simon, der im Auto auf Bauhaus gewartet hatte, wollte natürlich wissen, was der Chef denn gesagt habe. »Ich will Sie nie wieder sehen«, soll Brandt gesagt haben, so Hans Simon zu mir. Selbst wenn Brandt das gesagt haben sollte – daran gehalten hat er sich nicht.

Bahr, Gaus und Ravens wollten das Kanzleramt noch nicht verlassen, sondern gingen in Egon Bahrs Büro, um unter einem Lenbach-Porträt des preußischen Generalstabschefs Helmuth Graf von Moltke weiterzutrinken. Sie waren dort gerade angekommen, als der immer noch ahnungslose, aber mit seinem *Report*-Auftritt sehr zufriedene Horst Ehmke hereinplatzte und dafür gelobt werden wollte, dass er die Regierung im Fernsehen herausgehauen habe. Die drei Trauernden ließen ihn eine Weile reden und sagten dann, Brandt sei soeben zurückgetreten. Ehmke, entsetzt, reagierte mit bitteren Vorwürfen: Man hätte Willy nicht allein gehen lassen dürfen, es bestehe doch die Gefahr, dass er sich was antue. Das glaubten Bahr, Gaus und Ravens zwar nicht, riefen aber doch in der Wachstube am Kiefernweg an und ließen sich bestätigen, dass Brandt heil zu Hause angekommen sei. Dann leerten sie, ohne Ehmke, eine Flasche Courvoisier und entsorgten diese schließlich im Papierkorb, wodurch anderntags eine Putzfrau in Verdacht geriet.

Apropos Fernsehen: An diesem Abend lief im ersten Programm von 21.45 Uhr bis 22.30 Uhr ein Film von Paul Karalus in der Reihe *Spuren* mit dem Titel *Die Baracke – die SPD zieht um.* Das ehedem als Provisorium gedachte und darum zu Recht Baracke geheißene Hauptquartier der Sozialdemokraten sollte endlich einem vorzeigbaren Neubau Platz machen und war im März 1974 abgerissen worden. Dies zeigte der Film – zeigte zum Beispiel, wie ein Abrissbagger ins Büro des Vorsitzenden Brandt eindrang. Auch dessen Parteireferent Guillaume war ein paar Mal im Bild, aber im Text des Films wurde er nicht erwähnt. Mit einiger Beklemmung betrachteten die bisher in der Baracke tätigen Genossen, die nun im Ausweichquartier der Parteiführung, Baunscheidstraße 15, auf Holger Börner und die neuesten Nachrichten aus dem Kanzleramt warteten, solche Bilder. Als musikalisches Leitmotiv des

TV-Porträts einer Parteizentrale hatten die Filmemacher den wohl berühmtesten Trauermarsch der Jazzgeschichte gewählt: *New Orleans Function.*

Diese Fernsehsendung hatte noch nicht angefangen, als der Chefredakteur des sozialdemokratischen Wochenblatts *Vorwärts,* Gerhard E. Gründler, der bei der Fete in der niedersächsischen Landesvertretung präsent war, zum Telefon gerufen wurde. Ein Anrufer, den Gründler seit geraumer Zeit kannte, sagte nur: »Gleich wird es einen Rücktritt geben. Der Brief an den Präsidenten ist unterwegs.« – »Wessen Rücktritt?«, fragte Gründler. »Ehmke?« Der Anrufer verneinte. »Genscher? Brandt?« fragte Gründler. Diesmal bejahte der Anrufer – und beide legten schnell auf.

Der Anrufer war Heinrich Sprenger, vormals Referent in der Presseabteilung des Bundeskanzleramts und seit einiger Zeit liiert mit der Kanzlersekretärin Marga Lenzen, mit der er heute verheiratet ist. Der Anruf war eine Indiskretion, aber eine arglose, denn Sprenger wusste, dass der *Vorwärts* erst zwei Tage später, also nach der offiziellen Mitteilung des Kanzlerrücktritts erscheinen konnte. Er wollte Gründler einen Gefallen tun, indem er ihm Zeit verschaffte, die redaktionell nahezu abgeschlossene nächste Ausgabe des *Vorwärts* entsprechend umzubauen. Gründler, vordem Korrespondent der *Welt* und innenpolitischer Redakteur beim *stern,* hatte damals seine liebe Not mit dem Traditionsblatt der SPD – von dem Hans-Dietrich Genscher sagte, wenn man etwas verschweigen wolle, dann müsse man es im *Vorwärts* veröffentlichen –, und er hatte sich auch bei Heinrich Sprenger mal darüber beklagt, dass Genossen und Sympathisanten ständig am *Vorwärts* herummeckerten, aber keiner dabei helfen wolle, das Blatt interessanter zu machen. Sprenger wollte.

Gerhard Gründler, Journalist aus Passion, kannte nun die sensationelle Neuigkeit, auf die alle lauerten, und konnte sie nicht loswerden. Das hielt er wohl nicht aus. Er verriet sie seinem Freund, dem ebenfalls zu den Niedersachsen geladenen Dr. Jürgen Kellermeier, seinerzeit Hörfunkkorrespondent des Norddeutschen Rundfunks. Der begann zu rotieren. Er wollte eine offizielle Bestätigung. Zugleich musste er seinen Sender alarmieren, um noch in die um 23.30 Uhr beginnende NDR-WDR-Sendung *Berichte von heute* zu kommen. Beides erwies sich als extrem schwierig. Im Presseamt wusste man noch von nichts; der Regierungssprecher Rüdiger von Wechmar war gar nicht in Bonn. Und der Dienst habende Redakteur weigerte sich zunächst, die bereits fertige Sendung wieder aufzumachen, weil das erstens unbequem war und weil er zweitens der Sensationsmeldung des Korrespondenten ohne offizielle Bestätigung über die Nachrichtenagenturen nicht recht traute. Aber Kellermeier schaffte es nach etwa einer Stunde dennoch, live in *Berichte von heute* als erster Bonner Korrespondent Brandts Rücktritt zu melden. Genau um Mitternacht kam dann die Deutsche Presseagentur mit der »eil eil«-Meldung auf den Markt: »ndr: brandt soll rücktritt eingereicht haben«. Die offizielle Bestätigung des Presseamts wurde erst um 0.30 Uhr gesendet.

Es sei damals viel spekuliert worden, ob hinter der vorzeitigen, für den Abend noch gar nicht geplanten Mitteilung womöglich Herbert Wehner oder Helmut Schmidt steckten, weil sie auf diese Weise Fakten schaffen und einen Rücktritt vom Rücktritt verhindern wollten – so hat Kellermeier viele Jahre später in einer Rede zum siebzigsten Geburtstag seines Freundes Gründler erzählt und diesem für »einen meiner schönsten Scoops als Journalist« herzlich gedankt. Er habe sich damals verhalten »wie Helmut Kohl heute und den Spender nie genannt«.

Pressechef von Wechmar war übrigens auf der Rückfahrt von »Konsultationen über Informationspolitik« mit dem britischen Regierungssprecher und dessen Mitarbeitern auf Schloss Hugenpoet bei Essen und hatte den britischen Botschaftsrat Francis MacGinnis bei sich im Auto, als er erfuhr, dass sein Regierungschef, den er seit sechs Tagen nicht hatte sprechen können, offenbar abgetreten sei. Die Kunde kam nach 23 Uhr über Autotelefon. Der Chef vom Dienst des Presseamts Heribert Schnippenkötter, genannt Schnippi, teilte mit, zur Stunde werde in Hamburg offenbar der Rücktrittsbrief übergeben. Wechmar setzte MacGinnis an der britischen Botschaft ab und eilte in sein mittlerweile von den Journalisten erstürmtes Amt.

Der Adressat des Rücktrittsbriefs war an diesem Abend nach Abschluss eines Empfangs im Hamburger Rathaus zu Besuch beim *Spiegel*. Gustav Heinemann und seine Frau Hilda saßen etwa seit 21.30 Uhr in Augsteins voluminösem Büro im zwölften Stock des *Spiegel*-Hauses an der Ost-West-Straße mit den Spitzenleuten des Nachrichtenmagazins zusammen – die natürlich hofften, dabei auch ein paar Hintergründe der Bonner Ereignisse zu erfahren. »Herr Bundespräsident, können Sie schweigen?«, hatte Augstein schon bei der Begrüßung gefragt. Das wolle er doch hoffen, hatte Heinemann erwidert. Augsteins Kommentar: »Ich hatte gehofft, nein.«

Aber Heinemann schwieg. Um 22.20 Uhr kam ein Sicherheitsbeamter herein und flüsterte ihm etwas ins Ohr, worauf der Präsident Nachrichten hören wollte. Das gelang aber nicht sofort. Etwa zwanzig Minuten später erschien wieder ein Sicherheitsbeamter und holte Heinemann für ein paar Sekunden aus dem Zimmer. In den ZDF-Nachrichten um

22.45 Uhr war Richard Stücklen zu sehen, der von einem Vorschlag Scheels »in einem indirekten, losen Zusammenhang mit dem Fall Guillaume« sprach. Allgemeine Verunsicherung. Um 23 Uhr begann die geplante Besichtigung des *Spiegel*-Archivs. Chefredakteur Erich Böhme ging nicht mit, sondern rief den ihm gut bekannten Chef des Bundespräsidialamts, Dietrich Spangenberg, in Bonn an: Was denn los sei? »Schlimmes«, sagte Spangenberg und wollte den Bundespräsidenten sprechen. Heinemann wurde aus dem Archiv geholt. Nachdem er mit Spangenberg telefoniert hatte, wollte er nicht weiter besichtigen, verabschiedete sich und fuhr ins Gästehaus des Hamburger Senats an der Schönen Aussicht.

Am nächsten Morgen erst erzählte Heinemann seinem Gastgeber Augstein am Telefon, was los gewesen war: »Sie werden bemerkt haben, dass mich um zehn Uhr ein Sicherheitsbeamter rausgerufen hat. Der sagt, Grabert sei nach Hamburg unterwegs. Ich denke, du sollst eine Entlassungsurkunde unterschreiben.« Heinemann dachte – aber das sagte er auch jetzt nicht –, Ehmke müsse gehen. »Um halb elf kommt noch mal einer und sagt, ich solle spätestens um halb zwölf im Gästehaus des Senats sein. Ich denke, du sollst die Entlassungsurkunde *schnell* unterschreiben. Dann werden Sie bemerkt haben, dass ich aus Ihrem Archiv noch einmal herausgeholt wurde. Das war Spangenberg, der mir sagt, Brandt ist zurückgetreten. Bis zu diesem Moment habe ich nichts gewusst. Aber als Sie mich zum Auto brachten, wusste ich: Von mir erfährt keiner was, da mache ich lieber das dümmste Gesicht.«

Der Bundespräsident hätte Brandts Bitte, den Rücktritt sofort wirksam werden zu lassen, nicht erfüllen müssen, zumal er nicht in dessen Überlegungen eingeweiht war und sich nun einer völlig neuen Situation konfrontiert sah. Aber er widersprach nicht, nachdem er den an ihn persönlich gerichteten Begleitbrief Brandts gelesen hatte: »Ich bleibe in der Politik, aber die jetzige Last muss ich loswerden. Sei mir bitte nicht böse, versuche mich zu verstehen und übertrage Scheel die Wahrnehmung der Geschäfte, damit Schmidt dann zum Kanzler gewählt werden kann.«

Kaum anzunehmen, dass Willy Brandt, als er an diesem Abend zu seiner Frau nach Hause fuhr, darauf gefasst war, dass sie ihn auf die Frauengeschichten ansprechen werde. Sie tat es aber. Warum? Er sei ja in den Tagen vorher überhaupt nicht ansprechbar gewesen, hat Rut Brandt mir im Februar 2002 gesagt. Er war es dann auch später nicht. Rut hatte am frühen Abend dieses 6. Mai den – nicht erbetenen – Besuch Harpprechts gehabt und ihm durchaus vorwurfsvoll gesagt, dass Willy mit ihr ja schon lange nicht mehr über seine Probleme rede, obwohl sie Geheimnisse sehr gut für sich behalten könne.

Willy »kam spät nach Hause, vielleicht gegen 23 Uhr, aber ich war noch auf«, so hat Rut Brandt die Szene in ihrem Buch *Freundesland* beschrieben. »Ich fragte, ob an diesen Frauengeschichten etwas wahr sei. Er ging schnell darüber hinweg und sagte, dass das alles unwichtig sei. Aber er erzählte, dass er ein ernstes Verhältnis gehabt habe, das über zwei Jahre gegangen, aber jetzt zu Ende sei. Ich schrie auf und sagte, jetzt sei es genug, ich würde gehen.«

Sie ging natürlich nicht. »Jetzt durfte ich nicht gehen und es für ihn noch schwerer machen. Und wir hatten Matthias, der erst zwölf Jahre alt war und Vater und Mutter brauchte.« Aber warum dann der Aufschrei, warum der Impuls zu gehen, da sie doch – nach eigenem Eingeständnis – schon Mitte der fünfziger Jahre zum ersten Mal über Scheidung nachgedacht und bestimmt keine Illusionen hatte über die Affären ihres Mannes? Hatte sie sich denn nicht längst damit arrangiert? Hatte sie nicht immer gewusst, dass sie sein Innenleben kaum kannte, dass er es selbst nicht kannte, wohl auch nicht kennen wollte? Doch. Aber sie kannte die Frau, die er erwähnt hatte – und mochte sie.

Willy Brandt rief nach der gescheiterten Begegnung mit Rut wieder Lars zu sich. Der hat über dieses Gespräch mit dem Vater nichts mitgeteilt, tut es auch heute nicht. Natürlich sei es darum gegangen, so viel immerhin deutet er an, die Wucht dieses Ereignisses Rücktritt auffangen zu helfen, Hilfe anzubieten, emotionale Solidarität.

Danach, so Brandt, »summierte ich – in einem Zustand beträchtlicher Erschöpfung, aber großer innerer Ruhe – die Motive meines Entschlusses«. Er hatte keine neuen Argumente, hat sie aber in vier Punkten noch einmal aufgeschrieben, als müsse er sich vergewissern, doch richtig gehandelt zu haben – obwohl die Fackeln und die Transparente vor dem Haus ihn vom Gegenteil überzeugen wollten.

»Nachts einige freundlich-laute Demonstrationen auf dem Venusberg«, notierte Brandt. Holger Börner schickte die enttäuschten Anhänger um 3 Uhr wieder weg. Brandt ließ sich nicht sehen. Er schrieb nach einem Anruf Graberts aus Hamburg, der Vollzug meldete, an Walter Scheel: »Inzwischen bin ich unterrichtet, dass der Herr Bundespräsident von meinem Entschluss Kenntnis genommen hat.« Es war vorbei.

Satyrspiele

Verschwundene Papiere, verschwundene Namen

Das Ende war es nicht. Im Gegenteil. Willy Brandt fing erst richtig an. Er trat heraus aus dem Schatten der Macht und hinein ins Licht eines globalen Comebacks als *elder statesman,* Präsident der Sozialistischen Internationale, Chef der Nord-Süd-Kommission, die im Auftrag der Weltbank die Notlage der Entwicklungsländer zu recherchieren hatte. Dies war der Beginn einer neuen Karriere – der vierten, folgt man der Zählung seines Biographen Peter Merseburger: »Der Mann, der keiner Rolle mehr genügen, keine Maske mehr tragen, keinen innenpolitischen Erwartungen mehr entsprechen muss und wieder in großen Zusammenhängen denken und leben kann«, präsentierte sich als der eigentliche Willy Brandt.

Aber das geschah nicht von heute auf morgen. »Leicht war die Zeit nicht, die dem Rücktritt folgte«, so Brandt in den *Erinnerungen.* Einerseits war der Rücktritt für ihn »eine Befreiung von den Zwängen einer mittlerweile nur noch quälenden Aufgabe als Bundeskanzler«, wie nun auch Reinhard Wilke bemerkte, der ihm zusammen mit der Sekretärin Marga Lenzen ins Büro des Ex-Kanzlers folgte. Andererseits musste er nicht nur ohne den Regierungsapparat, sondern auch ohne die vordem allzu präsenten Höflinge auskommen. Es »herrschte ein merkwürdiges Vakuum. Manche seiner engsten Berater schienen plötzlich anderes zu tun zu haben, als Willy Brandt beizustehen«, so Wilke. Klaus Harpprecht aber habe sich »als ein mitfühlender und hilfreicher Freund in schweren Zeiten« erwiesen.

Das entspricht Brandts eigener Erinnerung: Geholfen hätten ihm »einige wenige persönliche Freunde« und, wie er ausdrücklich hinzufügte, »einige führende Kirchenmänner« – Julius Kardinal Döpfner, der Vorsitzende der Deutschen Bischofskonferenz, zum Beispiel, der ihm schrieb, die katholischen Bischöfe »bezeugen ihre Achtung zu Ihrem politischen und persönlichen Einsatz, der Dank verdient, ebenso ihre Anteilnahme an den erlittenen menschlichen Enttäuschungen«. Briefe wie dieser waren es wohl, die ihn vier Tage nach dem Rücktritt in Berlin sagen ließen: »Und ich weiß: Auf meiner Seite steht, über die eigene Partei hinaus, das anständige Deutschland.«

Die Befreiung von der Last des Amtes war Willy Brandt deutlich anzumerken. Ich habe ihn nie so zugänglich, so offen auch für persönliche Dinge erlebt wie nach dem Rücktritt. Gleichwohl war der Ekel spürbar über das Vorgefallene, über diese Affäre G., ein tiefer, traumatisch verfestigter Abscheu gegen Nachschnüffelei, der so dominant war, dass Brandt die Vermutung, nicht nur der Agent an seiner Seite werde ausgeforscht, sondern auch er selbst, aus seinem Bewusstsein einfach verdrängt hatte. Viele Jahre später erst hat er vor laufender Kamera zugegeben, er sei damals einfach »kaputt«, physisch und psychisch am Ende gewesen.

Aber kaputtgemacht hat die Politik ihn nicht – obwohl ihm das schon auf der Schule prophezeit worden ist. Ein von ihm sehr geschätzter Lehrer, der Oberstudienrat Dr. Kramer, der am Lübecker Johanneum Englisch und Französisch unterrichtete, hat seiner Mutter einmal geraten: »Halten Sie Ihren Sohn von der Politik fern! Der Junge hat gute Anlagen, es ist schade um ihn. Die Politik wird ihn ruinieren.« Es ist anders gekommen.

In der Erinnerung von Matthias Brandt, der beim Rücktritt seines Vaters zwölf Jahre alt war, sind besonders zwei Szenen lebendig geblieben. Die eine spielt im Fernsehzimmer der Kanzlerresidenz am Kiefernweg kurz nach der Verhaftung Guillaumes. Matthias stand neben dem Vater vor dem Bildschirm, auf dem eine Sendung zu ebendiesem Thema lief, und Brandt sagte: »Deine Mutter wird dir ja wohl erklärt haben, was das alles zu bedeuten hat.« Er selbst erklärte es nicht, deutete aber plötzlich auf den Bildschirm und brach in wildes Gelächter aus. Matthias, der nichts verstand, hatte das Gefühl, er müsse mitlachen, und versuchte das auch. Aber in Wahrheit fürchtete er sich.

Die andere Szene spielt auf der Fähre Kiel – Oslo, während der etwa zwanzigstündigen Überfahrt. Brandt saß in der geräumigen Kabine der Familie am Tisch, hatte einen Stoß Papiere vor sich und arbeitete. Plötzlich raffte er die Papiere zusammen, stand auf und sagte, er wolle lieber in der Bar weiterarbeiten. »Die Leute sollen sehen, dass ich noch da bin.«

Bis heute streiten die Gelehrten über die Bedeutung des Rücktritts für Brandt persönlich. Klaus Harpprecht spricht von der dritten großen Lebensleistung nach der Regierungsbildung 1969 und der Ostpolitik, weil Brandt damit demonstriert habe, dass der Wechsel der politischen Führung nun auch in Deutschland zur Normalität geworden sei. Gregor Schöllgen dagegen meint, Brandt habe die Niederlage des Rücktritts nie verwunden. Beides geht zu weit. Nicht der Rücktritt als solcher, sondern das, was er daran als »schmählich« empfand, hat Willy Brandt verletzt.

Zwei Narben, die von den Verletzungen jener Tage stammen, sind zeitlebens sichtbar geblieben. Die eine ist der zur fixen Idee gewordene Verdacht, wie Peter Merseburger formuliert, »Wehner habe womöglich im Zusammenspiel mit Ostberlin seinen Sturz betrieben«. Die andere ist das tief eingebrannte Misstrauen gegenüber den Leuten, die er (mit beträchtlichen Risiken für die parlamentarische Basis seiner Regierung) als Partner der Entspannungspolitik angesehen und behandelt hatte und die ihn dennoch hatten bespitzeln lassen. Zwar hat er sich später wieder mit Honecker und mit Breschnew getroffen – und besonders der Kreml-Herr hat sich die größte Mühe gegeben, Brandt vom Gegenteil zu überzeugen –, aber geglaubt hat er ihnen nicht mehr.

Die Guillaumes waren für ihn gestorben. Er hat es nicht vermeiden können, in den siebziger Jahren auf einen möglichen Austausch der Spione angesprochen zu werden, einmal wohl auch mit der Versicherung, Guillaume werde in der DDR auf keinen Fall intime Kenntnisse ausplaudern. Aber er hat das zurückgewiesen. Er hat bei verschiedenen Gelegenheiten deutlich zu verstehen gegeben, dass er sich aus dem Fall G. herauszuhalten wünsche. Eine Initiative zugunsten des Spions hätte niemand von ihm erwarten dürfen; im Übrigen aber wollte er die Regierung nicht daran hindern, das zu tun, was sie sachlich für geboten und rechtlich für zulässig hielt.

Vergleichsweise wohlwollend hat Brandt nach der Wende, im Herbst 1990, auf einen Entschuldigungsbrief von Markus Wolf reagiert, in dem dieser sich als ein früher Befürworter der Entspannungspolitik zu erkennen gab. Der ehemalige Geheimdienstchef versuchte damals, der Vollstreckung eines im Juni 1989 gegen ihn ausgestellten Haftbefehls erst in Österreich und dann in der Sowjetunion zu entgehen. Solle er, schrieb Wolf, mit 67 Jahren das Land endgültig verlassen, das er auch nach der Wiedervereinigung als seine Heimat betrachte? Was Emigration bedeute, brauche er wohl nicht zu erklären. Brandt ließ antworten, er wisse die Entschuldigung zu schätzen. Dass er sich außerdem gegen eine strafrechtliche Verfolgung ausgesprochen hat, und zwar noch kurz vor seinem Tod 1992, das hat Wolf in seinen Erinnerungen hochachtungsvoll vermerkt.

Es ist ein Jammer, dass Willy Brandt das Ende der Geschichte jener geheimen Norwegen-Papiere nicht mehr erlebt hat, auf die sich damals die Anklage Guillaumes wegen Landesverrats stützte. Brandts ausgeprägter Sinn für Witze und schräge Pointen hätte ihn wohl Spaß daran finden lassen. Gewiss, dieses Ende ist auch heute nicht völlig zweifelsfrei geklärt, es kommt wieder mal darauf an, welcher Quelle man glauben will. Aber das macht nichts. Es ist so oder so eine skurrile Geschichte.

Guillaume schildert die Übergabe der Norwegen-Papiere in der *Aussage* mithilfe seines einschlägig erfahrenen Ghostwriters Günter Karau als saftigen Krimi mit vielen pfiffigen Details. Zuerst vertauscht er, noch in Norwegen, zwei verschlossene, identisch aussehende Aktenkoffer. Einen davon gibt er Brandts Bodyguard Bauhaus mit in den Flieger nach Bonn zur Aufbewahrung im Safe: Da seien Geheimakten drin. Es sind aber nur Souvenirs. Guillaume behält den Koffer mit den Geheimakten bei sich und fährt mit Frau und Sohn in der Familienkutsche denselben Weg zurück, den er hergekommen ist. Im schwedischen Halmstad wartet im »Hallandia Hotel«, wo die Guillaumes bereits auf der Herfahrt Quartier gemacht haben, ein per Urlaubspostkarte aus Norwegen bestellter Stasi-Kurier und fotografiert am Abend des 31. Juli in Guillaumes Hotelzimmer jene Geheimpapiere, »die als Eilsachen anzusehen waren«. Derweil wagt Christel mit ihrem halbwüchsigen Sohn in der Hotelbar ein Tänzchen. Wieder in Bonn, behält der Referent die übrigen Papiere so lange bei sich, bis die Registratur ungeduldig wird und mahnt. So weit Guillaumes Version.

Markus Wolf hingegen behauptet in seinen zehn Jahre später erschienenen Memoiren, diese Papiere seien nie in Ostberlin oder gar in Moskau angekommen. »Den Inhalt der Norwegen-Dokumente erfuhren wir erst, als sie Gegenstand des Prozesses gegen das Ehepaar Guillaume wurden.« Die Übergabe an den Kurier in Halmstadt kommt bei Wolf überhaupt nicht vor. Er behauptet, die Mikrofilme mit den kopierten Dokumenten seien in Bonn übergeben worden, und zwar von Frau Guillaume bald nach dem Norwegen-Urlaub an einen Kurier namens »Anita«. Diese Übergabe sei beobachtet worden. »Als Christel Guillaume sich mit ›Anita‹ ... in einem Bonner Restaurant traf, nahmen zwei Männer an einem Tisch ganz in der Nähe Platz, und plötzlich sah Christel aus dem Augenwinkel ein Kameraobjektiv in der halbgeöffneten Aktentasche des einen blinken. Zum Glück hatte der Film bereits den Besitzer gewechselt.« Aber »Anita« wurde verfolgt, und es gelang ihr nicht, »die Verfolger abzuschütteln, weder in Bonn noch später in Köln. Zuletzt wählte sie die geringere Gefahr und ließ das Päckchen von einer Rheinbrücke ins Wasser fallen, wo es auf Nimmerwiedersehen verschwand.«

Guillaume hat sich zu diesem Treffen auch geäußert, erzählt aber eine ganz andere Version: Christel habe im Gartenrestaurant Casselsruhe eine Urlaubsbekanntschaft wiedergetroffen, eine junge Frau, die gerade eine ehebrecherische Romanze erlebte und der älteren Freundin ein erschwindeltes Alibi abschwatzen wollte. Dabei entdeckte nicht Christel, sondern die junge Frau, dass sie vom Nebentisch aus heimlich fotografiert wurden – und vermutete, der betrogene Ehemann habe ihr Privatdetektive auf den Hals gehetzt. Als die beiden Frauen sich trennten, folgten die Männer vom Nebentisch nicht Christel, sondern der jungen Frau. Günter Guillaume bleibt dabei, dass diese Frau kein Kurier gewesen sei und die Observanten (wieder einmal) einer falschen Fährte gefolgt seien.

Christel wiederum, die es am besten wissen musste, hat zu beiden Versionen eisern geschwiegen. Erst ihr Sohn Pierre hat sie, mit einiger Mühe, dazu bewegen können, ihre eigene Version der Geschichte zu erzählen. »Das Norwegen-Material war auf Mikrofilm und hat bei mir im Auto gelegen, als ich damals Anita traf«, so zitiert Pierre die Mutter in seinem Buch *Der fremde Vater*. Kurz bevor Christel die Kurierfrau am Bonner Hauptbahnhof absetzte, habe sie ihr die Mikrofilme übergeben. Angekommen sind sie wohl trotzdem nicht. »Anita hat mir erzählt«, so Christel, »dass sie noch in Bonn, als sie die Verfolgung bemerkt hat, die Filmrollen unbemerkt in einen Gully fallen ließ.« Die angebliche Übergabe in Halmstadt nicht bemerkt zu haben, weil sie gerade mit Pierre tanzte, hat Christel immer heftig bestritten. »So blöd kann ich nicht gewesen sein.«

Dass Markus Wolf und die zuständigen Leute im MfS Guillaumes Version von der Übergabe dieser Papiere durchgehen ließen, als sie die Geschichte 1986 zu sehen – und zu zensieren – bekamen, lässt sich nachvollziehen. Das Eingeständnis, die Norwegen-Dokumente gar nicht erhalten zu haben, wäre ziemlich blamabel gewesen; und vielleicht wollte man ja auch dem heimgekehrten Meisterspion die Schau nicht stehlen.

Damals konnte keiner bei der Stasi damit rechnen, dass eben gerade diese Dokumente Jahre später in ganz anderer Hinsicht von Bedeutung sein würden. Nach der Wiedervereinigung nämlich wurden sie zum Kernpunkt der Anklage und der Verurteilung in den Landesverratsprozessen der Jahre 1993 und 1994. Die Gerichte sind natürlich davon ausgegangen, dass die Geheimsachen angekommen sind – auch das Oberlandesgericht Düsseldorf in der Strafsache gegen den Generaloberst a. D. Markus Wolf. »Der Kurier brachte die von ihm gefertigten Kopien zur HVA«, heißt es in der Urteilsbegründung vom Dezember 1993, »wo sie dem Angeklagten vorgelegt wurden. ... Wegen ihrer hochpolitischen Bedeutung leitete er sie sowohl der Regierungs- und Parteispitze der DDR als auch dem KGB zu.«

Wolf hat das bestritten, aber erstaunlich halbherzig, wenn man bedenkt, dass es immerhin um den zentralen Punkt der Anklage ging. Guillaume war, obwohl schwer krank, im Wolf-Verfahren als Zeuge vernommen worden und bei seiner Darstellung geblieben, hatte sie sogar bekräftigt: »Das eigentliche Material ... war aber bereits in Schweden übergeben worden. Da bin ich mir ganz sicher.« Den Kurier, der nach Halmstad kam, habe er bis dahin nicht gekannt.

Während des Prozesses erschien im Berliner *Tagesspiegel,* offenbar wenig beachtet, eine Meldung, die Wolfs Behauptung bestätigte: Die Norwegen-Papiere seien erst während des Guillaume-Verfahrens als Beweismittelakten nach Ostberlin gekommen. Die Gerichtsberichterstatterin des *Spiegel,* Gisela Friedrichsen, wunderte sich: »Überraschend und erstaunlicherweise geht auch Markus Wolfs Verteidigung in der Sitzung vergangenen Mittwoch auf den Zeitungsbericht nicht ein. Will Markus Wolf das Selbstbild des ehemaligen Top-Spions, über dessen ›Erfolg‹ die

Staatssicherheit offenbar keineswegs glücklich war, nicht beschädigen? Guillaume sagt nur: ›Wenn ich damals gewusst hätte, da ist was schief gegangen – dann hätte ich mich besser verteidigen lassen.‹ Wolf lächelt. Er schweigt. Er verrät nichts und niemanden.«

Mir hat Markus Wolf in einem Gespräch Ende Januar 2002 gesagt, es habe damals durchaus Versuche gegeben, Guillaume zum Widerruf seiner Darstellung zu bewegen, aber der sei dazu nicht bereit gewesen. Dass so etwas wie Revanche dabei eine Rolle gespielt haben könnte, will Wolf nicht ausschließen. Er jedenfalls habe eine offene Konfrontation mit Guillaumes Version vor Gericht vermeiden wollen und seine Anwälte entsprechend angewiesen. Der entscheidende Grund für diese Zurückhaltung dürfte freilich die Hoffnung gewesen sein, dass eines nicht zu fernen Tages die Verurteilung hauptamtlicher Mitarbeiter der DDR-Geheimdienste wegen Spionage in der Bundesrepublik durch Beschluss des Bundesverfassungsgerichts kassiert werden würde. Ein solcher Beschluss des Verfassungsgerichts erging dann am 15. Mai 1995.

Guillaumes damaliger Führungsoffizier, der Oberst a. D. Gailat, hat in dem Verfahren gegen ihn und zwei weitere MfS-Obristen 1994 übrigens ausgesagt, er wisse nichts von der Entsendung eines Sonderkuriers nach Halmstad (er war damals im Urlaub), wisse also auch nicht, ob die Norwegen-Papiere beim MfS angekommen seien. Von ihrem Inhalt habe er »in stark reduzierter Form« erst bei der Durchsicht des Manuskripts für Guillaumes Buch *Die Aussage* erfahren. Die Richter haben ihm das nicht widerlegen können. Und Ulrich Bauhaus hat in einer seiner insgesamt fünf Vernehmungen zu Protokoll gegeben, er könne sich an einen Koffertausch mit Guillaume in Norwegen nicht erinnern.

Den Agenten selbst hat das alles schwer gekränkt. Man bezichtigte ihn also der Lüge, mindestens der Angeberei, man wollte aus seiner »Sternstunde« eine betriebstechnische Panne machen. In der *Aussage* fand er es noch »verständlich, dass sich meine Zentrale weigerte, mir zur Abstützung meines Gedächtnisses ein paar der Fundstücke von damals aus dem Archiv zur Verfügung zu stellen«. In dem Interview für die ZDF-Serie *Top-Spione*, ein knappes halbes Jahr vor seinem Tod, hat er den Verbleib der Norwegen-Papiere dann aber anders kommentiert: »Später haben einige behauptet, sie seien nicht angekommen, um sich zu verteidigen, aber es fehlen Zeugen.« Keiner habe jemals mit ihm darüber gesprochen, auch Markus Wolf nicht. Aber: »Ich denke schon, dass er sie gesehen hat.«

Da versucht einer, dem im Leben fast alles schief gegangen ist, wenigstens jenen Teil seines Selbstwertgefühls, der ihm stets am wichtigsten war, vor der Zerstörung zu bewahren: den Glauben an seine Effizienz. Die Rüge, die Markus Wolf in einer MfS-Versammlung wegen Guillaumes »Auftritt« bei der Festnahme am 24. April 1974 ausgesprochen hat, steckte der noch relativ locker weg; immerhin sei seine Selbstenttarnung in Schlagzeilen um die Welt gegangen. Auch den Spottvers, der kurz nach seiner Verhaftung in der DDR aufkam – »Wir grüßen Hauptmann G. in Bonn, wir haben noch mehrere davon« – hat er eher als Kompliment verstanden. Es war sicher gut für Günter Guillaume, dass er das Auftauchen der HVA-Datenbank SIRA nicht mehr erlebt hat. Denn der Meisterspion hätte es wohl nicht ertragen, erfahren zu müssen, dass es nicht nur mehrere davon gab in Bonn, sondern sogar bessere, mindestens quantitativ effizientere Agenten als ihn.

»Max« zum Beispiel. Auch dieser »Max« gehörte zur Abteilung II des HVA-Obersten Kurt Gailat, zuständig für

»Aufklärung und Bearbeitung der politischen Parteien« in der BRD. In der SIRA-Datei sind 1281 wertvolle Meldungen von ihm verzeichnet, manchmal hundert pro Jahr, geliefert zwischen 1973 und 1987. »Max« meldete zum Beispiel »interne Ausführungen Wehners über Brandt und Kühn«, referierte auch »Einschätzungen aus dem Parteivorstand« der SPD und wusste, was Wehner ausgewählten SPD-Funktionären in Essen zu sagen gehabt hatte. »Max«, von Beruf freier Journalist, Mitarbeiter des *Vorwärts* und der Ost-West-Redaktion des Deutschlandfunks, war in der SPD-Zentrale bestens eingeführt und unterhielt gute Kontakte zu Spitzengenossen wie zum Beispiel den Kanzleramtsministern Horst Ehmke und Hans-Jürgen Wischnewski. Allzu schwer dürfte ihm das nicht gefallen sein, denn er war ein bewährter Genosse und gehörte dem Bezirksvorstand Mittelrhein an. Fast zwanzig Jahre lang, von 1967 bis 1986, war er Unterbezirksvorsitzender in Bonn, also der SPD-Chef der Bundeshauptstadt. Sein Name war Rudolf Maerker.

Günter Guillaume wird wohl Umgang mit ihm gehabt haben, aber als einen Informanten der Stasi hat er ihn bestimmt nicht gekannt. Spione dürfen keine Ahnung voneinander haben, auch nicht, wenn sie auf dasselbe Objekt angesetzt sind, dürfen nicht mit denselben Kontaktpersonen in Berührung kommen und nicht wissen, dass es dieselben Führungsoffiziere sind, in diesem Fall Kurt Gailat und seine Leute, die sie steuern. Alles andere verstieße gegen die ehernen Regeln des Gewerbes. Maerker, der im Unterschied zu Guillaume den Ostblock bereiste, mag einem seiner Führungsoffiziere dort gelegentlich begegnet sein; aber von dem Kollegen im Kanzleramt hat man ihm nichts gesagt – erst recht nicht, wer von beiden die besseren Berichte liefere.

Rudolf Maerker ist 1987 gestorben. Ein »aufrechter und unermüdlicher Sozialdemokrat« sei er gewesen, stand in der von Hans-Jochen Vogel unterzeichneten Todesanzeige. Die Bonner SPD erwies ihrem langjährigen Chef im Oktober 1989 die Ehre, das örtliche Hauptquartier in der Clemens-August-Straße nach ihm zu benennen: Rudolf-Maerker-Haus. So hieß es auch noch, als *Tagesspiegel*-Redakteur Jürgen Schreiber die konspirative Nebentätigkeit des strammen »Max« im Sommer 2000 öffentlich machte, gestützt auf das Urteil des Düsseldorfer Oberlandesgerichts gegen Gailat vom Juni 1994, in dem es heißt, Maerker habe sich bereits 1968 dem DDR-Geheimdienst selbst angedient. Als das SPD-Haus im Stadtteil Poppelsdorf 1999 renoviert wurde, verschwand das Namensschild ersatzlos. Im August 2001 schließlich wurde die Parteizentrale durch Beschluss des Vorstands, mit zwölf gegen drei Stimmen, offiziell Haus der Bonner SPD genannt. Eine einleuchtende, ganz alltägliche Bezeichnung. War da mal was?

Günter Guillaume hat in der DDR, als er endlich »freigekämpft« war, wie die Genossen das nannten, das Leben eines Privilegierten geführt. Man besorgte ihm 1982 in Eggersdorf bei Strausberg, etwa 35 Kilometer außerhalb Berlins, ein schmuckes Häuschen am Bötzsee, eher idyllisch als luxuriös, aber für DDR-Verhältnisse durchaus ungewöhnlich: eine Klinkermauer an der Straßenseite, eine gepflasterte Einfahrt vor der Doppelgarage, kein Namensschild am Briefkasten. Er konnte sich problemlos Dinge beschaffen, für die normale DDR-Bürger mindestens Schlange stehen oder West-Geld ausgeben mussten. »Der hat doch alles, was er will. Der lebt doch hier wie im Westen«, sagten die Nachbarn, die ihn nur selten zu sehen bekamen. Stasi-Minister Erich Mielke ließ ihm einen Doktortitel verleihen und gestattete ihm großzügig das Tragen eines Vollbarts, was nach der Dienstvorschrift einem Offizier des MfS streng verboten war. Das machte ihn erst recht zum Außenseiter.

»Er wäre sehr gerne West-Experte im Geheimdienst, wenn nicht sogar im politischen Dienst der DDR geworden«, hat sein Sohn Pierre 2001 in einem Interview mit der *Berliner Zeitung* gesagt. »Das war aber nicht erwünscht.« Man konnte doch den Agenten, über den Willy Brandt gestürzt war, nicht als offiziellen politischen Berater der DDR-Regierung einsetzen. Das sah Guillaume natürlich anders: Hatte er denn nicht als Kundschafter zur nachrichtendienstlichen Absicherung der Entspannungspolitik und zur Vertrauensbildung beigetragen? Er glaubte es immer noch.

Das SED-Regime hatte ihn politisch abgeschrieben, hatte ihn wohl auch im Verdacht, von Gesinnung Sozialdemokrat geworden zu sein – ein nahe liegender Verdacht. Einige Leute in der »Firma« Stasi seien sogar der Meinung gewesen, so der ehemalige HVA-Referatsleiter Bohnsack, »der Günter macht hier in der DDR Werbung für die SPD«. Tatsächlich hätte er, als es in der DDR wieder eine Sozialdemokratie gab, für den SPD-Kandidaten im Kreis Strausberg gern Wahlkampf gemacht; davon verstand er ja etwas. Aber es kam nicht dazu. Guillaume hielt gelegentlich noch Vorträge. Aber wirklich gebraucht wurde er nicht mehr. Das war sein Problem.

Die Wende verschärfte dieses Problem noch. Seiner alten »Firma« ging es an den Kragen, und auch um seine Privilegien musste er bangen. Er erwog sogar, das Häuschen am Bötzsee zu kaufen, falls die neuen politischen Kräfte in der DDR erwägen sollten, es ihm wegzunehmen. Am liebsten hätte er wohl wieder im Westen Deutschlands gelebt, wenn er das finanziell hätte bewältigen können – und wenn da nicht die Angst gewesen wäre, dass ihn da drüben niemand mehr wahrnehmen, dass ihn dort niemand an seinem Geburtstag besuchen würde. Auch befürchtete er, neuen Ermittlungen ausgesetzt zu werden. In den Ferien ist er ins Dreiländereck nach Bregenz gefahren, auch noch einmal nach Südfrankreich.

Erst spät, in jenem Interview 1994, hat er seinem Groll auf die Genossen von der Stasi freien Lauf gelassen und Markus Wolf der Lüge bezichtigt. Habe er denn nicht Befehl von Wolf gehabt, seine Mission im Kanzleramt abzubrechen, sobald nicht nur seine Frau, sondern er selbst observiert werde? »Diesen Befehl hat er mir nie gegeben.« Denn eine solche Spitzenposition gebe man doch nicht auf, da halte man durch bis zum Schluss. »Nein, der Herr Wolf soll heute nicht solche Dinge sagen, nur weil es ihm nicht passt, die Verantwortung übernehmen zu müssen.«

Es hat kein gutes Ende genommen mit Günter Guillaume. Seine Gesundheit war erheblich geschwächt, seit gegen Ende der siebeneinhalbjährigen Haft ein blutendes Zwölffingerdarmgeschwür und Teile des Magens entfernt werden mussten. Als in Eggersdorf dann auch noch Kreislaufprobleme dazukamen, schob er die Schuld an seiner schlechten Verfassung – zumindest nach außen hin – dem Ärger über seinen Sohn Pierre zu, der sich in eine Richtung entwickle, die der Vater nicht billigen könne.

Pierre, der in der Bundesrepublik geboren und aufgewachsen war, hat sich immer schwer getan in der DDR, und es ist ihm auch nicht gut gelungen, die Vergangenheit in der Auseinandersetzung mit dem Vater aufzuarbeiten. Er hat es versucht, aber »nie haben wir so richtig ein gemeinsames Level gefunden, auf dem sich Vater und Sohn wie zwei erwachsene Männer ganz unbefangen unterhalten konnten«.

Dass Günter und Christel Guillaume bald nach ihrer Rückkehr in die DDR geschieden wurden, am 16. Dezember 1981, hat niemanden, der die beiden kannte, sonderlich überrascht – auch nicht, dass Günter Guillaume Trost bei anderen Frauen suchte und 1986 ein zweites Mal heiratete: die etwa fünfzehn Jahre jüngere Krankenschwester Elke Bröhl.

Der Name Guillaume verschwand – wie der Name Rudolf Maerker vom Bonner SPD-Haus; nur sorgten in diesem Fall die unmittelbar Betroffenen selbst für das Verschwinden. Christel Guillaume nahm nach der Scheidung ihren Mädchennamen Boom wieder an. Und auch Pierre heißt schon geraume Zeit Pierre Boom.

Günter Guillaume starb am 10. April 1995 in Eggersdorf, 68 Jahre alt, an metastasierendem Nierenkrebs. Christel erfuhr das auf Umwegen, kam auch nicht zur Beerdigung. Auch Pierre war nicht erschienen. Christel Boom starb Ende März 2004 in einer Berliner Klinik an Herzversagen. Zu Grabe getragen wurde der Meisterspion in Berlin-Marzahn, geleitet von den ehemaligen HVA-Chefs Markus Wolf und Werner Großmann. Dass Wolf die Totenrede halte, hatte der »Kundschafter des Friedens« sich zu Lebzeiten verbeten; »Mischa« warf stumm eine rote Rose ins Grab.

Nicht alle, die dabei waren, wussten wohl, dass Günter Guillaume den Namen seiner zweiten Frau angenommen hatte. Er ist als Günter Bröhl zur letzten Ruhe gebettet worden – so als hätte es diesen Günter Guillaume nie gegeben.

Dank

schulde ich allen, die mich bei der Wahrheitssuche unterstützt und ihre Sachkenntnis an mich weitergegeben haben. Dies gilt für alle Gesprächspartner, die ich im Text zitiert habe, in besonderer Weise aber auch für Dr. Peter Brandt, Professor am Historischen Institut der FernUniversität Hagen, der mir geholfen hat, Zugang zum Willy-Brandt-Archiv im Archiv der sozialen Demokratie der Friedrich-Ebert-Stiftung zu finden. Er hat dafür gesorgt, dass ich dort und im Bundesarchiv in Koblenz die nötige wissenschaftliche Unterstützung bei der Auswertung der Quellen erhalten habe, nämlich von Axel Kellmann M.A. Ich danke dem Bundesanwalt beim Bundesgerichtshof Joachim Lampe, der mir nicht nur Zugang zu den Akten des Generalbundesanwalts im Verfahren gegen Günter Guillaume verschafft, sondern mir auch wertvolle juristische Hinweise beim Umgang mit diesen Akten gegeben hat. Ich danke Christiane Schaerfenberg in der Behörde der Bundesbeauftragten für die Unterlagen des Staatssicherheitsdiensts der ehemaligen DDR, die meiner Dokumentarin Jutta Temme und mir die Wege zu den gesuchten Dokumenten gewiesen hat. Bereitwillige Unterstützung haben wir stets auch in den Archiven des Deutschen Bundestags und des Presse- und Informationsamts der Bundesregierung gefunden. Ein herzliches Dankeschön schließlich meinem Kollegen

Dr. Hans Halter, der mich an seiner Kenntnis des Nachlasses von Günter Guillaume hat teilhaben lassen, und den journalistischen Weggefährten, die freigebig ihre Erinnerungen an gemeinsame Bonner Zeiten mit mir geteilt haben, besonders Gerhard E. Gründler und Dr. Rudolf Strauch. Last, but not least danke ich Bettina Eltner für ihr ebenso genaues wie großzügiges Lektorat und meinem schwäbischen Landsmann Dr. Heinrich Senfft für die Wachsamkeit, die er mir als juristischer Lektor nicht zum ersten Mal hat angedeihen lassen.

Literatur

Augstein, Rudolf, in: *Der Spiegel* 4/1974, S. 22; in: *Der Spiegel* 20/1974, S. 20

Bahr, Egon: *Zu meiner Zeit.* München 1996

Baring, Arnulf: *Machtwechsel.* Die Ära Brandt-Scheel. Stuttgart 1982

Baring, Arnulf/Schöllgen, Gregor: *Kanzler, Krisen, Koalitionen.* Berlin 2002

Binder, David: *The other German.* Willy Brandt's Life and Times, Washington 1975

Böhme, Erich/Wirtgen, Klaus: *Willy Brandt.* Die Spiegel-Gespräche 1959–1992. Stuttgart 1993

Bohnsack, Günter/Brehmer, Herbert: *Auftrag Irreführung.* Wie die Stasi Politik im Westen machte. Hamburg 1992

Bohnsack, Günter: *Hauptverwaltung Aufklärung.* Die Legende stirbt – Das Ende von Wolfs Geheimdienst. Berlin 1997

Boom, Pierre: *Der fremde Vater. Der Sohn des Kanzlerspions erinnert sich.* Berlin 2004

Brandt, Rut: *Freundesland.* Erinnerungen. Hamburg 1992

Brandt, Rut: *Wer an wen sein Herz verlor.* Begegnungen und Erlebnisse. München 2001

Brandt, Willy: *Mein Weg nach Berlin.* Aufgezeichnet von Leo Lania. München 1960

Brandt, Willy: *Über den Tag hinaus.* Eine Zwischenbilanz. Hamburg 1974

Brandt, Willy: *Begegnungen und Einsichten.* Die Jahre 1960–1975. Hamburg 1976

Brandt, Willy: Anmerkungen zu zwei Brandt-Biographien, in: *Der Spiegel* 45/1988

Brandt, Willy: *Erinnerungen.* Zürich 1989

Brandt, Willy: *Mehr Demokratie wagen.* Innen- und Gesellschaftspolitik 1966–1974. Berliner Ausgabe, Bd. 7. Bonn 2001

Bruhns, Wibke: »Ein Mensch, mit dem sich leben ließ«, in: *stern* 44/1973; »Sie schlagen und ... sie brauchen sich«, in: *stern* 19/1974

Bundesbeauftragte für die Unterlagen des Staatssicherheitsdiensts der ehemaligen DDR (BSTU). BSTU ZA, SIRA, TDB 21, »Hansen«; BSTU ZA, SIRA, TDB 12 »XV19142/60«; BSTU ZA, MfS, JHS-265; BSTU ZA, MfS, HA Kusch-167; BSTU ZA, MfS HVA – 106, S. 160–167

Der Helgoländer 6/1974: »Zum ersten Mal auf dem roten Eiland«

Deutscher Bundestag. 7. Wahlperiode. 2. Abschnitt: Begründung zu den Untersuchungsgegenständen »Guillaume« und »Aktenvernichtung im BND« (Auffassung der Mehrheit). Drucksache 7/3246
3. Abschnitt: Begründung zu den Untersuchungsgegenständen »Guillaume« und »Aktenvernichtung« (Auffassung der Minderheit). Drucksache 7/3246

Deutscher Bundestag. 7. Wahlperiode. Guillaume-Untersuchungsausschuss. Drucksache 7/3083: Bericht, den die Kommission »Vorbeugender Geheimschutz« über die Prüfung von Sicherheitsfragen im Zusammenhang mit dem Fall Guillaume im November 1974 der Bundesre-

gierung erstattet hat (so genannte Eschenburg-Kommission).
Deutscher Bundestag. 7. Wahlperiode. 106. Sitzung, S. 7264 f.
Deutscher Bundestag: 16. Sitzung des 2. Untersuchungsausschusses, 20. September 1974. Protokoll Nr. 16
Ehmke, Horst: *Mittendrin.* Von der Großen Koalition zur Deutschen Einheit. Berlin 1994
Eschenburg, Theodor: »Ein Unfall, keine Tragödie. Schuld und Verantwortung in der Guillaume-Affäre«, in: *Die Zeit,* 29. August 1975
Falin, Valentin: *Politische Erinnerungen.* München 1993
Fallaci, Oriana: Interview mit Willy Brandt, in: *L'Europeo* 39/1973
FAZ: Willy Brandt: Notizen zum Fall G., 26. Januar 1994
Focus: Interview (Guido Knopp, Nina Steinhauser) mit Günter Guillaume. Nr. 41/1994, S. 54–58
Friedrichsen, Gisela zum Prozess gegen Markus Wolf, in: *Der Spiegel* 27/1993
Freudenhammer, Alfred/Vater, Karlheinz: *Herbert Wehner.* Ein Leben mit der Deutschen Frage. München 1978
Gaus, Günter: »Nicht aus den Akten. Einige Anmerkungen zu Helmut Schmidt und zur Deutschlandpolitik«, in: *Berliner Zeitung,* 31. Mai/1. Juni 1997
Kommentare über Brandt, in: *Der Spiegel* 19/1970, 6/1971
Genscher, Hans-Dietrich: *Erinnerungen.* Berlin 1995
Geschichte der Bundesrepublik Deutschland. Bd. 5: Karl Dietrich Bracher, Wolfgang Jäger u. Werner Link: *Republik im Wandel.* Bd. 5/I: Die Ära Brandt 1969–1974. Stuttgart 1986
Geist, Manfred: »Der Spion, über den der Kanzler stürzte«. Eine Serie in: *Die Welt,* 27. Februar – 11. März 1975

Girmond, Henrike: Gespräch mit Pierre Boom am 15. Mai 2002 im Zeitgeschichtlichen Forum Leipzig, in: *Duell im Dunkel.* Spionage im geteilten Deutschland. Köln/Weimar/Wien 2002

Goyke, Ernst: *Die 100 von Bonn.* 1972–1976. Bergisch-Gladbach 1973

Großmann, Werner: *Bonn im Blick.* Die DDR-Aufklärung aus der Sicht ihres letzten Chefs. Berlin 2001

Gründler, Gerhard E.: *Einmal vorwärts und zurück.* Zeitungmachen für Genossen. Hamburg 2002

Guillaume, Günter: *Die Aussage.* Protokolliert von Günter Karau. Ostberlin 1986

Guillaume, Günter: *Die Aussage.* Wie es wirklich war. München 1990

Haase, Gerhard: »Mein Vater, der Spion«. Der Sohn Günter Guillaumes erlebte die West-Aktivitäten der Stasi in der eigenen Familie, in: *Die Welt,* 18. Dezember 2000

Harpprecht, Klaus: Willy Brandt – Mut zum Glück, in: *Der Friedensnobelpreis von 1901 bis heute.* Zug 1988, S. 34–125

Harpprecht, Klaus: *Im Kanzleramt.* Tagebuch der Jahre mit Willy Brandt. Hamburg 2000

Hofmann, Gunter: *Willy Brandt.* Porträt eines Aufklärers aus Deutschland. Reinbek bei Hamburg 1988

Kempski, Hans Ulrich: *Um die Macht.* Sternstunden und sonstige Abenteuer mit den Bonner Bundeskanzlern 1949 bis 1999. Berlin 1999

Keworkow, Wjatscheslaw: *Der geheime Kanal.* Moskau, der KGB und die Bonner Ostpolitik. Berlin 1995

Knabe, Hubertus: *Der diskrete Charme der DDR.* Stasi und Westmedien. Berlin/München 2001

Knabe, Hubertus: Der Kanzleramtsspion, in: Krieger, Wolfgang (Hrsg): *Geheimdienste in der Weltgeschichte.*

Spionage und verdeckte Aktionen von der Antike bis zur Gegenwart (S. 216–229). München 2003

Knopp, Guido: *Kanzler.* Die Mächtigen der Republik. München 2002

Koch, Peter: *Willy Brandt.* Eine politische Biographie. Berlin/Frankfurt 1988

Konopatzky, Stephan: »Die Möglichkeiten und Grenzen der Nutzung von SIRA-Datenbanken am Beispiel der Fälle Stiller und Guillaume«, in: *Horch und Guck,* Hrsg. vom »Bürgerkomitee« 15. Januar e.V., Berlin. Heft 39 (3/2002)

Korruhn, Wolfgang: *Hautnah.* Indiskrete Gespräche. Düsseldorf/Wien/New York/Moskau 1994

Leyendecker, Hans, über das Misstrauensvotum 1972, in: *Süddeutsche Zeitung,* 10./11. August 2002, S. IV

Leugers-Scherzberg, August H.: *Die Wandlungen des Herbert Wehner.* Von der Volksfront zur Großen Koalition. Berlin/München 2002

Leugers-Scherzberg, August H.: »Herbert Wehner und der Rücktritt Willy Brandts am 7. Mai 1974«, in: *Vierteljahreshefte für Zeitgeschichte* 2/2002

Martin, Ludwig: »Spionenjagd und das Legalitätsprinzip«, in: *FAZ,* 25. September 1974

Merseburger, Peter: *Willy Brandt.* 1913–1992 Visionär und Realist. Stuttgart/München 2002

Nollau, Günther: *Das Amt.* 50 Jahre Zeuge der Geschichte. München 1978

Nollau, Günther: »Warum hat mir Minister Genscher nicht geglaubt«, in: *stern,* 11. September 1975

Pötzl, Norbert F.: *Basar der Spione.* München 1999

Quick: aus dem Tagebuch des Ex-Geheimdienstchefs Günther Nollau. 18. März 1987, S. 34–41

Rupps, Martin: *Helmut Schmidt.* Eine politische Biographie. Stuttgart/Leipzig 2003

Schenk, Dieter: *Der Chef.* Horst Herold und das BKA. München 2000
Schmelzer, Robert: »Gerüchte, Rätsel und ein Rücktritt«, in: *Frankfurter Neue Presse,* 8. Mai 1974, S. 3
Schmidt, Helmut im Gespräch mit Sandra Maischberger: *Hand aufs Herz.* 2. Auflage. München 2002
Schmidt, Helmut: *Weggefährten.* Erinnerungen und Reflexionen. Berlin 1996
Schöllgen, Gregor: *Willy Brandt.* Die Biographie. Berlin/München 2001
Schreiber, Hermann/Simon, Sven: *Willy Brandt.* Anatomie einer Veränderung. Düsseldorf/Wien 1971
Schreiber, Hermann/Müller, Konrad R.: *Willy Brandt.* Ein Essay. Hamburg 1978
Schreiber, Jürgen, über Rudolf Maerker, in: *Der Tagesspiegel,* 23. Juni 2001
Schwarz, Eugen Georg: »Die Geheimakte Brandt«, in: *Focus* Nr. 7/1994, S. 18–25
Schwarz, Hans-Peter: *Das Gesicht des Jahrhunderts.* Monster, Retter und Mediokritäten. Berlin 1998
Spiegel-Artikel über den Fall Guillaume und Brandts Rücktritt: 45/1948, 14/1974, 16/1974, Titel 18/1974, Titel 19/1974, 20/1974, 22/1974, 37/1974, 38/1974, 39/1974, 47/1975, 50/1977, 45/1988, 30/1989, 37/1989, 36/1990, 13/1992, 39/1993, 12/1995, 48/2000
Stern, Carola: *Willy Brandt.* Mit Selbstzeugnissen und Bilddokumenten. Reinbek bei Hamburg 2002
stern-Titel: »Alles über die Bonner Affäre. Drei Jahre Spion bei Willy Brandt«. Nr. 19/1974
stern 33/1977: über Guillaume hinter Gittern »Rote Tulpen aus Ostberlin«
Terjung, Knut (Hrsg.): *Der Onkel.* Herbert Wehner in Gesprächen und Interviews. Hamburg 1986

Wehner, Greta: »Auch sonst gibt es nichts zu verbergen«, in: *Frankfurter Rundschau,* 22. Januar 1994
Wilke, Reinhard: *Aufzeichnungen zum Terminkalender des Bundeskanzlers Willy Brandt.* Bonn 2002
Wolf, Markus: *Spionagechef im geheimen Krieg.* Erinnerungen, München 1998
Worst, Anne: »Christel Guillaume. Porträt einer Spionin«, in: *Deutschlandfunk,* 11. Dezember 1990, 19.15–20.00 Uhr
***: Guillaume »—- ———-, der Spion. Ein dokumentarischer Bericht. Landshut 1974

Personenregister